中国船舶研发史

中国船舶及海洋工程设计研究院
上海市船舶与海洋工程学会
组编

中国
客船研发史

梁启康 张富明 曹大秋 虞民毅

编著

HISTORY OF CHINESE
PASSENGER SHIP RESEARCH
AND DEVELOPMENT

上海交通大学出版社
SHANGHAI JIAO TONG UNIVERSITY PRESS

内容提要

本书是"中国船舶研发史"丛书之一。

客船是用于旅客水上交通的船舶,也是满足人们到江河湖海旅游需要的运输工具。中国客船研制历史悠久。20世纪50年代初就研制了新中国第一艘大型长江客船"民众"号,随后又研制了第一艘沿海客货船"民主十号"及"民主"系列等几十艘沿海客货船和"扬子江乐园"号旅游船及大型豪华邮轮。本书共分九章,重点介绍新中国成立后,中国客船的研发历程和取得的伟大成绩,阐述了我国船舶研发设计团队胸怀祖国,服务人民的爱国热情和勇攀船舶科学高峰、敢为人先的创新精神。

图书在版编目(CIP)数据

中国客船研发史/ 中国船舶及海洋工程设计研究院,
上海市船舶与海洋工程学会组编;梁启康等编著. —上
海:上海交通大学出版社,2023.4
(中国船舶研发史)
ISBN 978-7-313-26768-9

Ⅰ.①中… Ⅱ.①中… ②上… ③梁… Ⅲ.①客船—
研制—技术史—中国 Ⅳ.①U674.11

中国国家版本馆 CIP 数据核字(2023)第 040953 号

中国客船研发史

ZHONGGUO KECHUAN YANFASHI

编 著:梁启康 张富明 曹大秋 虞民毅				
出版发行 上海交通大学出版社		地 址:上海市番禺路 951 号		
邮政编码 200030		电 话:021-64071208		
印 制:上海颛辉印刷厂有限公司		经 销:全国新华书店		
开 本:710 mm×1000 mm 1/16		印 张:19.75		
字 数:270 千字				
版 次:2023 年 4 月第 1 版		印 次:2023 年 4 月第 1 次印刷		
书 号:ISBN 978-7-313-26768-9				
定 价:168.00 元				

中国船舶研发史

编辑部

主　编　张　毅
编写人员　丁　勇　　于再红　　韦　强　　王丙祥　　孙家鹏　　田　欣
　　　　　史恭乾　　曲宁宁　　刘积骅　　刘秉穗　　牟朝纲　　牟蕾频
　　　　　李刚强　　李　佳　　李银涛　　李晓峰　　张志军　　林　洁
　　　　　卢　晨　　桂满海　　顾海军　　匡　岩　　吴　英　　吴贻欣
　　　　　邱伟强　　张富明　　张太佶　　张海瑛　　陈　英　　张宗科
　　　　　张淇鑫　　明　通　　尚保国　　单铁兵　　陆　晟　　俞　赟
　　　　　姚　亮　　郭彦良　　贺慧琼　　段雪琼　　周兰辛　　曹大秋
　　　　　曹才轶　　虞民毅　　韩　龙　　唐　尧　　杨　添　　陶新华
　　　　　郭满洲　　黄小燕　　梁东伟　　秦　琦　　魏跃峰

序

　　"中国船舶研发史"丛书是对中国船舶,主要是民船、工程船和海洋开发装备研发史的一次归纳和梳理,是一套展现新中国成立以来民船、工程船、海洋开发装备研发所走过的历程和取得的辉煌成就的丛书。

　　我国是最早发明舟舢舫舸的造船古国。早在唐朝,中国的造船技术就已经有了长足的进步,出现了水密隔舱、平衡舵、开孔舵等先进技术。在船型方面,宋、元朝时期,中国已有海船的船型,其中以江南沿海一带的福船、沙船、广船最为著名,被认为是中国古代的三大船型。至明朝郑和下西洋,以 14 个月时间建造 64 艘大船显示了中国古代在船舶研发和建造中的卓越成就。到了近代,众所周知,中国的造船业虽然也曾仿效西方,甚至造出了铁甲船和万吨级船,但终究不能摆脱衰落的命运,开始落后于西方强国,以至于在列强的坚船利炮下,丧失国家尊严,蒙受民族耻辱。真正使中国造船工业出现复兴生机,是新中国诞生之后。1949 年 5 月上海刚解放,上海市军事管制委员会筹建了华东区船舶建造委员会。1949 年 9 月统管全国船舶工业的中央人民政府重工业部船舶工业局宣告成立。船舶工业局统筹全国船舶工业发展,聚集造船人才,同时扩、改、新建造船厂,调整和新建全国船舶专业院校,研究设计和建造两翼齐飞,唤醒了沉睡了近 500 年的古老造船强国! 本丛书主要涉及从新中国诞生这一时刻开始,特别是改革开放以来,以油船、液化气船、工程船、科考船等 10 种民船船型为主题,阐述了新中国的船舶研发历程,并从这一侧面展示新中国"造船人"艰苦奋斗、砥砺前行、锐意创新、攀登高峰,重现造船强国的史实。

　　70 多年中国船舶研究发展过程,各型船舶发展尽管不尽相同,但大致可分为三个阶段:

　　第一阶段,夯实基础稳步发展(1949—1977 年)。这一阶段,国家把交通运输业作为优先发展的基础，为船舶工业发展提供了广阔的空间。新中国成立之初，我国贫穷落后，百业待兴，尽管如此，国家仍将发展造船工业放在十分重要的地位，经过新中国成立初期的整合发展，到1965年船舶科研机构已整体成制，仅中国船舶工业总公司第七研究院(中国舰船研究院)就有十几家包括总体设计和专项设备的研究所，研究的领域涵盖舰船设计涉及的各个方面。扩建新建中央及地方大、中型造船厂，增添设施，改进工艺，为尽快恢复发展水上交通运输，提供适应国民经济建设发展所急需的多型民用船舶，力争不买或少买船，设计并建造了中型沿海油船、客货船、长江豪华客船、航道疏浚船、港口起重工程船、科学调查船"实践"号、自升式钻井平台"渤海1"号和气垫船等追踪当时世界船舶航运界发展动向的船舶。自主设计建造了新中国十大名船之首的万吨级远洋货船"东风"号，结束了我国不能设计建造万吨货船的历史，开创了我国造船史的新纪元。

第二阶段，改革开放快速发展(1978—2010年)。1978年以前，由于西方工业强国对我国实行技术封锁政策，我国船舶科技极少对外交流，信息不通致使发展受限，各类大型运输船舶、疏浚装备、海洋开发船舶多依赖进口。1978年后，在改革开放春风的沐浴下，中国船舶工业如同骏马，奔驰向前。1982年设计建造的27 000吨散货船"长城"号，是第一艘按照国际公约、规则和国外船级社规范设计和建造的出口船。从那时起，我国各类工程船、海洋开发装备等设计和建造开始融入世界船舶科技发展行列。研究设计技术经过引进、消化、创新，不断跨越式发展。各大船厂的造船能力大幅度提升。至20世纪末期，我国已大步迈向世界第一造船大国，不但结束了主要依靠进口船舶的历史，而且大量、多品种船舶出口许多国家。这一时期，各种船型均有相当规模的发展：集装箱船从无到有,从出口 700 TEU 全集装箱船到 4 700 吨多用途集装箱船;设计和建造了 5 万吨大舱口多用途散装货船、15 万吨双壳体苏伊士型原油船、半冷半压式 16 500 立方米液化石油气(liquefied petroleum gas,LPG)船、布缆船、中型挖泥船、海峡火车渡船等;科考船已进军南极;为适应海洋油气开发,我国形成了从物探船、自升式、半潜式、坐底式钻井平台和半潜式生产平台到浮式生产储油船的全产业链的设计和建造能力。

第三阶段,自主创新跨越发展(2011 年至今),新世纪尤其是党的十八大以来,以习近平同志为核心的党中央,站在实现中华民族伟大复兴的战略高度,准确把握时代发展大势,作出了建设海洋强国的重大战略决策,指引着船舶工业砥砺前行。

这一时期,中国造船的速度在世界造船史上是罕见的。在这迅猛发展的过程中,我国造船工业攻克了多项关键技术,研发和建造能力大幅提升。一批世界级高精尖的船型在中国诞生。科考装备实现了跨越式发展:3 000 米深水半潜式钻井平台"海洋石油 981"号进驻南海正式开钻,标志着我国海洋石油工业深水战略迈出实质性的步伐;亚洲首艘 12 缆地球物理勘探船"海洋石油 720"号、全球首艘 3 000 米深水工程勘探船"海洋石油 708"号交付使用,标志着我国深水作业"联合舰队"逐步成形;我国自行设计、自主集成研制的"蛟龙"号载人潜水器在马里亚纳海沟创造了下潜 7 062 米的中国载人深潜世界纪录,使我国成为世界第五个掌握大深度载人深潜技术的国家;2019 年 7 月,我国第一艘自主建造的极地科学考察破冰船"雪龙 2"号顺利交付。相比"雪龙"号,"身宽体胖"的"雪龙 2"号的破冰能力和科考能力更强,标志着我国南、北极考察基地的现场保障和支撑能力取得了新突破。

70多年的船舶研发史，是我国船舶工业由弱到强、不断发展壮大的历史，展现了中国特色社会主义制度的优势。

70多年的船舶研发史，是我国船舶研发水平和造船能力不断提高、不断创新的历史，是我国在船舶研发领域由跟跑者向并跑者乃至领跑者转变的进步史。

70多年的船舶研发史，是我国广大船舶研发、建造人员不畏艰难、积极开拓、勇于攀登、勇于奉献的真实见证，是我国船舶创业人员不忘初心、牢记使命，追梦深造的奋斗史。

科技是国家强盛之基，创新是民族进步之魂。正如习近平总书记在2021年5月28日召开的两院院士大会和中国科学技术协会第十次全国代表大会上指出的："当今世界百年未有之大变局加速演进，国际环境错综复杂，世界经济陷入低迷期，全球产业链供应链面临重塑，不稳定性、不确定性明显增加。""科技创新成为国际战略博弈的主要战场，围绕科技制高点的竞争空前激烈。"在此背景下，船舶工业无疑面临着新的发展机遇和挑战。

回顾历史既是为了总结经验激励前往，更是为了创造未来。如今全面建设社会主义现代化强国迈入新征程，向第二个百年奋斗目标进军的号角已经吹响。让我们以史为鉴，勇于创新、顽强拼搏，努力为把我国建成海洋强国、实现中华民族伟大复兴的中国梦不断作出新的更大的贡献！

中国工程院院士 曾恒一

前　言

客船是专用于旅客水上交通的船舶,在人类古往今来的社会生活和经济发展过程中起到重要的作用。

随着社会经济的发展,科学技术水平和制造能力的提高,当今的客船已与早期的客船不可同日而语,它已不仅是单纯的水上交通工具,更成为满足人们日益增长的旅游江海、享受美好生活需求的装备。

中华民族有着悠久的造船史,我们的祖先以自己的智慧和汗水创造了中国古船的辉煌。明朝郑和七下西洋的宝船在主尺度、性能和远航区域都居世界领先地位,只是到了近代中国造船发展才显迟缓。新中国成立后,船舶工业得到快速发展,恢复和建设一大批修、造船厂,建设专业配套设备厂,组建船舶设计科研机构等,逐步提升了我国船舶设计水平和建造能力。

1954 年设计、建造了新中国第一艘大型长江客船"民众"号。该船首次采用我国自行设计制造的电动液压舵机,首次采用舷伸甲板以扩大载客甲板的面积。随后几十艘"江"字系列客船营运于长江沿线。

1955 年建成航行于沿海的"民主十号"沿海客货船,是新中国成立后设计建造的第一艘沿海以客运为主、捎带货物的客货船,其动力装置是带有空气预热的水管锅炉和四缸蒸汽机。该船获得了国家新产品成果奖,是新中国船舶产品得到国家级奖励的第一艘船舶,标志着我国造船工业的新发展。继后又研发了"民主"系列等几十艘沿海客货船。1960 年建成了我国第一艘柴油机"民主十八号"沿海客货船,该船在舱室设备和布置装潢等方面都上升到了一个新的水平,为后续设计建造大型客货船奠定了基础。20 世纪 60 年代后,客船的研制能力进一步提高,陆续设计建造了一批不仅能在长江全线航行,还能适应长江枯水期航行,稳性满足沿海三类航区的标准,全部机电配套设备和仪表皆为国产的长江客货船。

为实现海峡变通途,在岛屿之间、海峡两岸,研发设计了多型不同航线的车客渡船,实现了内陆火车跨海峡进入海南岛的百年梦想,为国民经济建设作出了很大贡献。

随着陆上高速公路、高速铁路、航空业的迅速发展,一种全新概念的客船——旅游船即应运而生,以适应人们需求。研发了"长江黄金"旅游船系列、"华夏神女"旅游船系列、大型豪华旅游船"扬子江乐园"号等,对促进我国旅游事业的发展起着重要作用。

中国自己建造的被称为造船工业皇冠上的三大明珠之一的豪华邮轮,2019年 10 月 18 日正式在上海外高桥造船有限公司开工点火钢板切割,2021 年 12月进入内部装饰的"下半场",标志着中国船舶工业即将摘取最后一颗皇冠上最耀眼的明珠。

本书共分九章:第一章概述,第二章设计重点技术,第三章客船研发历程,第四章沿海客船,第五章江河客船和旅游船,第六章车客渡船和火车渡船,第七章客滚船,第八章大型邮轮,第九章客船的发展趋势。本书着重介绍新中国成立后,我国客船的研发历程和取得的伟大成绩,介绍我国船舶研制团队不辞劳苦、自主创新、顽强拼搏,为设计建造出我国各类客船而奋斗的精神。

期盼读者通过阅读本书,了解客船,热爱客船,也期待有志于从事船舶事业的年轻人接力奋斗,为我国造船事业作出贡献。

目 录

第八章　大型邮轮 / 209

第九章　客船的发展趋势 / 282

参考文献 / 287

索引 / 289

后记 / 296

第一章
客船分类及其特性

第一节　概　　述

客船的历史源远流长,自从人类发现木头可以漂浮在水面上,便开启了利用浮力建造水上运输工具的历史。在汽车、火车大量运用于人类活动前,船舶一直是人类主要的水上运输工具。翻开地图可以看到,中、外国经济发达的城市大都建在沿江沿海、水运方便的地域。水运的方便,带来了人流、物流的发展,也促进了这些城市和地域的经济繁荣,客船在人类经济社会发展过程中作出了不可磨灭的贡献。

客船主要功能是运载旅客,也包括旅客的行李、邮件等,同时也装载一些货物,当然也与货船一样装载船舶营运和人员在船上生活所需的燃油、水和物料。水,包括人员饮用、洗涤所需的淡水和调整船舶纵横倾所需的压载水。这些燃油、水、物料在船上都需设置专门的舱柜来储存。客船的主要功能是载客,必须为众多旅客提供足够的居住、活动和流通空间,要设置足够的旅客居住舱室,为旅客服务的各类舱室,例如餐厅、行李舱、盥洗室、浴室、茶水间,以及根据不同功能客船的需要,供旅客休闲的娱乐设施,如高端的现代豪华邮轮、豪华旅游船的娱乐设施。因此,客船上的上层建筑比货船要丰满得多,极易辨认。

客船异于其他船舶的特点之一是其更重视安全。在客船的发展过程中,它为人类提供了方便,但也出现了不少海损事故,人们在每次事故发生后,吸取了教训,总结了经验,制定了设计、建造客船必须遵循的规则、规范,以保障后续船舶的安全。现在世界各国公认的《国际海上人命安全公约(International Convention for Safety of Life at Sea,SOLAS)》就是在 20 世纪初,一艘大型的英国客运班轮"泰坦尼克"号,在首航横渡大西洋时,因撞上冰山而沉没的惨痛教训的经验总结,是包括客船在内现代船舶的安全法典。

客船亦特别重视旅客的舒适性,在船舶的各项性能和总布置上均采取有针对性的措施,使旅客不但不会受江海风浪环境、船体颠簸、振动、噪声所累,而且能以安逸的状态度过旅途时光,欣赏江海风光。

随着人类社会和经济的发展,客船从内河走向了海洋,在这一过程中出现了各种不同用途、不同航程的客船,在相当长时期内都是旅客主要的海上交通工具。但随着高速公路、高速铁路和航空客运的普及,架桥技术和隧道挖掘技术的进步,高速公路也进入了海岛,客船的业务日渐式微,其功能也相应发生变化,随带货物的装卸方式亦不断变化,客船的结构形式也在不断改进,客船的功能从最初单一的交通运输,逐渐拓展出了旅游、休闲娱乐等更丰富的内涵,这就是客船发展的简要历程。

第二节　客船的分类

现代客船的种类繁多,可以按照航区、航速和货物的装卸方式等进行分类。

（一）按航区分类

客船按照航区可分为海洋客船和江河客船。海洋客船又可分为远洋客船、沿海客船;江河客船也可分为中、长途江河客船和短途渡船等。远洋客船因航程远,经受的风浪大,所以船舶规模大,载重量一般超过 1 万吨。19 世纪至 20 世纪初,在西方,远洋客船兼运邮件,所以又称为"邮轮"。

沿海客船一般载重量在 8 000 吨以下,航速在 14～18 节[1],客舱等级较多,载货量也较大。如我国"长征"系列客货船排水量达 7 500 吨,主机功率 9 000 多马力[2],航速 17 节,能载运旅客大约 900 人,载货量 2 000 吨。

江河客船航行于江河湖泊上,特点是靠泊频繁,可停靠在浮码头(趸船)旁,旅客通过舷梯或跳板下达浮码头,再通过浮码头与岸边的台阶或浮桥上岸;在水位与江岸落差较小的地方,也可以通过跳板直接上岸。因江河上风浪较小,江河客船的结构无须太强,且主甲板上的走道还外伸于主船体之外。在主甲板上,客舱也较多,外形比海洋客船更为丰满。我国长江上航行的客船,有往来于长江全线的上海至重庆的"申—渝"线客船,往来于长江下游的上海至武汉的"申—汉"线客船,往来于长江上游的武汉至重庆的"汉—渝"线客船,分别属于长途和中途客船。而往来宜川至万县或上海至南通之间的客货船,则属于短途客船。此外还有城市中隔河或隔江市民往返的交通渡船和风景地区的游览船等。

(二) 按航速分类

按船舶的航速,客船可分普通客船和高速客船。普通客船的航速较低,一般航速在 18 节以下。高速客船的航速较高,一般为 20 节以上,适用于大陆沿海与岛屿之间和岛屿之间航行,特别是那些高速公路、铁路或飞机暂时无法通达,但旅客或特殊需求人员需要去的地方。

为适应旅行追求效率高、路途时间短、舒适度高的人群需要,出现了特殊船型的高性能船。这类船舶主要特点是航速高,如高性能客船。

(三) 按货物的装卸方式分类

按所携带货物的装卸方式,客船可分为传统客(货)船、滚装客船,其中滚装客船又可细分为车客渡船、客滚船和火车渡船等。

传统客(货)船上的货舱与货船相似,货物在开启舱口盖后,利用船上或岸

---

[1]　1 节＝1 852 米/小时。

[2]　1 马力＝735.499 瓦。

上的吊货设备起吊货物,但是装卸速度较慢。

客滚船由客船和滚装船综合演变而来。客船的货物装卸,开始由散装杂物改为集装箱,吊机装卸集装箱的速度要比吊装散装杂货快,所以这类船称为客箱船。后来,集装箱改用通过货舱舷侧的舷门和跳板,用铲车进行装卸,货物开始向滚装方式发展。为了适应旅客乘坐自用车旅行需求,一些客船设置了车辆甲板,车辆放置在车辆甲板上,通过艏部跳板或舷侧跳板自行上下,旅客居住在上层客舱,这就发展成载车客船和车客渡船;再后来,船型增大,车辆甲板层数增多,车辆甲板可有 2~3 层,载车车道长达数千米。载重卡车、集装箱拖车等大型车辆也可以通过艏、艉门和跳板上下;旅客甲板有 3~5 层,载客人数可达数千人,这就进化到了现代客滚船。用于装运火车的客滚船即是火车渡船。按照运输距离,有从事海峡、内河渡口之间运输的车客渡船、火车渡船,到既载客又装货从事较长途运输,且货物全部为能自行上下的货运汽车或集装箱拖车的客滚船。这类船航速较高,可达 18 节以上,主尺度也较大,总吨位可超过 50 000。例如,中国渤海湾城市到韩国仁川、釜山等航线的客滚船,我国海南岛至三沙岛屿的客滚船,总吨位从 16 000 至 45 000,我国出口的客滚船总吨位甚至达到 70 000。

在车客渡船和火车渡船的发展过程中,早期的过江车渡和火车渡船上,仅装运客运汽车上的旅客和客货车上的旅客,这类船还不是严格意义上的客船。

(四)按是否装货分类

当客船装载的货物较多时,派生出客货船,所以客船按照是否装货,可分为客货船和纯客船两大类。沿海客船一般都装载货物,所以常称为客货船。旅客常年满员或近距离航行的江河客船如航行于长江三峡的旅游船(见图 1-1)、内河中航行的交通船多不装载货物,为纯客船。

此外,客船按照航行距离和用途,又可分为海峡、岛际、内河渡口之间的客渡船、交通艇;湖上、内河观光的游览船和游艇;从事长途班轮为主的娱乐休闲豪华邮轮,从事游玩娱乐为主的内河豪华旅游船等。

图 1-1　航行于长江三峡的旅游船

　　客货船和纯客船的分类并不严格,小的过江轮渡大都用于载客,但有时也可载小型汽车和农用拖车,长途豪华邮轮也有装载旅客自用小汽车的。

第三节　各类客船特性

（一）客船

江海客船分为江河客船、沿海客船和远洋客船。

　　江河客船航行于江河湖泊之上,供旅客旅行和水上游乐之需。因航行水域不同而差异甚大,有小型的仅数十吨级的市区水域的交通船,亦有大至 2 000～5 000 吨级的长江客船,而后期的长江旅游船亦有超万吨级的。该类船主甲板离水面很近,外走道还超出船舷外,使主船体上可布置更多的客舱。内河航道较海上航道复杂,航道较窄,又有急流浅滩之虑,故对船舶操纵性要比海船高,舵效要求高,反应更灵敏,这类船大多为双桨、双舵,有的还配三桨、三舵,航速为 11～16 节。如长江“东方红”系列客船,船长 113 米,总吨位 5 050,载客量1 250 人,载货量 400～500 吨,上、下水(逆水和顺水)平均航速 16 节。

沿海客货船排水量一般为 8 000 吨以下,航速为 14～18 节,客舱等级较多,载货量较大。沿海客船航行于海上,海上风浪要比江河大,特别是遇到强风大浪,船舶摇摆颠簸加剧。该类型船对船体结构强度以及人员的舒适度设计有较高的要求。例如,我国华南地区海域航行的"马兰"号、"山茶"号客货船,总长 107.6 米,排水量约 3 500 吨,载客量 600 人,载货量 275 吨,满载航速 16.14 节,双机、双桨推进,配双舵,在 5～6 级风下,最大横摇 8 度,横摇周期长(11.5 秒),旅客很少晕船。

远洋客船是 19 世纪 40 年代发展起来的用于洲际的海上交通,起初多是客货混装船,后因客流量增加,旅客运输和货物运输逐渐分离,分化出专为运输旅客的大型远洋客船。远洋客船曾因多兼运邮件,又被称为"邮轮"。又因定期有班次,也称为"班轮"。远洋客船排水量一般超过 1 万吨,航速在 20 节以上,设有 2～3 个客舱等级,船上公共活动场所较多。

20 世纪 50 年代末,远程喷气式客机出现后逐渐夺走了海洋客船的客源。大型远洋客船航线于 1977 年底在世界上几乎完全消失。

上述客船,可称作传统客船。在高速公路、高速铁路、航空运输向沿海沿江城市和海岛延伸后,这类传统客船逐步退出市场,除内河中较偏僻的地区及湖泊周边的游览船、江河上的交通船外,半岛和半岛之间、海湾区域的交通大都被速度更快、装客及载货量更多的客滚船所替代。

(二) 旅游船

随着陆上交通彰显巨大优势,在以交通运输为主的传统客船因客流锐减,而逐步退出航运市场后,客船逐渐向以旅游为目的江海旅游船方向华丽转身。

旅游船按航区可分为海洋旅游船和江河旅游船。旅游船载客到沿江沿海风景秀丽的陆上景点游览,同时又让旅客在船上享受休闲、多种文体活动、餐饮美食的度假休闲生活。为满足不同旅客的需要,舱室和公共场所也分等级,旅客舱室一般布置在上甲板以上,以保持客舱安静,公共场所多种多样,都有宽广的视野,以利旅客欣赏沿途美景。旅游船上采取减振降噪设施和设有减摇装置,使旅客在航行途中尽量安稳和舒适。

（三）车客渡船、汽车渡船

车客渡船既可载客,又可载车,用于运载乘客和汽车横渡江河、湖泊、海峡等水域,如图 1-2 所示。它是短程运输的客船,一般只有几小时至十几小时的运输航程。早期车客渡船载运过江的乘客,客舱中只设散席,后期发展设有各种等级的客舱。船上的乘客与所载的车辆分道上、下船。渡船一般采用定期定点的营运方式,提供往返服务,又称"班船"。例如我国 1994 年建成的"鸭—白"线车客渡船,航行于舟山的鸭蛋山与宁波的白峰之间,该船总长 59.8 米,满载排水量约 1 200 吨,载客量 600 人,5 吨的标准卡车 25 辆,航速 14 节,双机、双桨推进,设双舵。由于该航线的开通,内陆与舟山本岛间 8.6 海里①的海峡45 分钟即可通达,促进了舟山与内陆之间的人员与物质的流通。

图 1-2 车客渡船

———————————

① 1 海里=1 852 米。

汽车渡船是 20 世纪 60 年代初国外经济发达国家首先发展起来的一类沿海客船,是车客渡船的一种,以运输旅客及其携带自用轿车为主,泊港时间短,效率高。现今海上运输发达国家的重要中、短程定期航线基本上已采用汽车渡船。汽车渡船总吨位大多在 4 000 以下,载客量 700~1 000 人,设有卧铺舱室和娱乐散座舱室。车客比(汽车数与旅客数之比)为 10%~20%,航速为 16~18 节。船宽较大,采用双桨、单舵,设减摇鳍和侧推装置。近年来,由于旅游业发达,在欧洲国际航线上出现了总吨位过万、车客比高达 33%、航速大于 20 节的高速大型汽车客船。

（四）客滚船

客滚船是可以载客,又可以装运汽车和集装箱拖车,车辆可以岸船之间滚上滚下的船舶。它综合了客船和滚装货船的功能发展而来,客滚船的最大优点是装卸速度快,可达 10 000~20 000 吨/时。图 1-3 所示为航行于海口至海安的"五指山"号客滚船。

图 1-3 "五指山"号客滚船

为提高客货船的装卸效率,将装载杂货的货舱改为仅装载集装箱,这样装卸效率就大大提高了。后来,又将货舱盖取消,在货舱的舷侧开门,在船与码头之间设置的跳板,用铲车将集装箱装上卸下,这类船称为客箱船。20 世纪

90 年代初,我国也开始研发设计,拟用于大陆与台湾岛之间交通运输。

随着车客渡船安全性能的提高,航线距离不断延长,各项技术指标不断提升,以及集装箱运输发展,出现了综合客船和滚装货船优点的客滚船。它大多用于沿海中程定期航线,船型与汽车渡船相似,总吨位一般为几千至几万,新建客滚船的总吨位为 50 000 以上。装载车辆可达数百至上千辆,载客量由几百到几千人,配备一定的居住舱室和娱乐散座舱。随着水上旅游业的发展,客滚船的总吨位、车客比、航速都有所增加,旅客服务设施也更加舒适完备。

客滚船能使车、客同行,避免陆路绕行海湾,给地区之间人员和货物往来提供更为快捷的运输方式。

(五)火车渡船

火车渡船是装载火车过江渡海的船舶。早期的火车渡船仅用于摆渡江河两岸的火车,也可以搭乘火车上的旅客,但旅客要与旅客列车分开上下船,以确保旅客安全。随着社会经济和船舶设计的发展,以及建造技术的进步,为促进海峡两岸的经济发展,加速两地之间人员物资流通,用以连接海峡两岸铁路交通的火车渡船出现了。火车渡船可以搭载旅客,也可以同时搭载客货列车和载重汽车摆渡海峡,借助渡船将海峡两岸的铁路公路交通连接起来,定时定班航行。如我国 2003 年投入营运航线为广东海安北港与海南海口南港的"粤海铁1 号"火车渡船和辽宁大连至山东烟台的中铁渤海火车渡船。

火车渡船的主甲板上铺有铁轨,火车可从陆上铁道开进船上,如图 1-4 所示。渡船上也设有汽车甲板,用于载运汽车和载货拖车。载重汽车甲板布置在火车渡船的上甲板或以上的甲板,旅客舱室和船员舱室布置在上甲板以上的各层甲板。到达目的地码头后,火车、汽车、旅客上、下船各走其道,安全方便。由于火车渡船解决了内陆与海峡地区的铁路运输和汽车运输衔接问题,甚至可以开展跨海、跨国的水陆联运,因此成为岛屿与邻近江河和沿海的城市之间公共交通运输系统的一部分。

图 1-4　火车通过引桥上渡船

由于火车要与岸上火车运输时刻协调,不能误时,故航速要有储备,抗风浪能力要求较高,船舶姿态的平衡都有一定的要求,设计的技术难度较高。

(六) 豪华邮轮

1. 豪华邮轮的定义

按照中国船级社(China Classification Society,CCS)《邮轮规范》,邮轮是以旅游为目的的高端客船。邮轮通过船上配备的各类生活、娱乐设施,为旅客提供文化、体育、餐饮、购物、住宿、观光等旅游休闲服务。

豪华邮轮脱胎于早期的洲际间海上定期旅客交通运输班轮。班轮作为一种交通工具,为了安全、准时将旅客送到目的地,追求的目标是航速、安全和经济性,舒适是非常重要的指标之一,豪华邮轮是一种休闲旅行工具,将巡航、住宿、游玩及消费等环节结合在一起,一张船票包含了所有内容,不再单纯是一种交通工具,而成为旅客休闲度假旅行的海上旅游船舶(见图 1-5)。

图 1-5　大型豪华邮轮

2. 豪华邮轮的特点

(1) 豪华邮轮是名副其实的高技术船舶,内部装饰豪华,配置高端,设计和建造难度大。

(2) 豪华邮轮船型规模巨大,内部装饰、设施极其全面,因此新建邮轮造价极为昂贵。随着邮轮建造朝着超大型化和超豪华方向发展,其造价将持续上升。

(3) 豪华邮轮建造工程量大,与船体建造相比,豪华邮轮舱室设计和内部装饰工程量占全部建造总工程量的比例高达 60%,建造工程量远大于同量级的普通货船。

豪华邮轮的设计与建造不仅是船舶工业领域的技术成果汇集,而且能显示出一个国家在一个时期综合科技水平和综合工业实力。

3. 豪华邮轮的分类

(1) 按豪华邮轮的主尺度分类,豪华邮轮可分为大型豪华邮轮、中型豪华邮轮及小型邮轮。

大型豪华邮轮,出现在 20 世纪 50～60 年代,如"鹿特丹(Rotterdam)"号、"奥里埃纳(Oriana)"号、"堪培拉(Canberra)"号、"法兰西(France)"号和"伊丽莎白女王 2(Queen Elizabeth 2)"号等著名邮轮。大型邮轮载客量一般为 2 000 人以上。这一时期的邮轮设计具有大型化并向旅游邮轮过渡的特点:一方面在最初建造时,基本上是沿用了传统班轮的设计理念和模式;另一方面,在后来市场格局的不断变化中尝试向符合市场发展趋势的休闲度假邮轮转变。

中型豪华邮轮,出现在 20 世纪 80 年代。20 世纪 70 年代因国际经济状况原因,邮轮业更加重视营运经济性,开始呈现出多样化的发展趋势。"尺度经济性"这一主题催生出不同的邮轮发展方向。中型邮轮载客量一般为 1 000～2 000 人,如"大西洋(Atlantic)"号、"新阿姆斯特丹"号和"美国之歌(Song of America)"号。这些新一代邮轮,不但揭示了在"尺度经济性"、操作效率和更高端装饰方面占据优势,同时也在载客船舶的基础设计方面带来一些变化。

旅客的愿望是多元化的。20/20 类型(2 万吨、20 节)的小型邮轮受到部分旅客的追捧。小型邮轮虽然不是主流船型,但亦拥有自己的市场。小型邮轮载客量一般为 1 000 人以下。

(2) 按照邮轮的功能,豪华邮轮可划分为家庭旅行友好型邮轮、浪漫旅行友好型邮轮和探险/环球型邮轮。

家庭旅行友好型邮轮:邮轮能够为家庭旅客提供最好的旅行服务、安全无罪犯的活动环境,避免走失的泛封闭空间场所,可以给父母和孩子双方以极大的自由度。孩子们可以有充分的时间与父母、祖父母及同龄人待在一起,还可以与船员待在一起,学习航海、雷达和通信设备等知识。他们可以接触不同的环境,以及随意吃到喜欢的食品,在岸上游的过程中还可以接触到不同国家的风土人情。

浪漫旅行友好型邮轮:在这类邮轮上配有小型教堂,方便为新人们提供

"交换誓言"的海上婚礼服务,也可为 10～60 周年结婚纪念提供服务。此类型邮轮可方便为度蜜月的情侣和度结婚纪念日的夫妇提供蜜月套房,且配备合适新婚人士的国王级或皇后级大床等设施。

探险/环球型邮轮:参加这类邮轮旅行的旅客相对其他旅客而言,有明显的兴趣指向,他们对探险和知识的兴趣远比娱乐的兴趣大,参与性更强。这类邮轮上安排有自然学家、历史学家和文学家来提供野外生存的帮助,每位参与者将得到一份由随船作家书写的记录整个探险过程的航海日志。该类邮轮的排水量从 1 200 吨至 23 000 吨不等,搭载旅客少至几十人,多至上千人。

环游世界类邮轮是一种独一无二的经典旅游方式,相比通常的邮轮度假旅行,环游世界更像是一次发现之旅。环球旅行的路线能够给旅客带来最大的新鲜感。

(3) 按照邮轮航行的水域,豪华邮轮可分为远洋邮轮和近洋邮轮。远洋邮轮一般航程较长,航期为 10～15 天,甚至更长;近洋邮轮航程较短,航期一般为 7 天左右。

(七) 特种船型客船

船舶科技工作者长期持续研究如何使船舶在航行时降低阻力,以实现高速航行的船型。至今已研发出气垫船、水翼艇、滑行艇、双(多)体船、冲翼艇、飞翼艇等。基于技术发展的成熟程度和经济性,目前仅有气垫船、水翼艇和双体船应用于客船,且数量极其有限。

1. 气垫船

气垫船由离心式风机产生的增压空气,通过船底下方四周的环状喷嘴组喷出,形成气幕,气幕被围蔽在气垫船下方,气幕空气形成了静态气垫,高于大气压压力作用于气垫船底部产生压力,当气垫升力大于船的重量时,将船抬起,摆脱水阻力的束缚,从而实现高航速。民用气垫船的航速一般为 30～80 节。气垫船具有特有的两栖性和越障能力,我国已研发了多型气垫船,并产生了良好的经济效益。

气垫船因其特有的两栖性和越障能力,是在某种特殊水域适用的船型,目前已有少量气垫客船在营运。

2. 水翼艇

水翼艇是在滑行艇底部加装水翼演变而来的。水翼的横截面呈机翼形状,在高速航行时,水翼的升力与排水量相等时,水翼就将艇体托出水面,只有水翼、推进器和支架与水接触,这种状态称为翼航状态。在翼航状态下,水翼艇所受的阻力,特别是兴波阻力以及波浪对艇体的运动干扰程度将大大降低,从而水翼艇获得较高的航速和良好的耐波性,现有的水翼艇最高航速可高达 70 节。我国早在 20 世纪 60 年代初已研发建造出铝质长江客运水翼艇。

3. 小水线面双体船

小水线面双体船系指将水线附近的双体船身缩小,形成狭长的流线型截面,所以也可称为小水线面半潜式双体船。

船体分为水上和水下两部分。水下部分为船舶的漂浮提供浮力,水上部分为人员的活动和设备及舱室的布置提供空间,而水上、水下部分的交界面即是水面,船舶在波浪中航行,水线面也呈波浪形,因而产生了对船舶的各种干扰,如使船舶发生摇摆、颠簸、失速等问题。为此科技人员就设想缩小水面附近波浪作用范围的船体体积,来减小波浪的影响,因此将船舶做成下潜体、支柱体和上船体三部分,支柱体部分就处在水线上下,在水线面附近面积和体积都缩小成流线型。所以与普通船舶相比,波浪对船舶浮力变化的影响和兴波阻力(即对船舶的干扰)都大大降低;耐波性和快速性都得以提高;同时也增大了船舶的甲板面积,空间利用比较充裕;具有操纵性和稳性好,螺旋桨推进效率高等优点。该类船的航速不高,一般为 12~18 节,但人们的舒适性大大提高。

人类很早以前就发现把两个单体船横向连接在一起,从内河到海上航行时不易翻船,这种方法用在帆船上,建造了双体帆船。小水线面双体船的设计概念,国外在 20 世纪前就已提出,我国在 20 世纪后期开始研究小水线面双体船,建成了多艘中、小型小水线面船,如排水量 228 吨的海关缉私船、排水量 1 350 吨的近海测量船。特别是 2018 年建成的"沈括"号小水线面双体科考调查船,是国际上该类型的第三艘按客船要求设计的科考船。

第二章
客船设计

第一节　总　体　设　计

任何事物发展都有其规律,人类在不断探索掌握规律中认识世界,改造世界,促进其发展,对客船的研制也是一样。客船是水上客运的重要工具,其航速快,安全、稳性要求高等,使其区别于其他船舶。随着世界船舶设计技术和建造能力的进步以及人们对客船要求的不断提高,为确保客船环保、节能和旅客的安全舒适,国际海事组织对客船的性能、设计和建造先后发布了多项公约和规则。随着我国客船设计建造水平的提高,我国相关部门先后公布了多项海洋和内河客船设计、建造规范。这些规范既是对客船研制规律的认识,也是实践经验的总结,是客船研制中必须遵守的基本要求。根据国情,创新研制理念,我国在客船研制中按照规范,遵循规律,学习世界客船研制先进技术,在客船总体、稳性设计、结构、抗震性、舒适性等设计上不断创新,使中国客船的研制水平不断提高。

客船的总体设计主要包括总布置、主尺度选择和线型设计。

一、总布置

在总布置方面,首先要树立客船的设计理念。

在旅游型客船的外形设计上要吸引游客,给游客新颖、华丽、高尚和安全的感觉。在美食方面要向旅客提供全面服务,使旅客可以尝遍风味美食。在文体娱乐方面既要照顾各年龄段旅客的需求,又要有亮点和特色;既有供儿童幼儿游玩的儿童乐园,又有供老人休闲的休息厅和藏书丰富的图书馆,总之要让旅客在船上住得好、吃得好、玩得好、消费得好。

同时,旅游型客船是供游客的游玩场所,是一个度假村,必须研究游客的旅游心理,满足他们的视觉、心理、购物和食欲的需求,运用船舶美学理论,结合船舶自身功能特点进行船舶外观造型和色彩的设计;邮船拥有十分巨大的空间,如何合理的组合和分配空间,这是一个极其重要课题,如住舱、餐厅、剧场、健身房等应该处于船何处,各种场所的规模尺度;旅客部和船上机舱以及其他机器处所应如何协调,如何组合安排各场所的竖向通道和横向通道等。

总布置要点:

(1) 对于干舷船长 120 米以上,或干舷船长小于 120 米,具有 3 个或 3 个以上主竖区的国际航行客船应符合 SOLAS 的要求,当船舶的推进装置,操舵装置,航行系统,固定式灭火系统,内、外通信系统等在船上未受失火影响的其余部分仍应保持运转,并有能力使船安全返港,为此需配置 2 个独立的机舱。

(2) 艏尖舱长度应符合规范要求。SOLAS 和《法定检验规则》对国际航行船舶艏尖舱长度的要求已不分客船和货船,"(防撞)舱壁应位于距艏垂线不小于船长 0.05 L 或 10 米(取小者),除经主管机关允许外,不大于 0.08 L 或 0.05 L＋3 米(取大者)处"。而(法定检验规则)国内航行船舶,仍将客船和货船分别要求,客船为"此舱壁"(防撞舱壁)应位于距艏垂线不小于船长的 5%,且不大于 3.0 米加水线长的 5%处。

(3) 主竖区的分隔。主竖区系指由"A"级分隔分成的主船体,上层建筑和甲板室,其在任何一层甲板上的平均长度和宽度一般不超过 40 米。SOLAS 以载客 36 人为分界线,对主竖区的分隔有不同的描述,载客超过 36 人的客船,其船体、上层建筑和甲板室应以"A60"级分隔为若干主竖区。阶层和壁龛应保持在最低限度。载客量不超过 36 人的客船,在其居住处所和服务处所的船体、上层建筑及甲板室应以"A"级分隔分为若干主竖区,此分隔的隔热值按相应要求配置。对照36人以上和36人以下的要求后可发现两点,一是36人以下分隔范围有定语,即在起居处所和服务处所的船体、上层建筑及甲板室范围内划分主竖区,而36人以上是全范围。二是分隔主竖区的隔热要求不同,36人以上是"A-60"级分隔而36人以下是"A"级分隔。只要实际可行,舱壁甲板以上形成主竖区限界面的舱壁,应与直接在舱壁下的水密分舱壁位于同一直线上,为使主竖区的端部与水密分舱舱壁一致,或为提供一个长度伸及主竖区全长的大型公共场所,主竖区的长度和宽度最大可延伸至48米,但在任一层甲板上主竖区的总面积不得大于1 600平方米,主竖区的长度或宽度范围为主竖区限界舱壁的最远点之间的最大距离。近年来,大型邮船的出现造成48米和1 600平方米主竖区分隔限界受到冲击,为此SOLAS提出等效设施的概念,即采用等效的控制和限制设施后可允许突破此限界。

(4)旅游型客船采用电力推进已成为主流,特别是吊舱推进系统,电力推进不仅在合理利用能源上优点显著而且在船舶总布置、线型设计上均提供了更多的选择和优化的可能。

(5)客船上层建筑十分庞大,甲板层数也较多,除了要满足舱室布置的需要之外,尚需注意层高不要太低,一般至少净高要2米以上,特别是公共场所、大厅,甲板间层高要达3.5~4.5米,当然要控制船的总高度,满足稳性要求和不与航线上的桥梁、船闸、航道上方的电缆相碰。

(6)全船竖向及横向交通线必须合理安排,一方面要使各部位间有最合理的相互功能联系,又要尽力减少交通面积的比重,提高平面使用系数;另一方面要保障紧急疏散时必要的通畅的通道。

一般客舱区内的走道净宽度应不小于1米,扶梯应为钢质,扶梯的倾角(与地板的夹角)一般应不大于45度,经同意可放宽到50度,扶梯应沿首尾方面布置。走道、梯道设置应满足规范有关规定。

(7)大型客船载客人数众多,到达的港口往往是旅游城市,故应严格遵守国际和当地环保法令、规则。在船舶总布置时要留出足够的空间供污水,污物和各类垃圾处理,如污水污物处理装置、垃圾堆集地、垃圾处理打包机和设置灰水舱、黑水舱等。

(8) 大型客舱在总布置设计时特别要注意船的外观造型,要遵守形式美的法则:统一、均衡、比例、尺度、韵律、序列、风格和色彩。

二、主尺度选择

主尺度主要包括船长 L、型宽 B、吃水 d、型深 D 等参数。

(1) 在选择船长和型宽的 L 时应考虑:① 航道、港口、船坞等的限制;② 浮力;③ 载重量(旅客、车辆、集装箱);④ 快速性;⑤ 纵摇、垂荡及失速;⑥ 回转性和航向稳定性;⑦ 抗沉性;⑧ 重量和造价;⑨ 规范、规则要求。

(2) 在选择型宽 B 时应考虑:① 航道、港口、船坞等的限制;② 浮力;③ 载重量(旅客、车辆、集装箱);④ 稳性和横摇;⑤ 重量和造价。

(3) 在选择吃水 d 时应考虑:① 航道、港口等的限制;② 浮力;③ 推进性能;④ 耐波性。

(4) 在选择型深 D 时应考虑:① 载重量(旅客、车辆、集装箱);② 结构强度;③ 最小干舷;④ 稳性;⑤ 抗沉性。

三、线型设计

线型设计主要考虑:快速性、耐波性、快速性、稳性、装载和布置、振动。

总之,总体设计成败与否,与客船的生命力(安全、绿色、节能、环保)、旅客的满意度和营运经济性息息相关,因此需反复推敲,平衡各方面的矛盾,才能找出较佳和可行的方案。

第二节 稳 性 设 计

客船的稳性是安全性中最重要的一环。一则客船的上层建筑规模庞大,船舶重心位置高,受风面积大,倾覆力矩大;二则旅客在船上活动过程中,常常为观赏海上风景拥簇于船的某一侧,造成船体倾侧。这都会导致船舶横倾的风险加大。设计中必须精确计算,采取相应措施,满足规范的要求。除考虑客船的完整稳性外,还需要计及破舱稳性,舱室进水后,船舶的重量和重心发生变化,必须对该状态下的破舱稳性进行校核,并满足有关公约和规范的要求,确保在破舱(要考虑各种破舱工况)情况下,船舶仍能保持正浮状态,以争取等待救援的时间。同时在波浪中船舶出现横摇,以致在正常情况下,船上不可能进水的一些开口(如主甲板上空气管的开口),在破舱时就有可能会进水,水会沿管路进入相应的舱室,例如压载水舱、燃油舱等,造成事故扩大,进行破舱稳性校核就是为了防止这种危险工况的出现。

对于客船安全,还有一个工况需特别注意,客船往往会经过风景区,而风景往往出现在船的某一侧,或在一侧的外面发生特殊情况,吸引广大旅客围观,这时会发生大量旅客集中于一舷,一侧的重量突然增加,造成船舶的倾侧,特别是在船舶高速回转时,这种危险性就更大,尤其是小型客船。这在公约和规范上称为"高速回转时旅客集中于一舷的工况"。对这一工况需计算校核,并采取措施,防止倾覆事故的发生。

对于客滚船和火车渡船的安全要求与一般客船不同,因为这类船舶的货物都是用车辆装载或采用拖车拖带上下船的方式,这给船舶安全带来很大的隐患,因此设计时要将旅客和货物上下船时进行分离,以免人员被车辆碰撞压伤。在设计这类船舶时,载货车辆通道和人员通道要布置适当;对于火车渡船,还需考虑火车通道与汽车通道的分离。由于在人员和货物上下船时,船舶的吃水会发生变化,所以在设计火车、汽车、人员通道时,跳板与船的接口都要适应吃水变化的情况。

为防止车辆在船上滚动移位,车辆上船后必须绑扎固定,以免在海上航行摇摆时,车辆发生滚动移位,相互碰撞,甚至发生因车辆移位而造成船舶倾侧翻沉。特别是对于小型的客滚船和火车渡船,在车辆上船时,船舶会发生倾斜,影响装卸安全。对于火车渡船,车辆甲板上有多条停载火车的轨道,车辆上下船时,船舶会发生纵向倾斜和横向倾斜,船岸之间轨道的连接件就要损坏;在一列车厢上船时,特别是停靠在船某一侧的轨道时,对船的倾侧力矩非常大,既影响船舶的安全,又影响船岸连接机构的安全。所以在设计时,必须配置船舶横倾和纵倾平衡系统,这些系统设备的能力应与车辆上下船时造成的横倾力矩和纵倾力矩相适应。对这类船舶,还要配置必要的设备,以防止车辆甲板进水。当发生进水时,该设备应能发出进水位置和进水报警信号。

第三节 结 构 设 计

客船上层建筑丰满,且按功能进行分隔,公共场所内宽敞且很少设置支柱,居住舱室甲板下结构为高腹板结构,腹板上开风道孔、电缆通道孔和管子穿越孔,结构还讲究自然美观、上下构件直线对齐等。

在结构设计时充分考虑上述因素,除要满足入级规范的强度要求外,还要对包括总纵强度(含船体梁剖面特性、总纵弯曲强度、剪切强度和屈曲强度)、船体梁极限强度、船体梁剩余强度、疲劳强度、整船直接强度和局部强度进行直接计算。在整船计算中出现的结构过渡区、开口角隅等高应力区域,还应进行疲劳强度细化分析。对于船上公共场所,如影剧院、中庭等处所的甲板主要支撑构件,应进行局部强度直接计算,校核其屈曲强度。对于船体梁极限强度和剩余强度,除了采用规范法计算外,也可按非线性有限元方法进行计算。另外,大型豪华邮轮还应利用非线性有限元方法进行全船振动和噪声的预报。

船体总纵强度是反映船体结构安全的重要指标,用以保证船体结构在弯矩和剪切力作用下不致发生屈服、屈曲和大变形。由于上层建筑甲板层数较多且存在大量的非连续甲板、非连续的纵舱壁和电梯围井、中庭、楼梯和剧院等设施的布置会破坏结构的纵向连续性,因此在船宽方向设置大跨度横梁。客船的大型化导致上层建筑层数和船体总纵强度成为船底和上层建筑构件尺寸的决定性影响因素。客船主船体与上层建筑弯曲变形不一致,因此需要对上层建筑参与总纵强度的有效度进行计算。

特别是大型邮轮上层建筑甲板多达十几层,且具有大跨度、高贯通空间、大范围开口等特点。上层建筑对船体结构强度的影响十分明显,与常规船舶相比,其上层建筑参与总纵强度的程度只能用有效度来衡量。上层建筑有效度通过模型试验、理论分析(梁理论和交叉梁理论)及整船直接计算得出。

客船船体总纵弯曲应力——船底与上层建筑承受的应力是交变且方向相反的,如船底承受压缩应力,上层建筑就承受拉伸应力,反之亦然。由于上层建筑局部区域的变形方向与主船体不同,上层建筑局部结构也会出现较小的压应力,如机舱棚、罗经甲板等。虽然锚机甲板/救生甲板被定义为强力甲板,但该层甲板的拉伸应力并非最大,上层建筑顶层的连续甲板的拉伸应力比强力甲板的要大。

客船船体总纵剪切应力——艏、艉 1/4 区域舷侧的剪切应力最大;剪切应力由船底向上传递。舷侧窗户开口阻碍了剪切力的传递,但开口周边仍存在较大的剪切应力,开口降低了该区域舷侧的剪切屈曲强度,因此在船舶设计阶段应对该区域的剪切强度进行校核。同时,剪切应力作用导致邮轮上层建筑部分参与总纵强度评估。

对客船总纵变形引起的屈曲强度进行校核非常必要。由于主船体和上层建筑舷侧传递剪切力,而舷侧门窗开口破坏了剪切力传递的有效性和剪切屈曲能力,因此要解决好舷侧和纵舱壁的剪切、屈曲问题。客船中垂弯矩大于最小中拱静水弯矩。上层建筑结构产生纵向压缩应力,由于泊松比效应,中拱弯矩引起上层建筑甲板产生横向压缩应力,如果上层建筑设计不当,上层建筑会产生与主船体不一致的弯曲变形,主船体中拱变形会引起上层建筑出现压缩应力。因此,解决好上层建筑的轴向屈曲+横向屈曲问题,以避免发生类似情况。

整船直接计算结果表明,根据总纵应力的分布很难归纳出普遍适用的简化公式。在船舶设计初期,可通过上层建筑有效度粗略估算船体梁总纵弯曲应力,用于评估船体构件的屈曲强度。有效度的选取对于船体梁总纵弯曲应力计算而言至关重要。但是,上层建筑参与总纵强度的有效度与其长度、宽度和刚度等密切相关,上层建筑刚度的增加会引起有效度降低,且有效度并非越高越好。随着客船主尺度的增大,上层建筑的强度会设计得越来越强,上层建筑的有效度会降低,所以在设计初期计算总纵强度时,可采用上层建筑有效度为50%进行粗略估算。

客船船体横剖面不符合平截面假定,上层建筑总纵弯曲应力小于基于船体梁理论得到的计算结果,通过考虑上层建筑有效度,仍可采用梁理论校核船体梁的剖面模数、惯性矩、屈服强度和屈曲强度的相关要求。

第四节　抗沉性设计

客船的抗沉性设计时,首先要将舱壁甲板以下的空间用水密舱壁和防火的横舱壁划分为多个水密舱室,两个水密舱室之间不能相通,除非设置常闭的水密门。设计成一舱或两舱进水,甚至三舱进水时,船舶的水线不能超过舱壁甲板,这就需要计算每个水密舱室进水后船舶的总重量和重心,以及进水后水位会达到什么位置。现代规范还要求对破舱长度进行概率计算,同样的长度,在某种情况下可能会破损更多的水密舱室,这就需要通过大量的计算来确定。

其次是舱底水系统的设计,舱底水系统是将进入船内的水排出舷外,所以必须保证舱底水系统的设备和管路完好无损。为此必须将舱底水系统的设备和管路布置在距离舷侧1/5船宽的处所,以防止在该舱室被撞破时,舱底水管和设备受到损坏而失去将进入舱内的水排出舷外的能力。设计时也要防止外部进水通过舱底水管路进入其他水密舱室,在管路上就要设置止回阀。因此,在设计舱底水系统及舱底设备的布置和管路的敷设时要满足这一要求。

船舶沉没事故中最危险的是横向倾覆,为此在设计时必须考虑,船舶受碰撞进水时的不对称进水,使船舶发生大幅度地向进水一侧倾斜,这就是船舶倾覆的前兆。因此在设计时,往往会考虑在左、右舱室之间设置连通管,设置可在其上的甲板遥控的阀门,在一侧进水时阀门打开,使左右两侧都进水,以保持船舶处于正浮状态。

第五节　舒适性设计

舒适性是旅客对客船的基本要求,客船的舒适性除了船舶的航行不至于给旅客带来晕船等不适感外,还包括居住舱室的设计、娱乐设施和公共场所的设计、减振降噪设计和减摇设计等。

(一)外形和外观设计

客船的外形及外观是旅客对客船的第一印象,明快的流线、夺目的图案、豪华的内部装饰首先进入旅客的视觉,给旅客带来心情舒畅、精神亢奋、充满新奇的效果。所以客船设计时,特别是现代旅游船和豪华邮轮的设计时要对客船的外形、外观必须充分考虑艺术美感。

(二)居住舱室和娱乐环境的设计

居住舱室的设计,内河旅游船和现代豪华邮轮的客舱大都设计成阳台房,或在朝外侧一舷设有舷窗的海景房,空气清新,视野开阔,即使是靠内侧的客舱也往往设计成阳光房,可以感受到穹顶上照进的阳光,向内也可观察到船上布置的彩色长廊,流光溢彩的灯光,旅客涌动、气氛欢乐的商场和购物,也别有一番情趣。

客舱内部的设计,既参照陆上星级宾馆的标准,又进行精心装潢,墙面装饰、地板铺设、灯光配置都要给人们以美的享受;床铺、沙发、卫生间等也按人体工程学的要求，适应人体的需求。娱乐环境的设计按船舶的条件有选择地进行配置，做到尽可能丰富多彩。

船上还可以 24 小时供应各种食品，满足不同国家（地区）、不同民族的旅客的饮食需求。对居住舱室和娱乐场所的设计，需要综合运用艺术设计和人体工程的设计；将大量的娱乐场所和设备及用餐场所布置到船上合适的位置；将大量的食品储存于船上，并保证其卫生安全，是一个复杂的系统工程，这些都是旅游船和豪华邮轮与货船不同之处。

（三）减振降噪设计

船上有各种振动噪声源，推进主机、螺旋桨等往复式运动的机械都会引起船舶的振动和产生噪声；船上的娱乐设施、娱乐活动和演出也会产生各种声音，传到居住舱室会影响旅客的休息，所以客船上减振降噪的要求要高于货船等其他船舶。在舒适性设计上必须对船舶进行各种振动计算，如船体的总振动计算，推进机械的振动计算，轴系的扭振、回旋和轴向振动计算，防止这些机械发生的振动与船体的总振动频率或局部结构的振动频率一致而出现共振现象。

在总布置上，要尽量使居住舱室远离振动源和噪声源，尽量把喧闹的娱乐场所、歌舞厅与居住舱室隔开。在舱室本身的设计上，在舱壁上铺覆隔声材料。在螺旋桨设计和布置时，首先要选用低噪声螺旋桨，并注意其桨叶与船体之间的间隙要适当增大，减少螺旋桨的水流冲击船底板上，造成似敲鼓效应而引起的振动和噪声。

在设计中对一些振动源和噪声源，合理采用减振隔振设施，并综合运用，如柴油机、空压机等可设置隔振和减振装置，例如减振垫、隔振浮筏、吸振涂料。

（四）减摇设计

船舶在波浪中运动，必然会产生摇摆，特别是小型船舶。对于不经常上船的旅客，长期处在摇摆情况下，就会晕船，产生头晕、呕吐，因此在船舶设计时就要考虑降低摇摆的幅度，进行减摇设计。

船舶减摇首先要研究船在波浪中航行时的稳性。一艘船的设计中,总体设计就要计算出船舶的浮心和重心位置。在船舶受外力作用发生倾斜时,浮心偏离原来位置,重心和浮心垂线间的距离产生了一个使船舶回复正浮状态的力矩。外部的波浪也有一定的波长和周期,在波浪和回复力矩的作用下船舶就在波浪中以一定的周期和幅度左右摇摆。船舶稳性就是要研究船舶在波浪中的浮态、摇摆周期和幅度,在船舶设计初期就要合理地选择船的主尺度,减小船舶在波浪中摇摆的幅度,使其能适应旅客的生理感受。

一般船舶在船体两侧舭部弧形外板处都装焊有一长条垂直于船体外板的鳍板,称为舭龙骨,当船摇摆时,舭龙骨就阻挡了舷侧的水自由地沿船体外板流动,这就形成了船舶摇摆的阻尼,起到减摇作用。为提升减摇效果,船上可采用固定式减摇鳍或收放式减摇鳍和水舱等减摇设备。

对于摇摆幅度较大的船舶,要设置减摇设备进行减摇。减摇设备主要有减摇水舱、减摇鳍、横贯浸水等装置。

减摇鳍即为帮助船舶在狂风巨浪中保持平衡的人造"鱼翅",安装在船舶中部附近两舷的舭部。通过转动它可以使水流产生作用力形成减摇力矩,从而减少船体横摇幅度,这是目前效果较好的减摇装置之一。现在我国已经掌握了这一关键技术,无论在船舶零速或全速航行的情况下减摇鳍都能实现减摇的效能。

减摇鳍可分为固定式和收放式两种。

固定式减摇鳍就像飞机的机翼,固定在船舶水下左、右两侧,在船舶前进过程中,在机翼形的左、右减摇鳍叶片上产生了相反的升力,这一左右反向升力形成了一个力矩,该力矩与船舶在波浪中的摇摆力矩方向相反,从而也就减少了船舶的摇摆幅度。

收放式减摇鳍的结构是鳍叶可以收放,收进时贴在船外侧的鳍叶空穴中,进港时可收进船内。在航行时,鳍叶伸出舷外。鳍叶长度比固定式的鳍叶长度长,所以产生的阻尼效果比固定式更好,但结构复杂,价格比固定式的昂贵。

现在几乎所有新的客船都设有一对减摇鳍以减少横摇运动。在低速时，其效率最低，可能还会增加阻力，并消耗燃料。然而，在巡航速度下，它们可以将横摇的角度从 30 度大幅降低到 1 度左右，这是人们一个旅客可接受的范围。图 2-1 所示为如何部署减摇鳍以减少摇动，图中显示为已展

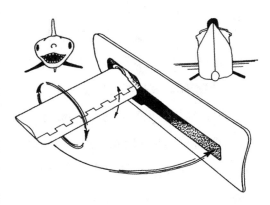

图 2-1　动态的减摇

开的状态。图 2-2 所示为减摇鳍的减摇效果，图 2-2a 显示未使用时 30 度的横摇角，图 2-2b 为展开时小于 5 度，图 2-2c 显示横摇角的测量结果。

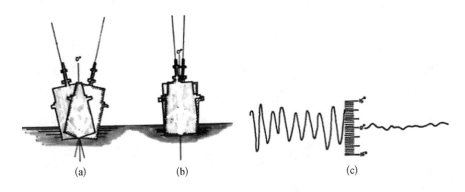

(a)　　　　　(b)　　　　　(c)

图 2-2　减摇鳍的减摇效果

随着科学技术的进步，减摇水舱由被动式减摇水舱改进到被动可控式减摇水舱和主动可控式减摇水舱。这些减摇水舱中装有一定量的水，会随船舶的摇摆左右流动，旧式的被动式减摇水舱仅通过控制舱内的水量，产生一个与摇摆方向相反的附加力矩，起到减摇作用。被动可控式减摇水舱的左、右舱下部设有连通管，上部有连通空气管，控制左、右舱之间的连通管阀门开度或左、右舱上部连通空气管上的阀门开度，就能控制水在左、右两舱中往返流动的周期，从而产生一个与外部波浪周期相反的附加力矩，降低船的摇摆幅度。

主动可控式减摇水舱是控制左、右水舱上部空气压力,迫使舱内的水改变自然摇摆时的规律,产生与摇摆周期相反方向的附加力矩,减小摇摆幅度,效果更好,但机械复杂,价格昂贵,所以现在大都采用被动可控式减摇水舱。

减摇水舱和减摇鳍的原理简单,但要做到刚巧与船舶的横摇周期一致,但方向相反,减摇效果明显,就需要进行大量的计算,还要有专门的传感器来测量船舶的横摇周期和实时相位,测量减摇鳍左、右的叶片转角要与船舶横摇周期和相位相适应,使其产生最大的反向附加力矩,这样才能发挥最佳的减摇作用。如果两者互不适应,还有可能出现增摇的效果。

除了减摇水舱和减摇鳍,还可安装陀螺减摇装置。在船舶正浮时陀螺转子轴呈垂直状态,环形框架支承在横向的枢轴上,当船舶摇摆时,陀螺转子产生阻摇的稳定力矩,从而使其船舶减摇。这种装置当角动量足够大时效果最好,它能在各种航速下使用,但因造价昂贵未被广泛应用。

消摆舵是利用舵运动时产生的横向力矩来抵减船舶的外界干扰力矩,进而达到消摆的目的。船舶典型的横摇响应周期为 8～12 秒,艏摇响应周期为 80～85 秒,利用这两种响应周期相差很大的特点,将艏摇、横摇的控制信号同时施加于舵上,即在操舵指令上,在合适相位时施加一个正比于横摇速率的附加控制信号经信息处理后通过执行机构使转舵速度、幅度提高,从而产生一个消摆力矩使船减摇。

装有消摆舵装置的船舶,减摇效果可达 40%,性能好的可达 50%,此外,如将消摆舵和减摆鳍联合使用,其消摆效果更佳,且航向稳定,船的操纵性也好。这种综合装置已在国内外造船界引起重视和大力研究。

第六节　消防系统设计

防火是防止火灾的发生和蔓延扩散。在客船设计时,一般将舱室划分为几个防火主竖区。对于舱室的划分与防火、灭火的方法,《国际海上人命安全公约》(SOLAS)明确规定,有ⅠC、ⅡC、ⅢC三种方法,可根据不同的船型要求取用其中的一种。

主竖区的隔舱壁应具有船舶最高防火的等级(A60级),管路、电缆通过防火舱壁必须要有特殊的结构。一旦该主竖区内发生火灾,也不会蔓延到相邻舱室。机械处所是容易引起火灾的区域,所以有许多防火的要求,例如柴油机的高压油管,必须是双套管,如有泄漏,高压油漏入外层管中,并引导至一个油柜,油柜设有液位报警,以显示已出现高压油管漏泄事故。更要防止泄漏的油滴喷溅到高温的排气管上,油箱的出口必须配置速闭阀,油管不能布置在高温管路的上方等。

另外,在船上设有脱险通道,每个脱险通道应用最高防火等级的舱壁围蔽起来,进出的门应是能自动关闭的防火门。

探火系指探测火灾的发生,特别是在无人区域,探火系统能在火灾刚发生时,将失火信号及失火舱室的位置传送给驾驶室和消防控制站,并通过驾驶室向全船发出视觉、听觉报警,再开启灭火设备进行灭火。

探火设备必须设置两种不同形式的传感器,感知失火时火场发出的光(烟)和温度信息。对于大型客舱等面积较大的处所,还需设置多个传感器,避免出现盲区,使探火出现死角。当两种形式传感器都有感知时,在驾驶室和消防控制站显示自动启动报警信号。

灭火系指在确认某区域发生火灾后,马上开启灭火系统进行灭火。在设计时就要按规则要求,配置足量的消防泵和消火栓。对最远最高的消火栓出口处压力,应进行计算,以满足规范要求。在客船上,规范中规定客舱区域的消防水龙头,只要一打开就能获得有效的灭火水柱,且任何一处失火,都能获得两股有效灭火水柱。

对于客舱内的灭火,现在常用的方法是水雾火火,水雾灭火是用水雾喷头喷洒至失火区域或着火物上,一般水滴直径小于0.3毫米,水颗粒就会飘浮在空气中。这种可随风飘动的小颗粒就称为水雾。水颗粒直径小于 0.08～0.10 毫米的水雾称为细水雾，大于这一直径的称为中水雾或粗水雾。对水雾灭火而言，可按不同舱室的功能选用不同粗细的水雾。

水雾灭火的效果好，对人的危险性小，对室内设备物品的损坏程度相对较低。由于水雾的颗粒小，易蒸发，蒸发时能体积膨胀，同时吸取周围大量的热量，这样就能起到三种灭火效果：降低了着火物或失火区域的温度，也就控制了燃烧烈度；将着火物或失火区域的氧气挤出该空间，使可燃物失去了燃烧条件；由于水雾笼罩包围了整个失火区，也就防止了火势向外蔓延。

对于装有机车和汽车的客滚船和火车渡船，机车或汽车本身带有自用燃料，在车辆甲板可能会逸出油气，在装卸货和开上、开下、开进、开出时，还有废气排出，所以车辆甲板既要设置探火、灭火装置，又要设置通风装置，特别是对于围蔽式的车辆甲板（处所），通风更为重要，要将车辆排出的废气和油气驱除到船外，否则造成的废气或油气的积聚就是发生火灾的隐患。因为车辆甲板较长，往往延伸到整个船长，一些滚装船的车辆甲板还可能是半围蔽（即一端围蔽，另一端与外界大气相通）或全敞开（即前、后端均与外界大气相通）。对于车辆甲板不同的围蔽情况，在探火和灭火的设计上要采取不同的措施。为了在失火后能准确确定失火位置，并进行灭火，对面积较大的车辆甲板要进行分区探火和灭火，一般都采用水喷淋灭火，分区灭火方法可节省灭火剂或消防用水。根据规范规定，每平方米每分钟需喷多少水量，所以总的一分区的水量可以按面积计算。另外对于两个分区之间，还必须设置水幕（作为防火墙），水幕喷头喷出的小水滴呈扁平形状，所以水幕往往是用多个喷头组合而成的，组成一道水幕（相当于一座防火墙，将相邻的分区隔开），防止火势从一个分区蔓延到相邻的分区。

灭火过程中，可能有大量的消防水积聚在车辆甲板上，对风浪中航行的船舶这是一个危险因素，这些水增加了船的重量，且会随船的摇摆，在车辆甲板上左右晃荡，即产生自由液面效应，会加大船的摇摆幅度，因此要采取相应的措施将这些水及时排出舷外。在计算每个分区的灭火用水量和甲板面上排出的水量时,需考虑整个分区灭火喷头的水量和前后水幕的用水量。

对于敞开式的或半围蔽的车辆甲板,若采用二氧化碳灭火剂,可能会被风吹散,影响灭火效果,所以这种环境不能采用二氧化碳灭火。只有围蔽式的车辆甲板才有可能采用二氧化碳灭火,但二氧化碳的灭火剂的用量较多,具体用量须按规范要求计算。灭火后需用抽风机将二氧化碳和烟气抽出排至舷外。

第七节　安全撤离和逃生设计

旅客登船后,需对旅客撤离逃生路线进行宣传,当事故发生时,船员要指导和引导旅客,安全有序向救生甲板登艇站转移和撤离。

当客船发生了进水和失火灾事故,以及船上的设施遭到严重损坏时,船长不得不发出弃船命令。船员要组织好旅客按预定的逃生通道至救生甲板登艇站登上救生艇或救生筏逃生。撤离逃生过程中必须按 SOLAS 相关要求安全有序撤离。为避免在撤离时发生混乱、出现踩踏事故,根据 SOLAS 最新的要求对旅客撤离时间进行计算,计算中需考虑撤离通道的宽度、长度,旅客撤离时的行走速度等因素,且计算书要经船级社认可。因此,在设计旅客舱室至救生甲板的逃生通道时,通道的宽度应满足该公约和有关规范的要求,且有明显的标记。通道的两侧应有照明,垂向的脱险通道应有防火围壁,进入脱险通道的门应能自动关闭。

同时必须配置足够容量且能持续运行足够时间的应急发电机,并在事故发生时能自动启动,向全船必要的保船设备供电,如逃生通道的照明、救生艇吊艇架等。并按 SOLAS 公约规定保证对保船逃生设备的供电容量,时间必须在3 小时以上;应急发电机的运行时间应达 36 小时。除应急发电机能供电外,还须配有蓄电池供电。

救生艇和救生筏的数量要按人员的数量足额配置,在配置救生艇和救生筏时要考虑到在船舶倾斜情况,对配置救生设备提出了更严格的要求,即无论哪一舷救生设备的配置都要满足全船的人数(包括旅客和船员)。

2010 年生效的海安会 MSC.216(82)决议,对客船发生进水事故后的撤离逃生措施的可操作性提出了新的要求,对船上规定设置的安全区域和安全中心给出了定义。安全区域是未进水的区域或者失火主要区域之外的区域。安全区域必须确保让撤离至该区域的人员安全居住、生命安全、健康,并能提供必要的服务,安全中心是专门用于处理紧急情况的控制站。安全系统的运行、控制和监测是安全中心职能的必要部分。

第八节　安全返港要求

随着客船大型化的发展,安全方面的问题引起了各方面的高度重视,国际海事组织安全委员会对大型客船的安全问题极为重视。2006 年 3 月"星光公主"号邮轮阳台房的露天阳台发生火灾并蔓延至数层甲板造成旅客极大恐慌,这一事故促使国际海事组织对 SOLAS 的有关章节进行了修正,以确保阳台舱室区域的防火安全。

通过对各种海难事故的分析以及现有大型客船的现状,证实对客船而言最好的救生设备是客船自身,而不是弃船乘救生艇逃生,即在发生严重海损事故,或在没有推进动力状态下,客船必须保持正浮和稳定的漂浮状态等待外援。尽管旅客们可能感到痛苦和震惊,但其程度远不如弃船随救生艇撤离客船所感到痛苦和震惊。所以最新的救生观念是基于尽量不放弃母船的观点。为此,国际海事组织(IMO)在 SOLAS 新的条款中将对客船的稳性和破舱稳性提出更严格的要求,同时在酝酿有关客船在破损后依靠自身的动力或拖带安全返港的稳性和适航性的衡准条款及在旅客 36 人及以上的客船安装监测系统的要求,这些规范、规则的强制执行将影响客船和邮轮今后的设计和发展,很有可能会对邮轮的最大载客量有一个国际性的限定。

安全返港对客船的设计提出了新的要求,其对船舶推进系统、操舵系统、航行设备、燃油系统、内部通信和外部通信系统、灭火系统、舱底压载水系统、进水探测系统等都提出了高度冗余的要求,即在这些系统或其中一个系统发生故障(包括这一故障引发的其他故障)时,另一个功能相同的系统仍能正常安全工作。这一设计概念,对事故发生后,是否需要弃船的评估有直接的影响。安全返港要求的实施,实际上是尽可能不要弃船逃生,尽量保住船舶,让船舶可以带病航行,返回最近的港口,因此就需要将机舱设置成前后两个机舱,一个机舱进水,另一个机舱仍能正常工作,船舶能以不低于 6 节的航速返回最近的港口,推进系统、燃油系统、控制系统等都满足单个故障下的冗余要求。

第九节　健康卫生和食品安全

客船对于健康卫生和食品安全要求很严格,特别是现代豪华邮轮,旅客可达数千人,所以各主要船级社都制订有"邮轮规范"和"邮轮空调系统检验指南"。

在设计空调系统时不但要考虑空气的温度和湿度、流速,最主要是增加换气次数,使新风量为 $50\%\sim60\%$ 。近两年来,新冠肺炎疫情的蔓延,将客船特别是现代邮轮采用的中央空调的隐患暴露出来。因为一旦某一个舱室发生疫情,病毒就会随中央空调的空气扩散到其他舱室和公共场所,传染给其他旅客。因此要采取一系列防疫措施,对船上的空调系统和设备进行重新设计和配置。例如对客舱和公共场所的空调系统进行重新调整布局,甚至取消中央空调;采用区域空调系统或单位式空调,并将新风量提高到 100% 。

在生活污水处理上,由于客船的旅客数量多,所以船上都配有大容量的生活污水处理装置,且设备和管路必须有防止堵塞的措施,只有经过消毒、杀菌、达到排放标准的生活污水,才能排出舷外。为了满足一些禁止在港口排放污水的国家的要求,船上必须设置相应的生活污水储存舱。

食品卫生也是客船设计的重要一环,承载几百至数千人的客船,要保证在航期间食品供应,在设计时就要充分考虑食品的储存和保鲜措施,配置好足够的冷藏、冷冻设备。对生、熟、咸、甜的各类食品都要分类储存、分类处理,以防止腐烂变质,确保食品卫生安全。

为了应对船上人员临时生病,船上还必须配备一定数量的医生、护理人员和医疗室,并按国际卫生组织要求,配备相应的药品和医疗器械。医疗室的生活污水必须独立于健康人员房间的生活污水管路,以免传播病情。大型客船,如客滚船、豪华邮轮还应配有直升机起降平台,一旦需要可以通过直升机把病人送到陆上医院治疗。

第三章
客船研发历程

第一节　概　　述

　　船舶是水上交通运输的重要工具,我国海岸线漫长,岛屿众多,内陆江河湖泊密布,水上交通繁忙。新中国成立以前,由于国力衰弱,工业化进展缓慢,造船工业落后于西方。1912年上海江南制造局建造过4 000吨级的长江客船"江华"号,但建造数量极少,其他航行于长江的客船大多数由国外船厂建造。现代客船仅有当时民族企业家创办的民生轮船公司和招商局船务公司营运的少量航行于长江和沿海的以客运为主的客货船,大量民间的江海客船多是木质风帆船,客船研发在新中国成立前处于停滞不前的状态。

　　新中国成立后,随着国民经济建设快速发展,无论是客运量还是货运吨位均大幅度增加,水上交通运输成为经济活动的命脉。当时公路、铁路运力远不能满足国民经济建设的需求,新建公路、铁路投资巨大,兴建尚须时日,而水运航道现成,且运价相对低廉。于是,首先恢复和建设一批修、造船厂,建设船舶专业配套设备厂,组建船舶设计科研机构,设立多层次的造船专业人才教育培训机构,以提升我国船舶设计、建造水平。1953年第一个国民经济五年计划开始实施,集中力量进行工业化建设,我国造船工业得以快速发展,推动了我国客船研制,研发了一批沿海、江河客船,为国民经济发展和人民生活需要发挥了重要作用。

　　这一时期我国造船工业为适应国民经济的发展和人民的需求,加快水上交通运输与铁路交通联网,研发了海峡载客火车渡船,如图3-1所示的"长河"号沿海客船。为满足集装箱海陆联运,以及旅客自驾游需求,又研发了客滚船,满足人民对美好生活的追求。被视为造船工业皇冠上明珠的海上豪华邮轮也将在近期内在我国船厂建成。依托我国船舶科研和建造的雄厚实力,还为国外航运公司研发了多型客滚船。

图3-1　"长河"号沿海客船

第二节　沿海客船

　　根据交通部的统一部署,1953年首先为上海与浙江宁波等经济较发达沿海地区研发建造客货船。其出发点在于上海与宁波周围地域的人员、物资交流频繁,而上海与该地域的陆上行程需经海宁—杭州—绍兴—余姚,行程数千千米,海上却是与杭州湾隔海相向,行程不及陆上 1/3。在同等运力条件下,无论人员、油耗均大大优于陆运。在客观条件方面,当时我国初步具备船舶设计、建造条件。中央人民政府重工业部设立船舶工业管理局,下设设计处。该处汇集有当时我国最著名的船舶设计专家、工程师和 20 世纪 50 年代初的大、中专院校船舶专业的毕业生,具备了设计和研发新船的技术能力。上海地区江南、沪东、中华等造船厂亦已经改、扩建,具有建造中型船舶的实力。

1953 年船舶技术处开始按交通部要求设计"民主十号"客货船,该船载客量 480 人,载货 700 吨,满载排水量 2 680 吨,航速 11 节。因该船营运于小型港口之间,被俗称为"小港客货船",由技术处处长辛一心担任总设计师。辛一心先生是我国现代船舶科学的奠基人,他带领新老结合的设计团队认真贯彻了客货船安全、舒适、美观的设计理念,在不到一年的时间内完成该船设计。

在安全方面,当时柴油机作为船舶主机已在国际上流行,但用船部门担心国产柴油机尚未成熟,而更主要的是船员对其使用能力尚不具备,如在航行时发生故障,难有把握修复,失去动力的船将被迫漂泊海上。辛一心先生认为选用柴油机作为主机虽已成主流,但面对客观现实,须待以时日。涉及客船安全,同意该船仍采用船员熟练掌握的往复式蒸汽机作为主机。救生艇是保障乘客安全的最后一道措施。以前采用的吊放式救生艇从船上放入水中的操作过程复杂、耗时较长,这对遇到海难救生工作分秒必争的状况不利。于是第一次采用重力式救生艇吊架,使用时仅需打开锁钩,即可依靠艇的自重,瞬间脱架入水,可为救生工作抢得宝贵的时间。

在舒适性方面,首次采取被动式减摇水舱,提高船的适航性,降低船舶摇摆给旅客带来的不适感,扩大旅客休息室及活动休息场所。

在美观方面,船体外形线条柔顺,内部装饰与同济大学建筑系合作,把陆上建筑工艺成功地运用到船上。

江南造船厂经过一年多精心建造,严格控制上船设备的重量,逐项质量检查,于 1955 年 11 月交船。

该船投入营运后,产生良好的社会效益和经济效益,荣获1955年国家新产品成果奖,是新中国船舶设计获得国家级奖励的第一艘船舶。该船设计成功,在新中国客货船研发进程中具有里程碑意义,为后续设计建造大批沿海客货船奠定了基础。

1965年,上海海运局虽已拥有18艘客货船,但面对大量的客流量仍感运力不足。在此情况下上海海运局于1969年委托中国船舶与海洋工程设计研究院和沪东造船厂联合设计,沪东造船厂建造新一代沿海客货船。该船以载客为主,立足国内,简化船型,批量生产。较之"民主"系列客货船,该船吨位加大到近6000吨,载客量增至856人,载货量2000吨,航速17节。该系列首制船于1971年建成,命名"长征"号。经鉴定并进行局部优化后,沪东造船厂投入批量建造,至1981年分两批共建成13艘,其中11艘划归上海海运局,以"长"字为首后分别加"自、力、更、生、锦、绣、河、山、松、柏、柳"为船名,形成"长"字系列沿海客货船。另两艘由广州海运局负责营运,分别命名为"万年红"号和"珍珠海"号。这批客货船往来航行于上海至大连、青岛、厦门、广州航线,基本上满足了我国南北方沿海客流的需求。

与上海港大力发展沿海客货运输同步,南方的广州港也在加强广州到海南岛的客货运输,1969年,广州海运局委托中国船舶与海洋工程设计研究院设计航行于广州至海南岛海口市的"穗—琼"线"红卫"系列客货船。该系列船载客量为558人,载货量250吨,航速15节,为当时运行海峡的最快客货船,由广州文冲造船厂于1975年春节前首艘建成试航。随后,广州文冲船厂又续建两艘经改进的同型船。"红卫"系列客货船促进了海南岛的经济发展,也方便了人民生活。

我国南海海域蕴藏丰富的油气资源,开发岛屿对维护国家主权和海洋权益具有重大意义。南海海域分布着中沙、南沙、西沙群岛等众多岛礁,它们相互之间,与内陆之间的往来必须依靠客货船。广东省海南行政区政府早期建造了一些排水量200吨级的木帆船。直到1962年才建造了两艘载重量为100多吨的钢质客货船。随后于1968年,经国务院批准建造南海文昌市至西沙永兴岛之间载货 350 吨的客货船。但是这几艘小型客货船远不能满足琼沙线的客货运输需要,特别是在 1974 年西沙海战之后,建设三沙,巩固我海疆需求更加迫切。国务院于 1974 年再次批准建造琼沙线中型客货船。广州造船厂承担设计建造,于 1978 年竣工,投入运行往返海南岛与中、西、南沙岛屿之间,船名"琼沙 1 号"。投入营运后初步改变了南海海域当时客货交通的落后面貌。1988 年海南省成立后,经济建设快速发展,三沙地区各项建设日益繁重,加之"琼沙 1 号"在运行近 20 年即将退出该航线之际,海南省启动筹划后续船,委托中国船舶及海洋工程设计研究院研发了千吨级的客货船。1992 年和 2007 年分别由广州造船厂、黄埔造船厂建造了"琼沙 2 号"和"琼沙 3 号"客货船,使海南岛和三沙之间的客货营运得到有力的保障。

我国还有不少小岛分布于东海、黄海和渤海海域,岛上居民的生活和经济发展很大程度上依靠与大陆的联系。中国船舶及海洋工程设计研究院分别于1987 年为大连海运公司研发了大连—长海岛屿的 500 客位客船"辽民 1 号",1985 年为舟山市岱山岛研发了沈家门—岱山—上海的 600 客位客船,1977 年为蓬莱市研发了大钦岛 98 客位沿海客船,建成的岛屿客船为小岛居民的生活和经济发展提供了有力的支撑,取得了较好的社会效益。

第三节　江河客船

我国江河众多,江河流域人口密集,经济发达,客船的需求量大,其中长江流域最为显著。长江水系是我国最大的水系,流经七省、两个直辖市。长江流域占全国耕地面积的 1/4,粮、棉生产均占全国产量的 30%~40%,人口约占全国的 1/3,物产丰富,广布名山大川、文物古迹和众多历史名城,客货运的重要性史显突出。为此,国家高度重视,上海解放不久,上海军管会着手恢复发展长江航道通航。申(上海)汉(汉口)线、渝(重庆)申线以及若干区间客运航线随即恢复,修建的旧船投入营运,为保障解放初期人民生活和经济发展起到了很大的作用。随着国民经济的迅速发展,三线建设大规模进行,长江流域的运力亟须提升。原有的旧客船船龄较长,设施落后,航速较低,且运力不足,于是在研发新建沿海客货船的同时,也研发了江河客船。

第一艘长江客船于1954年问世。该船在交通部河运总局主持下,由民生轮船公司设计,枯水期可逆江而上直达重庆市。上海江南造船厂建造,船名"民众"号。为解决党和国家领导沿江视察各省市之需,1954年交通部决定建造专用客船"江峡"号,由江南造船厂建造,于1955年10月交船。该船按专用客船目标设计,在安全、舒适两大要素上性能有明显提升。该船为20世纪50年代国家领导人外出考察设计建造新一代客船"昆仑"号的研发建造提供了有益的经验。

"昆仑"号由中国船舶与海洋工程设计研究院于1959年底开始设计。1960年6月沪东造船厂开工建造,翌年6月竣工。设计团队针对该船使命以及全线航行于上海至重庆,特别是长达600千米的川江段江面狭窄、水流湍急、时常云雾缭绕、能见度差的状况,采取多项技术措施,提高船的稳性、操纵性和电气设备可靠性等,确保安全万无一失;在减振降噪、家具房间美化、会议室布置等方面都进行了精心设计和安排。"昆仑"号是当时长江客船中主尺度大、设备齐全、航速高、外形美观、性能优的一艘客船。试航结果证明该船设计建造成功,稳性符合规范要求,操纵性良好,安全可靠,可在长江全线航行,于1962年10月29日通过国家验收。1990年该船经改装后成为一艘长江旅游船,为长江沿线省市的旅游业发展作出了贡献。

20世纪60年代中期开始,沿江各省市间客流量成倍增长,长江客船进入快速发展阶段。先后研发建造了申—汉线"东方红11"型、申—南(南通)线"东方红411"型、宜—渝线"东方红119"型、宜—巴(巴蜀)线"东方红259"型和沪—渝线"东方红46"型等五型"东方红"系列客船,加上"江"字系列客船至20世纪80年代初近百艘大、中型客船投入营运,为长江流经地域的经济发展、人员往来、三线建设作出了贡献。

"东方红 11"型客船是长江客船中首型船长突破百米、排水量首超 5 000 吨的大型客船。营运于长江中、下游,载客量 1 200 人,航速 29 千米/时,吃水浅仅 3.6 米,在枯水季节仍可通航,稳性好,抗风能力强。此外,在洪水季节以及台风期均能安全航行。该船由交通部下达建造计划,上海船厂于 1972 年中开始设计、建造,1974 年 12 月 26 日完工交船,1975 年 1 月 27 日从上海启航安全到达汉口港。经短期营运即显示其各项性能良好,耗油量低,当年即投入批量建造,至 1984 年共建成 20 艘,分别由上海长江轮船公司和武汉长江轮船公司营运,成为长江中、下游的主力客船。

长江上游航线江面狭窄、多段弯道险滩,行船困难,还因为水流湍急;从上游向中游航行是顺流而下,航速快;从中游向上游航行"逆流而上",同样主机功率,航速要慢得多。从重庆乘船到武汉仅需一天多,而从武汉开往重庆则需三天。对下游(上海、南京)地域赴四川、重庆的旅客而言,多采取乘坐成渝铁路赴重庆,回程则乘坐客船,顺流而下,既节省时间又可欣赏沿江两岸风光,较乘车舒适。因此上、下游乘客不均,长江轮船公司为改变这一状况,于 20 世纪 70 年代末委托长江船舶设计院设计新型的长江全线航行客船,新船的性能要求重点是提高航速,改善操纵性。船体线型是船舶快速性的重要因素之一,该院设计团队参考上海船舶运输科学研究所的内河船舶图谱,并结合该院与中山大学等单位合作研究的纵流压浪消波船型,设计出常规艏(尖头)双艉鳍船型,实船试验航速较以往同型船提高 2 节,达到 16.8 节,为长江客船之首。该船的双艉鳍船型、高效率的襟翼舵使船在全速回转时的回转半径仅 100 米。良好的操纵性使船长突破上游船长 80 米的限制,增加了载客量。该船在武昌造船厂建造,竣工后于 1984 年 9 月交船投入营运,船名"江汉 57 号"。营运后证实该船快速性、操纵性优良外,船体振动小,旅客舒适性好,外形美观,低耗节能,获得一致好评,1987 年荣获交通部科学进步奖一等奖。

双艉鳍船型被交通部列为"七五"(1986—1991 年)计划期间全国内河推广

船型。长江新一代上游客船"江汉 37"型采用双艉鳍船型,与原来船型相比航速相同情况下功率降低 30%,为提高航速创造了条件,载客量亦从 500 人增至 700 人。新建中、下游客船同样采用双艉鳍船型,在主机功率相同航速保持情况下,与原船型相比船体主尺度增大,排水量增加 30%,载客量增加 30%。新型长江客船的研发成果使整个长江航线客船营运效益好,长江客运呈现出一派兴旺景象,为我国长江流域的经济发展和百姓生活作出了贡献。

第四节　火 车 渡 船

我国火车渡船问世于 1933 年的南京长江火车渡船。新中国成立后陆续研发建造了多艘火车渡船,为南北铁路交通起到了重大的作用。自 1957 年起武汉长江大桥及其后多座跨江大桥的陆续建成,"天堑变通途",长江火车渡船逐步失去其使用价值。而海南省为发展经济,亟须解决琼州海峡的天然阻隔,加大与广东省之间的交通运输能力,经反复分析各种可行性方案后,决定采用火车渡船,连接广东省海安南渡轮港和海南省海口市海口北渡轮港,使海南省的全线铁路经广东省铁路与全国铁路网连通。于 2001 年委托中国船舶与海洋工程设计研究院设计,江南造船厂建造。该船可同时载 18 节旅客车厢(或 40 节载货车厢)和车箱总重量不超过 1 500 吨,包括轿车在内各种车辆。于 2002 年12 月 15 日建成交船,船名"粤海铁 1 号",2003 年 6 月 7 日即投入营运。

首航到达海口北渡轮港时,海南岛各界人士在港口举行盛大庆祝粤海铁路渡船开通仪式。时任全国人大常委会委员长吴邦国亲赴为开通典礼剪彩。该渡船航线的开通圆了海南人民建铁路、跨海峡、兴海南的百年梦想,助力海南省经济腾飞,同时有助于国防建设,也标志着祖国内陆的铁路网络延伸到与大陆隔海相望的海南岛,为海南省创造了显著的经济效益和社会效益。该船国家鉴定为"总体性能优良,设备先进,安全保障系统完善可靠,且拥有自主知识产权,填补了我国跨海火车渡船的空白,达到了当时国际先进水平",分别荣获中国船舶工业总公司科技进步奖一等奖,上海市科技进步奖一等奖。

"粤海铁1号"投入营运后,极大方便了海南岛与内地之间的客货运输,但仅靠一艘渡船仍不能满足客货流的需求。随着火车行驶速度的提高,来往岛陆班次增加,为配合火车营运,粤海铁路有限公司又于2003年和2008年分别委托中国船舶与海洋工程设计研究院和巴柏赛斯船舶设计公司设计"粤海铁2号"和"粤海铁3号",两型新船分别于2006年由上海江南造船厂建成交船,2011年由天津新港船厂建成交船,进一步提升了运载能力。

随后,在大连至烟台的航线上,由上海船舶研究设计院设计,新港船厂建造的"连—烟线"火车渡船"中铁渤海"号投入营运。该船的最大特点是采用了电力推进的驱动方式。

第五节　客　滚　船

客滚船的雏形是装载自行车,少数旅客和小型汽车短途客船,为满足大量社会车辆和集装箱车辆过江、渡海的需要,客滚船的技术发生了很大改变,其性能、功能也在不断提高,出现了客滚船。我国宽阔的琼州海峡、台湾海峡和渤海湾内海以及漫长海岸线上的大大小小海湾,为客滚船的发展创造了条件。不断建成完善的港口码头为客滚船的发展提供了平台。2001年,南海琼州海峡海安至海口的车客滚船航线的开辟拉开了我国海域客滚船运输的序幕。随后,又开辟了上海至崇明,大连至烟台,青岛至黄岛的车客滚船航线。随着沿海经济发展的深入,渤海湾客运市场全面开放,客滚船运输发展迅速,又形成了以琼州海峡为中心的南海客滚船市场,以长江三角洲和舟山群岛为中心的东海客滚船市场和以渤海湾为中心的渤黄海客滚船市场。

客滚船大多用于沿海中程定期航线,吨位从几千到几万,载客量从几百到几千人,随带乘客的小轿车和载货车辆。船上配备卧舱和散座及餐饮、娱乐等设施,特别适合海湾地域乘客自驾车旅行。

为加强海南岛与南海三沙市的交通往来,三沙船务管理局于2012年委托上海船舶研究设计院设计往来其间的客滚船,由渤海船舶重工有限责任公司建造,2014年12月30日完成海试交船,船名"三沙1号"。船上设置有直升机起降平台,可在航运中兼顾海上突发情况,实施一定程度的抢险救灾任务,较之琼沙各型客货船功能上有显著提升。

鉴于三沙经济发展和海域权益维护需要,2019年8月"三沙2号"客滚船建成投入营运。该船具备综合运输补给、军地融合、应急救援指挥、紧急医疗救助、岛礁科学考察等功能,设置有医疗救援手术室、直升机起降平台,是国家海上紧急医疗救援船之一。

2021年8月20日,中国船舶集团有限公司旗下广船国际股份有限公司(简称"广船国际")为中远海运客运有限公司建造的国内运营智能化程度高、舒适度好的大型豪华客滚船"吉龙岛"号在广州正式交付,投入烟台至大连航线营运。

该船采用双机、双桨推进,满足国际海事组织最新规则规范中的安全返港要求。其舒适性指标满足国际海事组织颁布的要求,快速性、操纵性、稳性均达到了国际同类型船的领先水平。

第六节　旅　游　船

改革开放使人民生活逐步走向小康社会,人们对美好生活的追求显现多样化,旅游是其中之一,它不仅能满足人们对观赏祖国大好江山的愿望,也是国民经济发展的重要组成部分之一,发展水上旅游业促进了各型旅游船得以不断发展。

　　长江流经七省二市,沿途旅游资源丰富,是国内、外游客热切希望游览的胜地。20世纪80年代中期,长江轮船公司即与香港旅游公司合作,成立长江旅游公司,改装一艘江轮试营运,获得宝贵的经验,即水上旅游必须做到"吃、住、行、游、购、娱"于一体,而用旧客船改装难以全面满足要求。在长江水上旅客日益增多的趋势下,迫切要求研发建造长江专用旅游船。

　　湖北省旅游局委托长江船舶设计院设计。要求该船达到陆上四星级饭店标准,该船于1991年8月在武昌造船厂建成,船名"扬子江乐园"号,随即投入营运。该船载客量138人,主餐厅可供140人同时进餐和举办宴会,餐饮娱乐设施齐全。船员129名,与旅客人数相当。旅客既可登岸游览,又可在船上休闲娱乐。该船投入营运后,不仅接待了大批国内游客,同时吸引了许多国外著名旅游公司组团来华旅游。1994年3月又建成拥有总统套房两间,住宿标准达到陆上五星级标准,其他娱乐、休闲设施更豪华的旅游船"平湖2000号"。到20世纪末以"扬子江乐园"号为起点的长江旅游船已有10多艘。

　　进入21世纪,长江旅游船数量已不能满足日益增加的游客需求,长江旅游公司顺势而为,委托长江船舶设计院研发"长江黄金"系列大型豪华旅游船。该院设计团队对标国际豪华旅游船的特点,于2008年完成设计。旅游公司投资建造7艘,首制船"长江黄金1号"于2011年投入营运。该船突破了长江上游对船长的限制,达到136米,总吨位12 000,载客量349人。随后"长江黄金2、3、5、6号"在"长江黄金1"号基础上加大船长,增至150米,型宽24米,总吨位相应增加至17 000,载客量达到570人,于2013年投入营运。"长江黄金7、8号"与"长江黄金1号"类同,亦于2014年加入营运。该系列旅游船在满足"六大要素"方面除较此前旅游船更加完善外,还增加了直升机起降平台、大型双层影剧院兼同声传译会议厅,增加了旅游船功能。设计中采用多种先进设备,首次在长江船上采用机舱"静音罩"技术,取得了减振降噪效果。舱室装修风格的多样性,从各个环节提高旅客舒适度。"长江黄金"系列组成旅游船"舰队",能不间断地满足广大游客的旅游和商务接待需求,提升了三峡旅游水平,带动了三峡地区的经济发展,提高了库区沿线景区人民的生活水平,取得很好的社会效益。在迎接中国共产党建党一百周年之际,一艘大型的豪华旅游船"华夏女神3"号于2021年5月20日首航。该船体量庞大,总吨位17 000,有7层甲板,旅客多达650人。更具亮点的是,该船由高大美长江三峡游轮公司和设计单位重庆申江轮船有限公司船舶设计研究院合作,以流传于民间的三峡神女故事为依托,首创以"华夏文明、三峡文化、神女典故"为主题,建立神女雕塑、图画和充满中国风格装饰等,游客可在船上通过观赏这些中国文化元素,增添对中华文化的了解。

长江旅游船通过近30年的研发、建造,实现了简约与豪华配套,中西文化相互交融的完善组合,为国内外旅客提供了丰富旅游资源。长江也因此更显生机,长江流域省市经济更加活跃。中国造船人为此作出的努力与贡献载入中国造船史册。

第七节 豪 华 邮 轮

进入21世纪,我国经济快速发展,人均可支配收入相应提高,大量旅客走出国门到世界各地观光旅游。中国兴旺的旅游市场引起世界著名的意大利歌诗达邮轮公司的高度注目,于2006年试水以上海为邮轮母港,当年即有10多艘豪华邮轮72航次停靠上海口岸,开辟东北亚旅游线路。豪华邮轮被称为当下造船工业三大皇冠上的明珠之一,源于其不但体量大,更重要的是船内设施几乎包含陆上一切最豪华的设施。多数豪华邮轮排水量都在10万吨以上,2019年4月开建到2021年交船的"海洋奇迹"号排水量已达23.68万吨,可承载旅客近7 000名。

在2008年北京奥运会和2010年上海世博会期间,国外邮轮公司派船分别停靠天津港和上海港,大大提升了国人的兴趣,越来越多的旅客开始登船旅游,领略海上风光、游览国外美景,尽享船上休闲高雅生活。国内的邮轮母港已增至 6 个,包括上海 2 个,天津、厦门、青岛、三亚各 1 个。豪华邮轮的营运产值达千亿元。随着中国经济的不断发展,国人对旅游文化需求的不断升级,登上中国自己建造的被称为造船工业皇冠上的三大明珠之一的豪华邮轮出游,这已经成为中国人强烈的愿望。

我国强劲的豪华邮轮市场不但关联到我国旅游业的发展,也涉及包括造船工业在内的制造业,引起了政府及造船、旅游行业的高度重视。目前我国已是世界第一造船大国,在向造船强国进军的过程中,前后已摘下造船工业三大皇冠明珠中两颗——液化天然气运输船和航空母舰,唯独尚留豪华邮轮这颗明珠待摘。国家有关部委先后进行了多项顶层设计。2006 年国防科学技术工业委员会批准立项"豪华邮轮技术跟踪研究",2008 年国家发展改革委员会公布"关于促进我国邮轮业发展的指导意见"。中国船舶工业集团公司(简称"中船集团")组织成立了由中国船舶与海洋工程设计研究院牵头,广船国际股份有限公司和江南造船集团有限公司等主要研发建造单位参加的课题组,对豪华邮轮从旅游文化、设计理念、艺术时尚、船舶性能、安全,环保、建造工艺等诸多方面进行分析、探讨,同时中船集团第九设计研究院工程公司亦同期结合自身在陆地民用建筑和造船工艺方面的经验,对豪华邮轮的内部装饰进行研究,提出方案并汇集成书,出版《邮轮设计风格》和《邮轮功能研究》两本书。我国豪华邮轮开发建造开始进入实践阶段。第一步与国际著名邮轮设计公司和邮轮营运公司合作,采取联合设计,国内建造的模式。2014 年 10 月,中国船舶工业集团与美国嘉年华集团签署了谅解备忘录,双方在我国设立合资企业,并在中船集团旗下船厂设计、建造中国首艘豪华邮轮。

2015 年 10 月 21 日,中船集团和中国投资有限责任公司与嘉年华集团合资在华成立豪华邮轮船东公司的协议。2017 年 2 月 22 日,中船集团与嘉年华集团、芬坎蒂尼集团在北京签署了我国首艘国产大型邮轮建造备忘录协议(MOA)。2018 年 11 月 6 日,在首届中国国际进口博览会上,中船集团与美国嘉年华集团、意大利芬坎蒂尼集团正式签订了"2＋4"艘 13.55 万总吨 Vista 级大型邮轮合同,标志着我国正式步入国产大型邮轮的设计建造行列。2019 年 10 月 18 日,首艘大型豪华邮轮在上海外高桥造船有限公司正式开工,全面进入建造阶段。2021 年 10 月 18 日,历时两年,备受关注的我国首制大型邮轮实现全船贯通的里程碑节点,全面转入内装修工程的新阶段,标志着该工程取得重大突破,距摘取造船行业"皇冠上最后一颗明珠"更近了一步。2021 年 12 月 17 日,中船集团将其列为集团的"一号工程",我国首制大型邮轮顺利实现坞内起浮的里程碑节点。经过全船残余应力释放,首次测定重量、重心等一系列关键工艺要素和技术指标,进一步验证我国首制大型邮轮在设计、工艺、生产准备、总装建造等阶段所取得的一系列成果,标志着该工程从结构、舾装、建造的"上半场"全面转入内装和系统完工调试的"深水区",向着 2023 年 9 月竣工交船的总目标迈出了一大步,中国人建造豪华邮轮摘取造船工业第三颗明珠的梦想得以实现。

同期我国多个船舶企业、旅游企业亦纷纷开始投入研发建造豪华邮轮的行动,采取先修后造,先小型后大型,配套内装基地建设等措施,且均已取得一定进展。我国船级社也经考察、分析、论证,颁布了《邮轮规范》。可以确信,待以时日,我们自主研发豪华邮轮的进程将出现具有原创性的崭新一页。

第四章
沿海客船

第一节　概　　述

我国沿海诸省(市)从南到北包括港澳特别行政区、广东、福建、上海、浙江、江苏、山东、天津、辽宁长期以来都是我国经济发达、政治文化活跃地区。新中国成立前曾有上海招商局经营的定期客船航线,但客船数量有限,班期不多。新中国成立前夕,这些客船连同一些货船大都被国民党强拗到中国台湾。20世纪50年代初期由于沿海地区某些岛屿尚被国民党残军盘踞,出于安全考虑,沿海一带航线暂停运行。但上海与浙江宁波隔杭州湾相望,航运则不受其影响,仍然开通,依靠几艘修复过的旧船勉强应付。后来沿海岛屿解放,沿海航线开通,对运力的要求与日俱增,单靠旧船已难以维持。为此,交通部于1953年提出建造该航线客货船。宁波市镇海港属小型港口,因此该型船被称为"小港客货船"。船舶工业管理局技术处船舶设计组承担设计,江南造船厂建造了"民主十号"沿海客货船。

紧接着上海海运局续建了"民主十一号""民主十四号""民主十五号""民主十六号"和"民主十七号"等客货船,后又委托沪东造船厂设计建造了我国第一艘以柴油机为主机的客货船"民主十八号"。至1965年该局已拥有18艘客货船,但总运力加起来仍不到一万名客位。为增加运力,该局委托中国船舶及海洋工程设计研究院与沪东造船厂联合设计,沪东造船厂建造新一代沿海客货船,要求"多载客,立足国内,简化船型,成批生产"。设计于1969年开始,首制船于1971年竣工交船,取名"长征"号。该型船较之"民主"系列船型,总吨位增至约6 000,载客量增至856人,载货量2 000吨。上海海运局一次性定造12艘,以"长"为首字,接以"征、自、力、更、生、锦、绣、河、山、松、柏、柳"命名,至1981年全部竣工交船。这批船投入营运后,基本上满足了沿海地区旅客出行的需求。

我国客货船营运部门根据当时国民经济发展和老百姓收入水平,对旅客票价定价较低,采取"以货养客"的航运政策,在船舶性能允许和不影响舒适度的情况下,适当增加载货量。"长"字型多艘船营运中发现了码头装卸货所耗费时间影响客运班期,于是"长"字型后的三艘船作了技术改进,减少载货量,改善旅客居住条件,提高装卸货效率。基于这一实践,上海海运局1975年委托上海求新造船厂设计建造7艘"新"字系列沿海客货轮,于1977年建成投入上海—福州及其地区间的客运。

我国南方以广州为中心的客运同样要求建造沿海客船。广州海运局继1963年委托中国船舶及海洋工程设计研究院利用该局旧货船改装设计广州至海南岛航线客船后,又在1973年为解决广东省几十万插队海南岛知识青年返乡探亲人流,亟须大运力客船,再度委托该院设计穗—琼线客船。该院设计团队加班加点设计,较短时间内向广州文冲船厂提交全套施工图纸资料。设计中高度重视安全性、适航性和舒适性。广州文冲船厂在确保质量前提下于1975年初竣工交船。该船载客量558人,载货量250吨,船名"红卫九号"。该船首航中遇到1975年1号台风,安然航行,到达海口秀英港时,海南人民在码头载歌载舞,敲锣舞狮喜迎当时穗琼航线上最大、最现代化的客船。随后广州文冲船厂又续建两艘同型船"红卫十号"和"红卫十一号"。不久,广州海运局委托广州造船厂参照该船设计建造航线延到海南岛三亚的客船,仍按"红卫"序号命名。至此穗—琼线客船已能基本满足琼州海峡的客运。改革开放后1979年广东省为促进经济快速发展,提高客运量,委托中国船舶及海洋工程设计研究院设计华南广—亚线客船"水仙"号、"芙蓉"号、"玉兰"号和"牡丹"号等，航线包括广东省诸港口和福建省厦门港、台湾地区基隆港。该船载客量 640 人，载货量 275 吨，于 1985 年投入营运。

我国沿海客船研发从 1953 年起步到 20 世纪末的 40 余年时间跨度中为适应各个时期国家经济发展，人民生活需要设计建造了数十艘客船，倾注了造船技术人员为国献力的理想和一心为人民服务的初心。

1955 年，广东省和海南行政区，为对西沙群岛的资源进行全面调查，以对西沙进行开发管理，维护国家主权和海洋权益，组织了一支勘察队开赴海岛考察，在当时没有正规的钢质船舶可用的情况下，只能向海南航务处借来一艘 100 吨的"南航 010 号"木质机帆船上岛，而这艘船当时已是海南较大的船舶。由于船上的设备落后，勘察队出海三天就迷航了，所幸老船工通过观察海上飞鸟飞行的方向，最终寻找到正确的航路。不久以后，海南行政区正式成立了鸟肥公司，配有"海鸥"号、"海鹏"号和"海武"号 3 艘 200 吨级的木质机帆船，往返西沙群岛与海南岛之间运送鸟粪兼载运人员，补给和各种物资装备，这就是最早固定往返海南岛和三沙的交通船，也可以称是三沙前期客货船。

1962 年，西沙鸟粪肥料公司转产成渔业公司，建造了"西渔 130"号、"西渔 120"号两艘钢质机动船舶，承担往返西沙的交通补给任务。两艘船载重量仅 100 多吨。1968 年经国务院批准建造了一艘钢质机动船，取名"西渔 705"号，加入了该航线交通船行列，载重量达到 350 吨，耐波性和稳性等性能得到提升。值得一提的是"西渔 705 号"还参加了 1974 年西沙海战，多次往返战场运送民兵，为维护三沙主权立下了战功。

我国南海海域蕴藏有极其丰富的油气和矿产资源。建设三沙诸岛，发展当地经济，无论在资源开发、海上旅游和维护国家海洋权益都有重大意义。为此进一步研发往来海南岛和三沙的客货船，建造适用、经济、现代化的新船型提到日程上来。

1978 年广州造船厂设计建造的"琼沙"号（后改名为"琼沙 1 号"）客货船问

世,拉开了海南和西沙钢质机动客船设计建造的序幕,它当时不仅是三沙,也是海南岛最大、最快、最好的客货船。

该船总吨位2160,船长86米,型宽13.4米,3台主机,总功率达3960马力,航速16节,载客量221人,载货量350吨,投入到海南岛至西沙的航线,使三沙的交通补给能力大大增强,每月为西沙运去淡水、新鲜蔬菜和其他物资补给,被称为三沙的"生命之舟"。

1988年海南建省后,为了加大了对琼沙航线交通的投入。1989年海南省驻三沙办事处委托中国船舶及海洋工程设计研究院设计,广州黄埔造船厂建造的载重量1410吨"琼沙2号"建成交船。由于经费关系,该船的主尺度、主机总功率均较"琼沙1号"小,载客量、载重量亦相对少,但在性能、舒适性和经济性则有所提高,有力地增强了该航线的运力。在"琼沙1号"于1997年退役,"琼沙2号"亦将退役之际,由国家拨款3000万元,海南省自筹800万元,由广船国际设计建造的"琼沙3号"于2007年2月建成投入营运。

第二节　典型沿海客船

一、第一艘沿海客货船"民主十号"

新中国成立初期,中国沿海使用的沿海客船大多是设备简陋,适航性差,或由老、旧货船改装而成的客船,远远不能满足沿海城市旅客运输的需要,因此,设计建造适合我国沿海客船已成当务之急。1953年交通部决定投资建造沿海客船并下达任务,要求船舶工业局技术处船舶设计组(中国船舶及海洋工程设计研究院前身)设计小港客货轮。技术处处长辛一心先生是我国现代船舶科技的奠基人,他亲自领导一批有经验的设计人员辅以一批刚从大、中专院校船舶专业的毕业生组成设计团队,以自力更生、艰苦奋斗的精神,严谨的科学态度,精益求精,设计出了第一艘安全、舒适、美观的沿海客货船。在新中国朝气蓬勃的氛围中,船舶工业局领导的大力支持下,设计团队同心协力,在不到一年的时间里完成全部设计工作。

建造厂江南造船厂采用新工艺,仅用一年多时间,于 1955 年 11 月建成交船,命名"民主十号",如图 4-1 所示。该船用户为上海海运局,主要航行于上海与浙江各小型港口之间的航线。

图 4-1 "民主十号"小港客货船

该船船长 80 米,型宽 14 米,型深 6.1 米,满载排水量 2 680 吨,载客量 480 人,载货量 700 吨。动力装置为水管锅炉加四缸三胀式蒸汽机,功率约 1 100 千瓦,航速约 11 节。

在总体性能设计时,为达到精益求精,采用了多项当时的先进技术。为做到美观、舒适,设计团队第一次设置了艏部侧推装置;尝试将陆上建筑设计方法结合到船舶设计中,与同济大学建筑设计研究院共同研究后将遮阳甲板前部的外走廊取消,扩大旅客休息室,并增加吊顶设置灯光处理;制作拼花木地板,钢管支柱进行美化包覆等措施以提高室内装潢质量。这些措施的运用受到好评,也为以后船舶内装设计开了个好头。

当时,不少人建议采用柴油机作为主机,鉴于当时柴油机在国内船舶上的应用尚不普遍,生产装船的不多,用船部门对柴油机的使用经验也不足,蒸汽机在航行中出了问题,轮机人员可自行修复,但柴油机出了问题,轮机人员则一筹莫展。柴油机用作船舶主机虽有优点,但设计团队从安全出发,避免用船部门所述情况发生,同意采用往复式蒸汽机作为主机。

该船第一次采用重力式救生艇吊架,使救生艇快速降落到水面上。由于经验不足,设计得较为笨重,但可为遇海难时客船释放救生艇争取宝贵的时间,使我国船舶的救生艇和吊架设计向前迈出重要的一步。

设计团队在俄文刊物中看到一张客船减摇水舱简图,受到启发,遂试着将开式被动减摇水舱应用在该船上。其原理是船的左、右侧各设一个水舱,中间利用较为狭窄的水道相连,当船舶在波浪中左右摇摆时,左右水舱中的水也会随之左右晃动,由于中间水道较窄,晃动周期要滞后于波浪周期,调节左右水舱中的水量,可以使晃动周期与船舶横摇周期相反,这就起到了减摇的作用,提高了船舶的舒适性,改善了旅客的舒适度。

由于风浪中船舶靠离码头的困难,有时还得借助拖船的协助。如果设置艏侧推装置,则可借助侧向推进力,帮助船舶自行靠离码头。设置艏侧推装置,首先要设计制造艏侧推装置,而当时还没有专门的艏侧推装置的生产厂商。从当时的少量资料中,设计团队了解到艏侧推装置有直管式和弯管式两种。直管式的艏侧推装置虽好,但技术上较为复杂,当时无法与有关单位协作开发立项,所以只好采用自行设计的弯管式艏侧推装置。为了给艏侧推装置供电,在规范要求以外,设计团队设计了一台备用发电机专门向艏侧推装置供电。

在设计"民主十号"时,因缺乏实际的重量资料,技术人员对重量、重心的估算比较粗糙,可能出现误差。如果重量、重心位置不准确,船舶的漂浮状态将出现过度的艏、艉倾或横倾,将会增加航行时的阻力,如重心过高,甚至会危及船舶航行安全,所以该船在江南造船厂施工一开始,设计团队就专门设立了一个重量控制小组，派出了 10 多位技术人员长期驻厂，任务就是把每一件装船的机电设备都一一称重，登记入册。凡发现与原始数据有误的，便及时修改相关图纸文件，以避免工厂返工。这份从当时获得的第一手重量资料及其工作方法，便成为技术处的宝贵财富，并一直沿用多年，为后来的船舶设计质量管理起到了极为重要的作用。

在辛一心先生的领导下，通过"民主十号"研究设计工作，为确保设计质量，总结制定并建立了一整套规章制度，包括技术责任制、计划、技术、资料管理和产品设计等方面的规章制度等 10 余项。如技术责任制，规定了设计、绘图、校对、描图、描校、审核及审定的明确技术责任。在 1957 年，把已制订和执行的制度编订成册，取名为《船舶设计规章制度汇编》，其中不少制度一直沿用几十年，对船舶设计工作有序进行，确保工作质量，起到了关键作用。

"民主十号"研发成功不仅对沿海客船，甚至对整个民用船舶的研发都具有里程碑意义。通过该船的成功研发建造，培养了一批年青的船舶专业人才，他们大都成长为我国船舶行业的中坚力量。追昔抚今，老一辈船舶人为我国民用船舶发展的贡献将令后来人永远铭记。

"民主十号"是我国有史以来第一次自行设计建造的沿海客货轮，交船两个月后，"民主十一号"也相继诞生。其后，同类型客船"民主十四号""民主十五号""民主十六号""民主十七号"相继建成。这批客船交船后开通了上海和浙江宁波、温州等小型港口航线和上海至大连的南北航线，取得较好的经济效益和社会效益。该船的成功设计建造也培养了一批年轻技术人员，逐步掌握了船舶设计、建造、检验、试航、鉴定和验收等全过程的关键技术，为后续的设计建造新型船舶奠定了基础。该船的技术积累及技术管理都为后续的设计提供了宝贵的经验和范例。

由于该船设计、建造质量上乘，1955 年"民主十号"获国家新产品成果奖，是新中国船舶设计得到国家级奖励的第一艘船舶产品。

二、"民主十八号"客货船

柴油机作为船舶主机较之蒸汽机有着明显的优点,包括燃油比燃煤的热效能高;燃油可储藏在船底舱,不必像煤炭要占用船体空间设置煤舱;蒸汽机作主机还要先由锅炉产生蒸汽,船员劳动强度大,而柴油机可通过油管自动加油等。由于这些优点,新造船舶已逐步采用。从船舶交通运输专业毕业的海员都拥有对柴油机使用的技能,原先不愿使用柴油机的原因已不复存在。在此条件下,上海海运局委托中国船舶及海洋工程设计研究院设计,沪东造船厂建造,我国第一艘 3 000 吨级柴油机沿海客货船,于 1960 年建成交付,船名"民主十八号"(见图 4-2),开启了柴油机客船时代,提高了营运的经济性,充分利用船体空间,降低了船员劳动强度。

图 4-2 "民主十八号"客货船

该船船长 106.6 米,型宽 15.8 米,型深 5.3 米,满载吃水 3.89 米,满载排水量 3 839 吨,载客量 772 人,载货量 500 吨,主机采用沪东造船厂生产的 6ESDZ 43/82 柴油机,功率 2×2 000 马力,航速 12 节,适航性良好,续航力 1 800 海里,船上装有新式的助航仪器和各种安全装置。客舱铺设塑料地板,公共场所装饰富有艺术性,旅客俱乐部装饰磨砂玻璃屏风,放映电影时可兼作银幕使用。

1961 年 1 月,"民主十八号"进行重载试航到温州,后行驶在上海至大连和青岛航线,以及申—甬、申—温航线。

三、"长征"型客货船

20 世纪 60 年代中后期,上海海运局虽已拥有 18 艘客货船,但总载客量仍不足万人,而上海沿海客运量则逐年增多,运力严重不足,在这种情况下,交通部要求建造新型客货船,并要求设计中贯彻"多载客、立足国内、简化船型、成批生产"的指导思想。

"长征"型客货船由上海沪东造船厂与中国船舶及海洋工程设计研究院联合设计,由沪东造船厂建造,是我国当时最大型的沿海客货船。1969 年开始设计。首制船"长征"号于 1971 年建成,后分两批建造。至 1984 年先后建成 14 艘,前 12 艘以"长"为首字,分别加"征、自、力、更、生、锦、锈、河、山、松、柏、柳"字,称为"长征"系列客货船或"长字"系列客货船(见图 4-3 和图 4-4),由上海海运局营运管理;另有两艘船由广州海运局管辖,船名"万年红"号和"珍珠梅"号(见图 4-5)。

图 4-3 "长征"号客货船

"长征"号客货船总长 138 米,型宽 17.6 米,型深 8.4 米,吃水 6 米,满载排水量 5 926 吨,载客量 856 人,载货量 2 000 吨,船员 99 人。主机为沪东造船厂

图 4-4 "长更"号客货船

图 4-5 "珍珠梅"号沿海客货船

建造的 9ESDZ43/82 型直流扫气低速柴油机两台,单机功率 3 310 千瓦,转速 200 转/分,双机、双桨直接推进,航速 17 节,续航力 3 500 海里。与以往的客货船相比,具有航速快、稳性好、抗风能力强和载客量大等优点。但该船载货量偏大,杂件货物的装卸货速度赶不上客运的班期,不能满载出航,难以充分利用。所以前一批 12 艘船中的后 3 艘,将游步甲板上的客舱延伸至舷边,改善旅客居住条件,使总吨位达 7 600。这批船航行于上海至大连、青岛、厦门、广州航线。

这批客货船的建成交付使用,极大地缓解了上海至大连、青岛、厦门、广州地区的客运紧张状态,促进了沿海地区的人员物资流动和地区的经济发展。

20世纪80~90年代,随着高速公路和航空业的发展,客源逐步减少。"长字"系列最后一艘"长柳"号,即将船型从常规客货船改型成客船,取名"旅行家"号,营运于深圳蛇口到海南岛海口港热点航线上,至1990年代后因该航线客流减少,遂改航行于广西北海到越南下龙湾的国际旅游航线,船名亦改为"东方女王"号。

四、穗—琼线客货船

联系海南岛与广州的穗—琼线对海南岛的经济运行和人民生活发挥了极为重要的作用。相当长时期都只有小型客货船在担负该航线的客货运。直至1963年,广州海运局委托中国船舶及海洋工程设计研究院利用20世纪40年代加拿大为我国长江水系建造的"门"字号客货船改装设计一艘适合海上航行的客货船。由广州文冲船厂改建,1966年交船,船名"红卫七号"。该船船长78米,型宽约13米,型深7.0米,吃水3.3米,载客量317人,载货量200吨,航速14.6节。

设计团队在改装设计中首先针对江海环境条件不同,长江风平浪静,而海峡风急浪高的现实状况,着力提高改建后新船的抗风能力。

"红卫七号"的载货量和载客量都比原船增多,五等舱处于主甲板之下,三、四等舱在主甲板之上,双机、双桨推进,机舱处于舯偏后位置。主机尾轴通过"人"字架支撑驱动螺旋桨。航速高于原船。投入营运后得到了旅客和社会的一致好评。

20世纪60年代后期有几十万广东省知识青年上山下乡插队落户海南岛,每逢节假日,在海口客运站的售票处就有大量知识青年排队购票回广东省各地探亲。人多船少,往往排一两天队也不一定能购到回家的船票。广州海运局的调查组看到此情此景,感触很深,决心建造新的客船以满足知识青年回乡探亲需求。即于1970年委托中国船舶及海洋工程设计研究院设计、广州文冲船厂建造,航行于广州至海口航线上的新型客货船。

　　该船设计时,正值"文化大革命"期间,遇到一些"极左"思潮的影响,不尊重科学,对船上的一些安全设施是否需要配置有争议,如油舱上的速闭阀装置有人认为没有必要设置。在这样的情况下,设计团队还是坚持以认真负责态度进行设计,对船舶稳性、横摇周期、船舶在高速回转时出现旅客集中于一舷情况下的安全问题和船舶单侧破舱时的倾侧问题等都作了认真仔细的研究,如上述油舱上的速闭阀装置也按规范设置。在设计中尽量采用新技术,提高船舶的技术含量和船员、旅客的舒适度。如在船上设置被动式减摇水舱,以减小船舶摇摆幅度;采用船厂老技工开发的"关刀"型螺旋桨,提高螺旋桨推进效率;在轴系上采用液压联轴节和滚动轴承,以提高轴系传动功率,采用废气锅炉和辅机热水加热器,提高船舶的热能利用率和改善旅客居住条件等。

　　此前船舶检验局在新编的规范中,根据国内、外一些船舶因轴系扭振而发生轴断裂的事故,提出了轴系扭振计算的要求。这是一个全新的课题,在国内还很少有人接触过,且需要电子计算机计算。设计团队通过与中国船舶科学研究中心联系,请计算程序专家协助,自编计算程序进行计算。初步计算的结果是轴系将发生较大的扭转振动,可能会造成轴系损坏。针对这一情况,设计团队深入分析后考虑到该船从东德进口主机上带有硅油减振器这一设备,它的减振效果还未进入计算程序中,也没有考虑硅油减振器阻尼的计算程序,计算结果有待修正。为此,设计团队多方查找国外有关硅油减振器的减振原理和计算方法的资料,经分析认为可行后,自编小程序嵌入扭振计算程序中重新计算。通过对比计算结果,发现对于是否设置硅油减振器,两者计算结果差别很大。没有硅油减振器,该船轴系要发生扭转振动;有了硅油减振器,阻尼减振效果就可以使扭振应力减至规范允许的数值之下。因此,以科学研究的结论,确认了轴系扭振数值满足规范要求。

　　该船于1975年初建成,船名"红卫九号"(见图4-6)。总长95.0米,型宽13.8米,型深7.5米(至上甲板),吃水3.5米,载客量558人,载货量250吨。主机为两台东德进口的 8NVD48A－2U 柴油机,单机功率 1 320 马力,转速 428 转/分,航速 15 节,续航力 2 000 海里。首航海南岛,在航行途中,遇到当年第 1 号台风,船舶经受了台风的考验,安全抵达海口秀英港,海南人民在码头载歌载舞、敲锣打鼓、舞狮迎接"红卫九号"这艘当时华南地区最大的自行设计建造的客货船的到来。

图 4-6　"红卫九号"客货船

自"红卫九号"建造以后,根据航线客流依然紧张的情况,广州文冲船厂又建造了两艘同型船"红卫十号"和"红卫十一号"。随后广州海运局又委托广州造船厂建造了与"红卫九号"主尺度基本相同,主要机电设备也基本类似的广州—海南岛三亚航线客货轮,简称"广—亚线"客货船,命名"红卫"系列,后改名为"水仙"号、"芙蓉"号、"玉兰"号、"牡丹"号、"丁香"号和"海棠"号。该批船的首制船总长为 94.2 米,型宽 13.8 米,型深 7.5 米,吃水 3.6 米,主机与"红卫九号"相同。这批客货船投入营运进一步缓解了广州—海南岛航线客运人流紧张的压力。

五、青岛沿海游览船

为发展旅游事业,满足外宾和侨胞到青岛游览的需要,经国家计委同意,中国旅游事业管理总局于 1979 年 8 月向第六机械工业部提出为中国国际旅行社青岛分社建造一艘沿海游览船,总投资 80 万元,要求 1980 年建成。六机部下文明确此船由中国船舶及海洋工程设计研究院设计,上海求新造船厂建造。

该院设计团队针对该船主要是供游客游览青岛—崂山沿岸风光之用,旋即赴青岛、崂山一带实地调查,同年 11 月底完成方案论证,12 月在青岛召开方案审查会,确定技术任务书。1980 年 3 月完成技术设计,6 月底完成施工设计。1980 年 12 月船厂开工建造,1981 年 9 月交船。船名为"小青岛"号(见图 4-7)。

图 4-7 "小青岛"号沿海游览船

该船为单甲板、箱形龙骨、前倾艏柱、方艉船型、双桨、双舵,柴油机直接驱动。总长 40.86 米,型宽 7.40 米,型深 3.30 米,设计吃水 2.15 米,排水量约 300 吨,续航力 600 海里,自持力 10 天,试航航速 12.2 节,载客量 100～150 人。主机型号 12V135C 两台;额定功率 2×207 马力,额定转速 1 500 转/分。

该船是一艘小型旅游船,设计团队针对旅客多为国际友人的特点,对舱室精心装饰,扩大游步甲板面积。设计时适当加大船长和型宽,在吃水浅的情况下配以箱形龙骨(内敷适量固体压载),较好地解决了船小带来的矛盾,经实船试验证明,在 7 级时该船仍有较好的适航性、稳性和快速性。稳性能满足我国"海船稳性规范"(1974 年)对 Ⅲ 类航区客船的要求。由于采用了箱形龙骨并加少量固体压载,使该船有较好的稳性和适航性。抗沉性满足我国"海船抗沉性规范"(1974 年)对在任一舱破损浸水后均能保持不沉的要求。

该船自上海赴青途中经历了 8~9 级大风的考验。船长和大副都认为该船稳性好,舵效快操纵性好,可原地回转,振动轻,噪声低。

在沿海客船主甲板上的甲板室首次试用大型方窗,改善了船体外观,扩大了客舱视野。采用自行改装设计的电动液压主机遥控装置,经实船使用证明性能良好。设计中试用了一些新材料、新设备,如大型铝质移窗、双龙戏珠组合蓬顶灯、乳胶拉毛漆、矿渣棉、化纤地毯等,在减振降噪、美化舱室等方面取得了较好的效果。

考虑到游览船的特点,总布置造型美观,舱室舒适。从"安全、美观、舒适、经济"要求出发,在总布置上尽量减少振动和噪声的影响,并采取了封闭机舱、主机减振,机舱顶部和前后舱壁敷设吸声玻璃棉板等实现减振降噪的措施,取得良好的效果。客厅的噪声均控制在 60 分贝以下。客厅后面有敞开式甲板,可供旅客散步。船上还设有小卖部。

该船甲板室为非围蔽式结构,主甲板通往室外的门为弹簧玻璃门,各客厅两壁设有透光尺寸为 800 毫米×900 毫米的铝质移窗,前客厅前壁有宽大的铝质固定窗,光线充足,视野开阔。客厅内围壁及顶部贴彩色塑料墙纸,还配有窗帘和装饰画,灯具式样也较新颖美观。

该船经一年多的实际使用证明,设计建造是成功的,为发展我国沿海游览事业作出了一定的贡献。"小青岛"号沿海游览船荣获了中国船舶工业总公司1982 年度重大科技成果奖。

六、浙江双体客船

1979年7月,浙江省交通厅航运公司为解决集市贸易开放后甬(宁波)—沈家门—定海—普陀山线客运拥挤问题,同时解决长期的客运亏损靠"货养客"的难题,拟申请贷款造船。中国船舶及海洋工程设计研究院得悉后,为摸清该船船型论证的要求,立即赴杭州参加由浙江省航运公司主持,宁波、舟山、温州、海门等分公司参加的浙江客渡船技术要求座谈会,省航运公司要求该院先作出方案论证,重点是能设计解决上述难题的船型。

1979年11月在杭州召开的沿海客渡船方案审查会上对该院提出的双体船型认为是可行的,根据经济分析采用双体船型会盈利可图。

1980年4月,浙江省航运公司舟山分公司正式委托中国船舶及海洋工程设计研究院设计,5月批准浙江双体客船方案审查意见和技术设计任务书,12月通过技术设计审查。1981年9月完成施工设计,由镇江润州船厂承建,于1983年12月20日交船,投入营运。

该船总长45.25米,总宽12.60米,片体设计水线长40米,片体设计水线宽3.6米,设计吃水2.8米,片体间距9米,排水量422.35吨,载客量550人以上,配两艘13人玻璃钢机动救生艇。

船体结构采用单底横骨架式,每片体设置五道水密横隔舱壁,防撞舱壁延伸到艏甲板。连接桥结构采用横骨架式。

1984年1月,中国船舶及海洋工程设计研究院的设计团队赴宁波对该船进行回访,当时海况为6级风,中等雪情,船由宁波开赴定海。调查组向每位旅客作了一次调查,结果如下:

(1)除一位中年妇女对双体船的横摇感到不适外,其他所有客舱的乘客均能打扑克、下棋、看书,认为这种横摇幅度、频率是可以接受的,比单体船要舒适宽敞,游步场所、厕所都比单体船好得多。

(2)主走道宽1.4米,边上虽堆满家禽,但旅客来往自由,未产生堵塞现象,旅客认为该类航线采用双体船型好。

用船部门对该船性能、经济性均感到满意,后续又建造了两艘。

七、"新"字型客货船

上海海运局针对上海与浙、闽两省的宁波、定海、温州、福州间航程较短、旅客较多的特点,同时考虑到宁波、温州等港口航道狭窄,水深较浅等因素,委托上海求新造船厂在原"民主十八号"沿海客货船的基础上,改进设计建造3 000 吨级沿海客船。第一艘"繁新"号于 1977 年 8 月竣工后,投入上海至宁波、温州和福州航线营运。该船总长 106.67 米,型宽 15.8 米,型深 7.7 米(至上甲板),吃水 3.67 米,满载排水量 3 858 吨,载客量 915 人,载货量 140 吨,航速15.5 节,续航力 1 300 海里。双机、双桨推进,设双舵,主机采用沪东造船厂生产的 6ESDZ43/82B 柴油机两台,总功率 6 000 马力。

该型船按我国船舶检验局 1977 年的钢质海船入级与建造规范设计。较之原型船吃水浅,载货少,载客多,操纵灵便,航速快,较适合沪浙闽沿海港口客货运输。在船上安装了求新船厂设计制造的液压舵机,质量较好,未出现当时常见的高压油管泄漏及跑舵和卡舵现象。为提高经济性,该船从燃用重柴油改为掺烧渣油,在油舱柜设计上作了改进。为增加载客量,适当减少了各种公共活动舱室面积,降低了营运成本。后续建了"荣新"号、"昌新"号、"盛新"号、"鸿新"号、"展新"号和"望新"号 6 艘,形成"新"字系列沿海客船。

八、华南线客货船"马兰"号和"山茶"号

改革开放后,经济的发展带动了物流和客流的繁荣,同时由于大陆对台湾居民开放返乡探亲祭祖活动,致使广州至海南、广州至汕头等地的客运异常紧张。在此形势下,1979 年 6 月广州海运局正式委托中国船舶及海洋工程设计研究院设计"华南线客货船",要求该船能到厦门、汕头、海南岛三亚和台湾基隆等地。船上应配置新的主机、辅机、锅炉、导航设备等,并能扩大客运量。

中国船舶及海洋工程设计研究院于1981年1月完成施工设计,广州造船厂开工建造两艘,1983年12月首制船"马兰"号交付,(见图4-8)1984年1月首航广州与海南岛三亚航线。第二艘"山茶"号于1985年投入营运(见图4-9)。

图4-8 "马兰"号客货船

图4-9 广州—海口穗琼线客货船"山茶"号

该船总长107.6米,型宽15.2米,型深(至主甲板)5.6米/(至上甲板)8.0米,设计吃水4.2米/结构吃水4.4米,排水量:满载3 348吨,超载3 575吨,载客量600人,可临时加客40人,其中三、四等客舱载客量372人,占总载客量一半以上。船员 78 人,载货量:满载 275 吨,超载 502 吨。续航力(满载＋20％燃油储备)1 500 海里/(超载＋20％燃油储备)2 000 海里;满载航速 16.41 节。

该船主机为上海船厂生产的 12VESDZ300 型二冲程、单作用低速柴油机,可在机旁和机舱集控室操纵,设计功率及转速 2×1 507 千瓦×285 转/分,双机、双桨推进。入级中国船舶检验局(ZC)。

该船主甲板为干舷甲板,设有前后货舱和 5 个大客舱,客舱布置在游步甲板、上甲板、主甲板及主甲板下平台甲板上,为满足防污染要求,船上设置了粪便泵和粪便污水舱。

设计团队对该船的设计已酝酿了四年,技术储备充足,正式设计时又精益求精,使该船在总体性能、安全、舒适和经济性等方面均具特色。

1. 总体性能

(1) 减摇水舱加装连通管,并在主甲板上设控制阀加以操纵,确保对称和不对称破舱进水后稳性满足规范对一舱不沉的抗沉性要求。

(2) 螺旋桨设计采用我国关刀型螺旋桨图谱,这是我国造船人在实践基础上自创的独有的螺旋桨图谱。该桨整体式铸造,首次在较大型客船上运用并获得成功,航速超过原设计 0.1 节,比采用国外"楚斯特"B 型螺旋桨图谱快 0.8 节,在 5 级风条件下,试验航速达到 16.41 节,从三亚到广州的距离 480 海里,仅航行 29 小时,是华南地区当时最快的客船。

(3) 适航性。该船在风浪中摇摆失速及甲板上浪情况均较小,在 5～6 级风中最大横摇 8 度,横摇周期较长,晕船人数大幅减少。

(4) 操纵性。该船双桨、双舵,舵效快,且回转灵活,操舵时间从左 35 度到右 35 度,不超过 25.5 秒,回转直径 2.65 倍船长,抗风暴能力强,航向稳定。

(5) 在减振降噪方面都达到满意的效果。该船的消防设施严格按照 1974 年国际海上人命安全公约的要求进行设计。

2.舒适性

(1)室内装饰尽量考虑了经济适用、舒适明亮、美观大方,而且公共场所数量多,布置舒畅,特别是室外露天场所,艇甲板后部设有观景平台、游步甲板后部及上甲板外走道等处所,可供旅客观赏风景,进行日光浴和散步活动。

(2)在华南地区客船上首次采用中央空调,使炎热夏天的华南地区船舶的室内温度能保持在28~30摄氏度。

3.经济性

(1)由于空船重量、重心控制在设定值范围内,因此每航次可多增载客50人,广州至三亚航线一年可多载4 800人;载货一年可多载2.18万吨。船上设有大型休息厅、音乐茶座、酒吧、大餐厅、小卖部、摄影室,大餐厅还可播放电影等,实行多种经营,更提高了经济效益。

(2)该船设计通过优化更改了任务书中要求装设的减摇鳍、艏侧推装置和减摇水舱,节省了开支,并且船舶各项相关技术性能都达到甚至超过技术任务书的要求。

(3)救生设备采用可吊式气胀救生筏以代替部分救生艇,减少了过去客船一长排救生艇的占地面积。

4.先进性

在设计研制过程中,应用了多项先进技术,如优化的船体线型、关刀型螺旋桨、套筒式液压联轴节、1211灭火系统、防火门、防火围壁及贴塑硅酸钙板用作独立防火围壁与天花板、可吊式气胀救生筏及吊筏杆、无支柱的大厅结构设计、防裂的薄型乳胶水泥和气化油灶等,均获得成功,对提高我国当时造船技术水平和填补设备配套的空白作出了贡献,取得较好的社会效益和经济效益。

该船是在改革开放初期建造的客货船,在设计过程中虽遇到经费和配套设备缺乏等困难,但设计团队面对困难,认真、尽力做好设计工作,采用先进技术,使该船成为华南地区一型载客多,且安全性、经济性、舒适性均较好的客货船,受到用户的好评。

"马兰"号建成后,经实际航行验证,各项技术指标优良,达到并部分超过设计任务书的要求,用船部门感到满意,以"马兰"号客货船开辟了由海南岛三亚直航香港的琼港航线。"山茶"号客货船则经营三亚—广州—汕头航线。

随着社会经济的发展,高速公路和航空客运的发展,旅客要求提高服务质量,促使"马兰"号进行了适应性改装,改名为"大红鹰"号。游步甲板后的货舱区域改造为客舱,增加客舱居住面积和载客量,将救生艇由两艘增加到4艘。1994年,"马兰"号转给海南华通海运,再次更名为"南湖"号,经营定海至上海的航线,2003年6月又改为经营威海至大连的航线,隶属威海海大客运公司,载客量增加到678人,并增设了豪华舒适设备,改名为"新生生"号。同型的姐妹船"山茶"号后更名为"珞珈山"号。

九、500客位沿海客船"辽民1号"

1987年底,大连海运公司为增加大连—长海县岛屿客运运力,经向中国船舶及海洋工程设计研究院就500客位沿海客船进行技术咨询后,委托该院设计。1988年8月完成技术设计。由天津新河船舶修造厂于1989年开工建造,1991年2月交船,船名"辽民1号"。

该船船型为双机、双桨、双层连续甲板,长上层建筑。该船总长71.65米,型宽13米,型深(至主甲板)4.6米/(至上甲板)7.0米,设计吃水3.4米,排水量1540吨,载客量500+100人,载货量320吨,航速13节,续航力1500海里,船员51人,稳性满足近海航区。

主机:新中动力机厂生产的6L 20/27型柴油机2台,每台功率600千瓦×1000转/分。

考虑到船东建造预算经费有限,设计团队参照船舶检验局的有关规范,在满足设计任务书要求的前提下,将船的总吨位控制在2000以下,这样可利用船舶检验局规范中的有关条款减少许多机电、消防、救生等设备的配置,从而达到降低造价的目的,最终确定该船总吨位为1937。

该船设计特点：

（1）救生设备。由于主尺度比较紧凑，布置上难度较大，特别是救生设备的安排。该船除了51名船员和500名旅客外，用户还考虑大连—长海县航线春节客运高峰的需要，增加100个散席旅客，因此救生设备配备也要作相应的变更。该船可供放置救生艇、救生筏的甲板面积有限，救生艇设置不能满足所有旅客的需要。设计团队提出以筏代艇的建议，得到辽宁省船舶检验局的认可，最终采用可吊式气胀救生筏代替部分救生艇，使该问题得到圆满解决。

（2）完整稳性与适航性。由于这类船型一般都有较庞大的上层建筑，结构重心较高，受风面积较大，还要考虑旅客集中于一舷所产生的横倾力矩对船舶稳性的影响，以及船舶破舱稳性等因素，要求客船应具有较大的初稳性高度（GM 值）；另一方面考虑到船的适航性，GM 又不宜取得过大。经过详细计算比较，最后确定 GM 为 0.9～1.2 米的范围内为宜。

（3）舱室布置。该船客舱中有长途、短途之分，并设有软卧、硬卧、硬座、散席等多种席位，以满足各层次旅客的需要；餐厅可供 80 人同时用餐，全船通道宽敞、畅通。根据不同潮位、码头条件、过驳条件，旅客可经 3 个不同高度的通道上船。

"辽民1号"投入营运后，给该公司带来了较好的经济效益，用户对该船设计表示满意。

十、98 客位沿海客船

大钦岛是山东省距大陆最远的岛屿，孤悬于渤海海峡中段，距蓬莱市约53 千米，距大连市约 54 千米，海产品资源丰富，渔家乐、旅游业可望发展。人民日常生活和经济发展都需要拥有性能较好的客船。为此山东大钦岛渔业公司于 1997 年 3 月通过安徽省巢湖造船厂委托中国船舶及海洋工程设计研究院设计 98 客位小型沿海客船。该院急用户所急，仅用一个半月时间于 1997 年8 月中旬完成设计。巢湖造船厂于 1998 年 1 月建成交付使用。由于院厂紧密配合,从设计到交船仅 5 个半月时间。

该船总长 35.69 米,型宽 5.40 米,型深 2.40 米,设计吃水 1.10 米,船员 6 人,载客量 98 人,航速 18.5 节,续航力 200 海里,抗沉性满足一舱不沉,抗风力 8 级,稳性满足沿海航区要求。

主机:CumminsKTA19-M3 两台,每台功率 600 马力,转速 1 800 转/分。

设计特点:一是为了满足稳性要求,降低重心,将原定客舱底板高度降低 600 毫米,同时减少了受风面积。二是该船属高速船,而船体材料为钢质,重量较重,在主尺度选择傅汝德数的范围为 $Fr=0.45\sim0.55$,该船最终的 Fr 为 0.48。根据这一特点,横剖面型线设计为:艏部为"V"型,舯后为"U"型。横剖面面积曲线:前端平直,稍微凹,艉封板要有一定的沉深面积。压浪板:由于本船 $Fr=0.48$,正处于阻力峰值,当船舶航行在 $Fr=0.5$ 附近时,艉部下沉现象较严重,产生横浪很大,这时阻力就很大。为了改善航态,达到降低阻力的目的,在艉部端加装了压浪板。总布置做到艉倾 0.2 度,达到高速航行时的理想姿态。

该船的试航速度能达到 18.8 节,压浪板起了很大作用,实船在航行时艉部被抬起,像滑行艇一样平滑过去,没有产生横浪,阻力也较小,提高了航速。

1998 年 1 月交船后投入春运。由于该船稳性和适航性好,航速高,全天候都能开航,得到用户的好评,为仅有 5 000 人口的小岛的生活和发展带来福音,取得良好的社会效益和经济效益。

十一、600 客位沿海客船(申—甬线)

舟山地区的岱山县由 370 多个岛屿组成,其中有人居住的岛屿 16 个,以岱山岛最大。2019 年 600 客位沿海客船被评为全国投资潜力十强县,其发展的关键在于与舟山诸岛及上海市的交通。为此,1980 年—一年中舟山地区航运公司委托中华造船厂沪南分厂建造 600 客位沿海客船,航线为沈家门—岱山—上海。

该厂在完成方案设计后转委托中国船舶及海洋工程设计研究院进行技术

设计,于1985年8月完成设计,船厂于1986年1月开工建造,1987年建成交船投入营运,船名"蓬莱"号。

该船载客量600+6人,全部为卧铺。属于航行时间24小时以下的国内航行于Ⅲ类航区客船,稳性满足Ⅱ类航区客船的要求。

该船总长69.62米,型深6.90米,型宽13.20米,设计吃水3.40米,试航航速12.44节,续航力1 200海里。

该船是双机、双桨、双舵、双艉鳍,具有前倾艏柱、方艉和双层连续甲板的沿海客船,机舱位于舯、艉部。

主机采用两台6300ZC柴油机,每台功率600马力,转速400转/分。救生设备采用38人玻璃钢救生艇2艘,20人气胀式救生筏32个,满足有关规范的要求。

该船在方案设计中,为满足用船部门对经济性的要求,采取了某些特别措施,技术设计团队在充分尊重原设计思路情况下,精心设计,补其不足,院厂合作,使该船设计具有以下特点:

(1) 增加载客量,实现赢利。以往海上客运大多采用客货船,以货运增加营运盈利。该船船东要求加快船舶的周转率,不装货,但要求载客数相比同型船要多。同时因受岱山县码头限制,船长又不能超过70米,对此设计中采用比一般客船大的上层建筑来增加客舱,并对由此带来的稳性等问题以加大船宽等措施予以解决。

(2) 采用先进的节能双艉鳍船型,提高快速性和经济性。螺旋桨设计成内旋,充分利用双艉鳍的周向伴流,提高螺旋桨推进效率,船模试验结果表明,推进效率提高5.7%,在主机功率减少132马力的情况下,航速比原定的还超过0.4节。

(3) 设计中采取了下列措施改善船舶的性能:

① 采用适量艏部及艉部舷弧,增加船的可浸长度,满足布置上的要求,与采用增加干舷和型深的方法相比,降低了船舶的重心高度,减小受风面积,改善

了稳性和快速性。

②在总布置、舱室布置及船体结构设计中,尽量将舱壁上下对齐,减少支柱,增加了上层建筑的强度和刚度。船体专业在减轻船体重量、合理布置构架及减少振动等三个方面下功夫。上层建筑为三层长甲板室,其长度约占船长的80%,比一般客船的上层建筑要长。为降低船舶的重心,提高稳性,设计团队仔细研究了船舶检验局(ZC83)规范,并与挪威船级社(Det Norske Veritas,DNV)规范、日本海事协会(Nippon Kaiji Kyokai,NK)规范、法国船级社(Bureau Veritas,BV)规范对上层建筑甲板厚度的要求加以比较,大胆提出了减小上层建筑甲板的厚度,减轻了上层建筑的重量,降低了重心位置,改善了稳性,并获得船检部门的认可。

③在设计舵机舱、机舱底部板架时,对自振频率进行计算,发现自振频率偏低。经研究,构思巧妙地在艉部到6号肋位区域的1/2处设置加强材,改善了振动性能。试航中证明,船体未出现明显的振动。另外还布置了各层上、下对齐的电缆、风管通道,使电缆布置整齐美观,又可减少电缆、风管与舱室结构的冲突。

④为配合螺旋桨采用内旋的设计,及时与齿轮箱生产厂商协调将现有齿箱型式改为适应螺旋桨内旋转向的配置。

为提高动力装置效率,节省费用,在主、辅机排气管上均配置了废气锅炉产生蒸汽供全船生活日用,并用于加热;为降低主、辅机燃料费用而采用当时价格低廉的20号重柴油,再加配置一台分油机,改善重柴油的燃烧品质。经一年的营运,该船达到了盈利的目标。

为保证客船安全运行,在消防、抗倾覆和抗沉性等方面,增加了50千瓦的应急发电机组,为应急消防泵、应急舱底泵等应急设备提供动力。为使船舶在破舱后保持正浮状态,除可用两台总用泵调拨压载水外,还设置了两组左、右压载舱的连通管,其上配置闸阀,可以在甲板上操作,使船舶左、右重量平衡以保持正浮状态。

该船投入营运后,缓解了舟山地区岱山县"客运难"的状况,对岱山县政府来说是做了老百姓迫切需解决的一件实事,有较好的社会效益。由于客流充足营运良好,一年来的营运有所赢利,避免了不带货客船不能赢利的状况。

十二、"琼沙 1 号"客货船

南海海域蕴藏着极其丰富的矿产资源,又是重要的国际航线。我国在该海域拥有海南省三沙市辖下的西沙、南沙、中沙群岛,建设这些岛屿对发展我国海洋经济,维护我国海权有着重大意义。建设这些岛屿必须依托海南岛。为此,开辟并提高三沙与海南岛客货航运能力至关重要。已有的主要航线为海南岛文昌市清澜港至西沙永兴岛。但是在相当长的时期,这一航线仅有小型船舶往来。直到 1974 年西沙海战之后,根据国家南海战略与交通运输的需要,经周恩来总理批准,由广州造船厂设计建造了"琼沙"号客货船(见图 4-10),后改为"琼沙 1 号"客船。该船于 1978 年 1 月下水,10 月试航并投入营运。

图 4-10 "琼沙 1 号"客货船

该船总长 86 米,型宽 13.4 米,型深 7.3 米(至上甲板),吃水 3.9 米,满载排水量 2 150 吨。航速 16 节,续航力 3 000 海里。3 台主机为东德进口的 8NVD48A2U,单机 1 320 马力×428 转/分,机舱位于船中偏后。设三桨、双舵、螺旋桨呈两前一后“品”字形布置。

该船主要用途是为海岛建设运送人员、粮食、淡水、蔬菜和日用品等。该船上甲板以上为艇甲板、驾驶甲板和罗经平台;上甲板以下为主甲板和平台甲板,载客量 221 人,一、二等舱客位 19 人,三等舱 202 人,船员 59 人。载货量 350 吨;也可装载 250 吨淡水或装运干货 200 吨。该船设前后货舱,其舱容分别为 336 立方米和 445 立方米,另设冷藏水果库 20 立方米,可装载水果 2 吨。为多装载淡水,全船设有 8 个淡水舱,容积共计 214.8 立方米,另外设有 6 个压载舱,这些压载舱可兼作淡水舱。

为改善耐波性,除减少上层建筑受风面积外,采用了大面积舭龙骨,在船首中部主甲板与上甲板之间还装有被动式槽型减摇水舱。

“琼沙 1 号”投入营运后,结束了过去海岛补给只能依靠渔船的局面,为海岛建设作出了贡献,1997 年“琼沙 1 号”在航行了 19 年后功成身退,退出了该航线。

十三、“琼沙 2 号”客货船

1988 年海南建省后,着力贯彻国家发展战略,为加速南海诸岛的开发和利用,迫切需要增加船舶用于海南至中沙、南沙和西沙各岛屿之间的人员、物资和淡水等运输,为驻岛部队和驻岛人员提供后勤保障。据此,海南省驻西沙、南沙和中沙办事处委托广州黄埔造船厂建造一艘航行于海南岛与西沙永兴岛之间的客货船,黄埔造船厂委托中国船舶及海洋工程设计研究院设计。

1989 年 9 月,完成技术设计,因其间两度更换主机和船东因资金原因要求设计暂停一段时间。1990 年 5 月重新启动,同年 12 月完成施工设计,1992 年 2 月交船。船名为“琼沙 2 号”(见图 4 - 11)。

该船总长 77.51 米;型宽 12.20 米;设计吃水 3.6 米;设计排水量 1 579.2 吨;

图 4-11 "琼沙 2 号"客货船

载重量：吃水 3.6 米时 250 吨，吃水 3.8 米时 313 吨；载客量 100 人；船员 42 人；航速 15.6 节；续航力 4 000 海里。主机型号 6320ZC 型柴油机 2 台，最大连续功率 1 103 千瓦×428 转/分。

设计特点如下：

（1）该船设计中特别注重提高抗风浪能力，稳性良好。

（2）根据用船部门控制造价的要求，针对该船旅客的特殊情况（几乎无妇女、儿童旅客）合理布置各项设施。

（3）考虑到主机振动较大，容易引起船体振动，设计时在机舱、艉部以及上层建筑中也在容易引起振动的区域作了适当的加强。在试航中，全船振动较轻，在船上任何地方，主机在任何转速情况下，均无明显的振动，获得工厂、船东以及同行的一致好评。

（4）设计院向船舶检验总局申报，请求将按国际航行客船应配有两副吊筏架及可吊式气胀救生筏，救生艇应采用全封闭或部分封闭型救生艇的规定，根据特殊情况减免配置吊筏架及可吊式气胀救生筏，代之以抛投式气胀救生筏，采用敞开式救生艇代替全封闭式救生艇。该申请得到——船舶检验总局特批。

（5）交船后首航时（广州—海南岛）进行了轴系扭振测试，测试结果发现存在较大的扭振问题。为此，研发团队对轴系扭振测试数据进行了分析，认为该测试数据不符合常规。因此研发团队认为，该船轴系利用了盖斯林格联轴节的刚度和阻尼来减小或消除扭转振动，现左右机轴系发生扭振频率（转速）一致，但扭振应力大小不同，说明联轴节油腔内可能充油不足，内部混有空气，造成阻尼减少。该分析意见得到上海船舶检验局审图中心的认可，但需实测证实，为此特向黄埔船厂提出进行第二次轴系扭振测试，由上海船检审图中心进行测试。1992年5月进行第二次扭振测试，在将联轴节内部油腔充满油之后，再进行测试，测试结果扭振应力满足规范要求，即不存在较大的扭振问题，证明上次测试扭振应力过高是因为盖斯林格联轴节阻尼失效所致。此后航行多年，用户再未发现异常情况。

该船由海南驻三沙办事处管理，是一艘非营业性客货船，主要用于运送驻三沙各岛屿的部队及工作人员，为驻岛人员提供了极大的方便。用户的评价："设计是成功的，质量是优良的。"随着海南的开发和计划经济向市场经济的过渡，主管部门将该船投入海南岛至南海诸岛的旅游营运，每个航次均满载，取得了较好的社会效益和经济效益。

十四、"琼沙3号"客货船

随着南海岛屿建设进展，人员往来数量日益增多，原有"琼沙"系列客船已不敷所用。

由国家拨款和海南省自筹资金建造新一代琼沙线客船。该船由广船国际设计和建造，以"琼沙1号"为母型，在此基础上优化设计。在设计中根据西沙航线风大浪急的特点，在船侧设置了防摇鳍。

该船船长84米，型宽13.8米，总吨位2 500，载客量200人，载货量750吨。该船设有四层甲板，一、二、三层甲板上设置客舱。该船于2007年2月投入营运，船名"琼沙3号"（见图4 - 12）。

图 4-12 "琼沙 3 号"客货船

该船配置了 200 人用餐的厨房设备,解决了"琼沙 2 号"船上旅客不能在船上用餐的问题;设有活猪舱,为海岛提供了新鲜的肉食;还为银行设置了保险柜和押钞室,为邮电局设置了邮件舱。

"琼沙 3 号"客货船船期原定每月一班,需要时每月两班,主要航行于海南省文昌市清澜港至西沙永兴岛的航线。2012 年三沙市建立后,该船航期改为每周一班,为西南中沙岛上的居民与大陆的沟通提供了方便。

十五、150 客位铝合金高速客船"恒人"号

1986 年 5 月从日本引进 1 艘 150 客位铝合金客船。该船总长 28.62 米,型宽 6.0 米,型深 2.75 米,满载吃水 1.01 米,排水量 62.50 吨,航速 33.5 节。该船于 1995 年交付海南中信轮船公司营运。

由于该船已使用 10 年,船上主机旧损严重且无零部件可更换,海南中信轮船公司拟将两艘船上共有的 4 台 12V175RTC-1 柴油机零件修复后拼装成 2 台,供其中一艘船使用,继续营运,另一艘船配置新主机,改装成一艘新船。

为此于 1995 年 6 月派员到中国船舶及海洋工程设计研究院,商谈改装事宜,要求采用国产柴油机,改装后航速不低于 20 节,投入上海至舟山地区客运航线。

该院设计团队进行了主机更换的可行性论证,编写提交"150 客铝合金高速船主机更换可行性论证"。经过双方协商,拟订了"150 客位铝合金高速客船主机更换设计任务书"。

1995 年 7 月海南中信轮船公司正式委托该院设计。该院派员进行实船考察,确定主机更换方案为国内引进专利生产的美国康明斯 VTA28 - M2 柴油机两台,每台功率和转速为 540 千瓦×2 100 转/分,齿轮箱为杭州齿轮箱厂的300 型船用齿轮箱,减速比 2.54∶1。

这次改装的主要项目是改装功率不同的主机,将会使航速大幅度降低,带来船舶性能和机桨配合等一系列问题。设计团队勇于接受挑战,逐一解决。

1. 航速

改装设计的第一道难题是保证任务书规定的 20 节的航速。由于船体已旧,主机和船型已定,初步估算要达到 20 节航速,主机功率比较紧张,设计团队在船舶阻力和螺旋桨设计上下功夫,由于是旧船没有原始阻力计算资料,也没有船模试验资料,因此必须通过大量的计算,进行分析比较,确保阻力计算的准确性,确保螺旋桨推力与船体阻力匹配。在螺旋桨设计上,为了提高推进效率,对齿轮箱选择了五种减速比,对比计算后,选择了效率最高的 2.54∶1,即螺旋桨转速 826.8 转/分。设计螺旋桨桨叶时,也考虑了巴甫米尔 B 系列法和 MAU法几种型谱方法进行计算,最后选用巴甫米尔法,预估航速能达到 20.3 节。

2. 主机基座

因为船体结构为铝合金,与一般船体钢质结构差别较大,院厂专业人员一起反复研究分析,采取如下措施:

(1) 保持原主机基座面板厚度,腹板尽量少切除。

(2) 改装的结构构件不与船体外板直接焊接,既保证主机基座改装铝合金焊接的可行性,又确保铝合金焊缝质量,也不影响船体外板的性能。

3. 新主机与旧船体巧妙配合：

（1）主机支承采用刚性连接。

（2）为尽量减少原有进、排气管的改动，设计时与主机制造厂商协调，将VTA28-M2主机的进、排气口作了180度转向，进气口的空气滤清器改为散件供应，在上船时另行布置安装；对主机排气管，也另行设计了与主机增压器相连的过渡接管，再通过膨胀节头、三通管与原船排气管相接，保证了进、排气管的畅通。

（3）对主机和齿轮箱的遥控，采用了MORSE软轴，既节省经费又可靠。

1996年10月，改装完工，船名"恒人"号，经试航航速达到21节，超过任务书的要求，船体结构也未出现异常振动。该船交付后，由广州开往上海，经历了风浪考验，安然无恙，为以后设计铝合金高速船提供了经验，也培养了人才。

十六、440客位出口缅甸沿海客船

云南省机械进出口公司与缅甸交通部五星轮船公司签约，建造航行于缅甸、马来西亚和新加坡的国际航线的沿海客船，云南省机械进出口公司委托长江轮船总公司吴淞船厂建造，吴淞船厂委托中国船舶及海洋工程设计研究院进行基本设计、详细设计，并施工配合及试航，解决施工期间和试航中的技术问题。

该船于1994年1月开始进行基本设计，经认可后于1996年6月至1997年9月进行详细设计。首制船于2000年1月顺利交船。后续船于2001年5月顺利交船。该船是我国首次出口国外的长途沿海客船。

该船总长77.00米，型宽13.60米，型深7.0/4.6米，设计吃水3.40米，结构吃水3.45米，总吨位2 420，服务航速约14.5节。续航力约1 500海里，载客量440人。入级英国劳氏船级社，挂缅甸旗。

主机为MAN B&W12V28/32A中速柴油机。最大持续功率2 640千瓦×775转/分。持续服务功率2 376千瓦×748.25转/分。主机配船用倒顺减速齿轮箱，减速比2.5：1。双机、双桨推进。

该船属于国际航行客船，满足国际海上人命安全公约、英国劳氏船级社

(Lioyd's Register of Shipping，LR)规范等 8 类国际规则，需获取英国劳氏船级证书、客船安全证书等 15 种证书。对设计团队来说是第一次设计入级 LR 的国际航行客船，技术难度较大。

为满足国际公约、规则、规范对客船的安全、舒适性要求，设计团队在设计中采取了多项措施。

（1）对主机和应急发电机的订货都采用原装进口，齿轮箱和主发电机组为国内引进专利生产的产品。经实船使用，证明运行良好，安全可靠。

（2）消防灭火系统除采用常规的水消防灭火和二氧化碳灭火系统外，还设置了水喷淋系统，保护客舱和人员活动处所。根据船东的要求，该系统的主要设备包括喷淋器阀组均采用进口产品。

（3）在平台甲板的 72 人客舱内，设计配置了自动向下排水的装置，当发生海损事故平台甲板客舱破损进水时，疏水孔盖会自动打开，将客舱积水排入下面的空舱，改善船舶破舱稳性和抗沉性。

交船后，该船营运情况良好，各项设备安全可靠，得到了船东的好评，受到了缅甸政府和当地人民的欢迎，加强了中缅两国人民的友谊。

该船为国家创汇 700 万美元，交船一年后，云南机械设进出口公司致函中国船舶及海洋工程设计研究院，称"该船经过一年来的营运，各项技术指标先进，满足使用要求，是一种值得开发的新船型"。其主要优点为布置合理，线型优良，与同等规模国际航线船舶相比具有较多的床位数，经济效益高，油耗低，航速快，能确保航班准点，船上设施先进，获得旅客好评。

十七、珠海九州蓝色干线的铝合金双体高速客船

由中国船舶集团有限公司所属科技有限公司和中远海运集团所属中远海运重工的合资公司——英辉南方造船，在建造的铝合金高速客船领域，从 2016 年建造"海琴"号双体客船起，一直凭借优良的船舶性能和品质受到用户的广泛青睐，已累计设计建造铝合金高速客船 60 多艘。包括为珠海九州蓝色

干线建造的国内最快的高速双体客船"海琴"号和"海璟"号,以及后续的 5 艘第二代、第三代铝合金高速双体客船"新海亮"号、"新海山"号、"新海滨"号(分别见图 4-13~图 4-15)。其后又为珠海九州蓝色干线投资控股有限公司建造的第 8 艘"新海韵"号和第 9 艘,"新海骏"号(见图 4-16 及图 4-17)两艘铝合金双体高速客船。

图 4-13 "新海亮"号高速客船

图 4-14 "新海山"号高速客船

图 4-15　"新海滨"号高速客船

图 4-16　"新海韵"号铝合金双体高速客船

图 4-17 "新海骏"号铝合金双体高速客船

这两艘高速客船是英辉南方为积极响应中国船舶集团和中远集团两大股东关于"做精做优铝合金船舶"和"高质量发展"的要求,与世界知名设计公司Incat Crowther强强联合,深耕细作,在铝合金高速客船第三代船型基础上,开展技术创新和船型优化,开发完成以它为代表的第四代新船型。该船船长42.8米,型宽10.3米,载客量198人,设计航速35节。

该船型以特殊的船首辅以半小水线面的设计,使船舶在保持良好快速性的同时,耐波性得到了显著提升,大幅度降低了晕船率。该船型的水动力性能优越,阻力小,油耗低,客舱噪声水平平均为68.7分贝,远低于一般铝合金客船75分贝的水平。

九州控股集团旗下珠海高速客船有限公司投资1.2亿元打造的两艘新型豪华姐妹船——"海琴"号(见图4-18)和"海璟"号。2016年4月开启了全新的海上浪漫之旅。两地航时仅需65分钟,前往深圳仅需45分钟,比普通航线航程缩短10分钟左右。该型豪华高速客船在技术上具有多项创新,两艘船独具匠心地分别采用了冷、暖两种色调设计,新颖、现代、舒适而不失美感。

图 4-18　"海琴"号高速双体客船

　　该船航速高达 38.5 节,成为当时国内最快的双体高速客船。除出色的性能外,动感靓丽的船体外观,商务典雅的装修风格,优质真皮座椅等都让乘客耳目一新。每一个设计细节都体现出珠海高速客船公司"追求卓越"的企业文化。

　　两艘新船均由荷兰 CoCo Yachts 公司提供船舶设计方案,澳洲 Spear Green 公司提供船舶外观及内饰方案,英辉船厂建造。新船配备了德国 MTU400 系列环保高速发动机,在亚洲首次采用劳斯莱斯新一代喷水推进系统,航速达到了 38.5 节。该公司投入 1.6 亿元,建造三艘新型豪华双体高速客船,进一步打通粤港澳大湾区经济圈。至今已有 9 艘铝合金双体高速客船在蓝色海洋旅游航线破浪前行。

第五章
江河客船和旅游船

第一节 概　述

我国内河主要有黑龙江、黄河、长江、珠江等。自古以来都有各式各样、或小型或大型的船舶为沿江居民提供交通服务。这些船舶都经过由小变大、由简陋到先进的演变过程，其中以长江客运船舶的演变最为明显。

长江水系是我国最大的水系之一，流经七省和两个直辖市，人口占全国总人口的近1/3，长江流域的中、下游与长江三角洲经济区是我国经济最发达的地区之一。长江流域对我国经济发展和政治文化生态有着重大作用，长江客货运输不可或缺。对客船无论数量上还是性能上的要求都比较高。

长江从宜昌以上的航区峡谷险滩多，水流湍急、气候多变，部分航道要借助绞滩站的推拉机械甚至靠纤夫拖曳方能涉险过关。冬季枯水季节不能通航，更不能夜航。早期从上海到重庆的班轮，航行到武汉要换乘小船，才能完成余下到重庆的航程。从19世纪初开始，中国自营的长江客运业务逐渐发展，其间招商局、民生轮船公司具有一定的实力，上海江南造船厂为代表的造船企业亦陆续建造了包括4 000吨级"江华"号等若干艘长江客船。

1949年5月27日上海解放，党中央为了尽快恢复上海经济和解决上海人民的生活必需品,要求上海市军事管制委员会抓紧长江航道的复航工作。长江干线最初复航的是申—汉线客船,1949 年 6 月 3 日,招商局的"江陵"号,自上海启航,至 12 日抵达汉口,上海市军管会特授予"江陵解放"号的光荣称号,并颁发了"开路先锋"的红旗。继申—汉线复航后,申—渝线、沪—宁线、宁—浔线、汉—宁线、宜—汉线、渝—宜线等客运航线和其他区间、支流客运相继复航,从此,长江干线客运量逐年增加。

为适应形势的发展,20 世纪 50 年代初,首先改建 10 多艘长江下游大型客船,包括"江"字系列的班轮"江陵"号、"江安"号、"江华"和"江新"号等。这批客船是当时长江航线上的主力客船。

1954 年在交通部河运总局主持下首先设计建成申—渝线客船"民众"号,这是新中国成立后自行设计、建造的第一艘大型长江客船。该船采用国外进口的柴油机作为主机,是当时长江上主尺度最大、载客量最多、航速最快的客船,也是长江上第一艘采用舷伸甲板船型的客船。该船模型曾参加原东德举办的莱比锡国际博览会。

1954 年,江南造船厂建造的"江峡"号客船是专门为中央首长视察长江和接待外宾而设计建造的专用客船,1954 年 10 月 27 日首航申—渝线。

由于中央领导在沿长江流域诸省的视察频率增加,特别是大三线建设启动后,更为频繁,因此国家计委、交通部感到"江峡"号不足以承担这一任务,于是由交通部于 1959 年提出,经国家计委批准,将新一代专用客船列为国家重点项目要求新船除满足一般常规客船的技术性能要求外,对船舶安全性、操纵性、舒适性都提出了更高的要求,对舱室甲板的层高、会议室布置、内外通信等多项项目亦有特殊要求。第一机械工业部船舶工业管理局安排中国船舶及海洋工程设计研究院设计,沪东造船厂建造。该院组成以优秀的年轻工程师许学彦(后成为中国科学院院士)为总设计师的设计团队。设计团队首先赴京向中央有关部委详细了解具体情况,在明确要求后,集设计团队和各专业老工程师的集体智慧,逐一制订相应的技术路线。为提供足够的空间,船长选择长江上游允许的最大尺度达 84 米,比"江峡"号加长了 20 米;为满足枯水期通航吃水浅;针对船体较长在三峡狭窄航段转向问题,提高操舵装置的灵敏度和可靠性;针对长江上游礁石多,设置双层底,防止一旦船底触礁破损,仍能保持足够的浮力;采取多项减振降噪措施等。1960 年 2 月在一机部船舶工业管理局和交通部海河总局召开的技术设计审查会上获得通过,批准进行施工设计。设计团队工作精神亦受到赞扬。沪东造船厂于 1960 年 6 月开工建造,船厂上下全力以赴,精心施工,严把质量关,于 1961 年 6 月竣工,经先后多次试航,证明该船各项性能符合技术任务书的要求,满足专用客船需要,10 月 29 日通过国家验收,船名"昆仑"号,由长江航运局管理使用。该船是当时能从上海通航至重庆航速最快、设备齐全、安全性高、内部装饰优良、技术先进的客船。

长江客船因江中风浪较小,船型宽大,适航性好,旅客几无晕船之苦,居住和生活条件均优于火车,且票价低廉,深受旅客欢迎,特别是中、下游航区客流日益增多,原有客船无论在数量上还是性能上均已不敷应用。针对这一态势,1971 年交通部下达部署上海船厂成批建造长江中、下游大型客船的任务。船厂组成强有力技术团队赴长江沿线考察水情、码头等现状,对已有客船营运中情况进行详细的了解,制订了载客量、航速要求等指标,其中针对载客量、枯水期航道宽度、航速要求、船舶稳性等相互要求呈现的矛盾进行综合处理,得到了满意的船体主尺度组合;对船体线型进行优化,降低了阻力,确保航速指标;采用该厂制造的节能型柴油机,提高了经济性。首制船于 1975 年建成并投入营运,船名"东方红 11"号。营运证明该型船是长江中、下游理想的船型,后续船建造 12 艘,均以"东方红"序号排列船名。"东方红"系列客船为长江客运,沿江航运事业作出了贡献。

长江上游客船最关键的技术之一是如何降低船舶的阻力,以达到高航速,满足逆流而上的需要。长江船舶设计院对此进行了反复、深入的研究,并参考上海船舶运输科学研究所编撰的"内河船舶图谱",结合该院与中山大学等单位经多年研究、试验成功的纵流压浪消波船型,采用常规尖艏,配以双艉鳍的新船型,经船模试验证实该船型兴波阻力低,总阻力比长江常规船型阻力降低 8%～12%。该院应用该技术,于 1979 年受武汉长江轮船公司委托设计新一代沪—渝线客船。经长江船舶设计院精心设计,在提高航速的同时,提高了操纵性,做到 2.4 米浅吃水,实现全年通航。采取多项措施,实现了减振降噪的目的,提高了旅客生活舒适性,船员工作条件也得到改善。该船航速与其他相同推进功率的客船相比航速有较大的提高。武昌造船厂于 1984 年 9 月建成交付营运,船名"汉江 57"号。荣获 1987 年交通部科技进步奖一等奖。

攻克长江上游航段通航难题使整个长江客船效益明显改善,为我国长江流域经济发展、人民生活和大三线建设作出了贡献。

随着我国陆地高速公路、高速铁路和航空业的快速发展,以旅行为目的的旅客从追求时间效率出发趋向选择陆上交通,长江客运至 20 世纪 90 年代中期开始式微,以"旅行"为目的的常规客船研发,开始转向以"旅游"为目的的长江旅游船研发。长江沿岸风光绮丽,广布名胜古迹,民风民俗多姿多彩,有着丰富的旅游资源,长期以来都是人们期望的旅游目的地。特别是改革开放后,国内人民生活水平提高,游览的愿望更加迫切,国外旅游公司组团长江游的数量开始增加。长江航运公司、旅游部门抓住这一机遇,顺势而上,在 20 世纪 80 年代中期即开始将"昆仑"号客船改装成旅游船,随后于 1991 年投资建造新旅游船"扬子江乐园"号,该船投入营运后,均获得较为明显的社会效益和经济效益。从此进入研发新颖、大型、豪华长江旅游船的新阶段。旅游企业、研发单位纷纷投入人力、财力,研发出一批 5 000 吨级、12 000 吨级豪华旅游船,至 21 世纪伊始推出了载客量 650 人的 17 000 吨级"华夏女神 3 号",游弋于风光无限的三峡区域。旅游客船为促进长江流域的经济发展,为满足国人对美好生活的向往,为向世界各国友人讲好中国故事作出了贡献。

第二节 江河客船和旅游船

一、"民众"号客船

1954 年 3 月 20 日,新中国成立后自行设计建造的第一艘当时最大的川江客船——"民众"号正式下水(见图 5-1)。

图 5-1 "民众"号川江客船

为了满足长江航线特别是长江上、中游客运任务的需要,由民生轮船公司设计,江南造船厂建造。该船载客量 942 人,吃水 2.8 米,航速 7 节。

该船设计贯彻安全、舒适和大众化。共设有 4 层船舱,设 942 个席位,其中硬席 726 个,软席 172 个,特等席位 44 个。同时载货 300 吨,船上设有餐厅、淋浴室、图书室、保健室等设施,此外还可举办舞会。该船所有客舱都设有机械通风装置,在门窗关闭时仍可通风,冬天有暖气调节室内温度,考虑到夏天温度较高,船顶甲板设置喷淋设备。

二、毛泽东主席三次乘坐过的客船"江峡"号

新中国成立后,党和国家领导人经常到长江沿线视察。1954 年,国家决定

建造一艘接待专用客船。此船由我国设计、苏联专家担任顾问,江南造船厂建造,用户为长江航运管理局。

该船总长 59.87 米,型宽 10 米,载客量 254 人,1955 年 10 月交船,命名为"江峡"号(见图 5-2)。

图 5-2 　"江峡"号客船①

该船参照苏联在伏尔加河上航行的客船标准进行设计,外形似宝塔形,船体采用国产材料建造。该船特点是:吃水浅,可全年在长江全线航行,即使在冬季枯水季节也可以从上海直达重庆。

毛泽东主席曾三次乘坐过"江峡"号。第一次是 1958 年 2 月 26 日,乘"江峡"号由汉口上船到达重庆,目的是视察长江三峡,选址三峡大坝事宜,为参加中共中央成都会议做准备。第二次是 1958 年 3 月 28 日,成都会议结束后,毛泽东主席乘"江峡"号从重庆到达武汉,在船上还征求船员对三峡建坝的意见,

---

① 后改名"东方红"号。

并提出长江航标应实现电气化的要求,促进了长江全线短时间内全部实现了航标电气化。第三次是 1959 年 6 月 30 日,从武汉到达九江参加庐山会议。"江峡"号于 1966 年改名为"东方红"号,1984 年更名为"江渝"号,2003 年更名为"江山"号,2012 年退役。

三、"昆仑"号客货船

1959 年第四季度交通部提出建造一艘客船,供党和国家领导人视察长江及沿线省份工作用。经国家计委批准,列为国家重点产品。该船除满足一般常规客船的技术要求外,对船舶构造的安全性、可靠性、操纵性均提出了更严格的要求,如要求在长江全线(上海至重庆)航行,能适应长江枯水期航行;舱室标准要求高,居住舱室甲板的层高要求达到 3.20 米,舱室的布置舒适,会议室宽敞等;稳性要求满足沿海三类航区的标准,加之航行在长江上的船舶主尺度受到限制,因而设计上有较大的难度。鉴于国内当时尚未颁发长江船舶入级和建造规范,故按苏联内河船规范"0"级船舶的要求进行设计。

该船由船舶设计院第二产品设计室(中国船舶及海洋工程设计研究院的前身)设计,沪东造船厂建造,用户为长江航运管理局。

该船总长 84.00 米,型宽 13.40 米,垂线间长 76.00 米,型深 3.40 米,吃水 2.75 米,排水量 1 720 吨,航速 29 千米/时,载货量 40~100 吨,专用客位(设计)125 人,实际 230 人,通用客位(设计)330 人,实际 420 人。

后来成为中国科学院院士的许学彦担任该船总设计师。1959 年接受任务后,旋即与研发团队一起赴北京等地调研。

1960 年 2 月完成扩大初步方案设计。1960 年 2 月由一机部九局船舶设计院和交通部海河总局在上海联合召开审查会议。与会代表一致认为该方案满足技术任务书的要求,对参加设计工作的研发团队卓有成效的工作给予了充分的肯定。

1960 年 6 月沪东造船厂开工建造,1961 年 6 月和 9 月在吴淞口进行了两次试航,9 月中旬又进行了上海至九江之间的试航,1962 年 6 月 31 日至 7 月

3 日在吴淞口进行了第三次试航后,随后又进行了申—渝线全程试航,证明该船设计建造符合有关规范的要求,操纵性良好,满足长江航行及靠离长江沿线码头的要求。1962 年 10 月 29 日通过国家验收,并于年底交付使用,命名为"昆仑"号(见图 5-3)。

图 5-3　"昆仑"号客货船

在总长 660 千米的川江航道狭窄、坡度大、水流湍急,而且气候多变,能见度低。为了确保航行安全,设计团队认真论证船的主尺度、吃水、稳性、摇摆等性能,加强安全措施,采用可靠的操舵装置、发电机组及供电设备,选用操纵性能灵活可靠的、能迅速正倒车的主机。特别关注总布置、舱室布置、舱室家具美化、会议室设施、减振降噪与自动化等问题。考虑到因川江险滩及枯水期的浅滩,船底容易受损,首次在长江船船体中采用双层底结构。该船上层建筑采用铝合金结构,减轻船体重量,降低重心,使船不但满足长江航行稳性要求,还能满足海船规范三类航区(即长江口附近海域)稳性的要求。全部机电配套设备和仪表皆为国产,体现了国内当时最新的工业水平,开创了长江沿线大型客船设备、材料完全立足于国内的先例。

该船投入营运后成为当时长江客船中航速最高、设备最齐全的船舶。1966 年"昆仑"号经批准改装,规定除供中央首长使用外,还要承担接待外宾任务,同时也能供民用载客服务。1980 年中该船改装为旅游船,专供外宾长江旅游。改装后以机电设备先进、船舶性能好、装潢豪华、规格高、舱室美观,具备全船空调和电话等设备为特色,标志着我国客船设计达到新水平。投入"黄金水道"旅游线后,取得了较好的社会效益和经济效益。

四、"东方红11"号客船

20世纪70年代,长江下游原有的客货船因船龄高、性能差、主机功率小、航速低、操纵性能差、船体强度弱,与当时繁重的客运任务日显不相适应。为了从整体上改变长江客运的落后面貌,1973年,交通部下达任务,要求上海船厂成批建造长江下游大型客船。建造前,该厂派出技术人员赴长江沿线考察,于1972年完成施工设计。首制船"东方红11"号(见图5-4)于1974年12月26日完工交船。

图5-4 "东方红11"号客船(后改名为"江汉3"号)

该船总长112.80米,型宽16.40米,最大宽度19.20米,型深(至主甲板)4.70米,型深(至上甲板)7.60米,设计吃水3.60米,排水量5 050吨,载客量1 180~1 252人,载货量400~450吨,主机采用12V300-50B型1470千瓦柴油机2台,双桨,航速16节。

该船的特点:主尺度不仅能满足兴波阻力小,稳性好的要求,而且还能适应航道情况、载客量、舱室布置等要求。由于长江航道的特点,船长和吃水都受到了许多的限制,因此在选择主尺度时,有规律地变化主尺度对阻力、稳性、总布置等影响进行综合分析,从而得出较适宜的主尺度。

1.船长的确定

从港口码头及航道条件考虑：当时长江下游共有 14 个港口停靠客船,大多数码头长度较短,船长过长,则靠离码头困难,另外长江下游枯水期,部分航道狭窄,且曲率半径很小,船长过长,操纵调头就有困难。因此决定船长控制在 105 米。

从船体阻力考虑：在一定的排水量情况下,选择了 100 米、105 米、110 米和 115 米四种船长,用泰勒图谱计算出船长对阻力的影响,后又采用长江客货船模型试验进行校核,其结果基本一致。计算中保持了船舶载重量、吃水与船宽不变,而排水量和方形系数随船长稍有变化。计算结果表明：在低速时增加船长后阻力变化不大;而在高速时阻力则随船长的增加而降低,从阻力角度来看,船长亦以 105 米为宜。

2.船宽的确定

该船要求在无压载工况下能安全航行,因此选择了 15 米、15.5 米、16 米、16.5 米四种船宽,从稳性角度进行了分析,得出能满足稳性要求的最小船宽为 16.4 米。

从阻力方面考虑：从原有的一些长江客船模型试验结果表明,船宽的增加对阻力影响并不十分明显,因此新设计的长江船舶,有逐渐增加船宽的趋势。分析船宽对阻力的影响,同样对上述四种船宽进行阻力计算,在计算中船长和吃水保持不变,载重量保持相同,而排水量和方形系数有所变化。从计算结果可以得出改变船宽对阻力的影响不大,但其趋势是：船宽增加,阻力也相应增加,但增加数量有限。从航速与相适宜的船宽关系曲线可以得出：航速在 15.7 节,阻力较小的船宽为 16~16.4 米。

从总布置考虑：从原有的几型长江下游客船来看,额定载客量一般在 900 人左右,最多达 1 000 人,而该船要求在 1 200 人左右。载客量增加了,客舱和相应的生活设施也将增加,五等客舱应设置固定铺位,因此需要增加甲板面积。设计中增加船宽,一方面可以改善稳性,另一方面可以增加客位的有效面积。根据布置情况，全船设置内、外走道，要达到 1 200 客位的固定席位，适宜的船宽亦应为 16.4 米。

3.吃水的确定

长江船舶的吃水主要受枯水期航道水深的限制。根据调查，长江下游航道中几个浅滩——代家洲水道、武穴水道、张家洲水道，在枯水期时，水深约 3.8 米。根据长江船舶驾驶人员的经验，一般船舶航行过滩时，最少要有 0.2 米的宽裕水深。因此在设计新船时，满载吃水取 3.6 米。

4.艏、艉部线型确定

该船首部采用了倾斜式艏柱，有少量的艏部升高，以及"V"型的剖面形状。船尾设计成稍尖瘦的巡洋舰艉，不但可以减小艉部兴波，而且增加了螺旋桨叶梢与船体之间的间隙，从而可减少由螺旋桨引起的振动，又使外形美观。

艏部线型自 17♯肋位向前切去前踵，呈上翘形，横剖面面积曲线在艏部呈凹形。切去前踵是在艏部水线下适当地减少一定数量的排水体积，其目的是为了要改变艏部压力增高区的压力分布，影响波浪的干扰作用。在适当的速度范围内，波系之间产生有利的干扰，可以降低艏部兴波和兴波阻力。

船宽/吃水比(B/T)较大的船舶，船底较平坦，水流速度较快。在艏部舷侧，由于受到较大的 B/T 影响，水流受阻，速度减慢，船侧与船底水流之间产生压力差，形成舷侧水流滑向船底并与船底水流交叉，在艏部产生紊流旋涡，从而增加了阻力。相交的角度越大，产生的旋涡就越严重。因此该船型设计成切去前踵呈上翘形的船首，并配合近"V"型的艏部剖面，使水流从艏部开始就能平顺地沿船体表面向船后流动，减少舷侧水流与船底水流相交时的夹角，使舭涡减少，从而降低了阻力。

首制船"东方红11"号客船于1975年建成并投入营运，同年年底定型后投入批量生产。首批共建造 12 艘姊妹船，成为长江下游客运的一支主力军。经过营运实践证明，该船的阻力低，航速快，兴波阻力小，是长江下游航线客船中性能较好的船型之一。

该型客船的最后4艘("东方红27"号～"东方红30"号)在设计上作了进一步的改进,主机改用上海船厂自行生产的6E300ZC-1节油型柴油机。至1984年,上海船厂为上海长江轮船公司和武汉长江轮船公司建造该型客货船共20艘,为长江客运事业作出了贡献。

五、沪—渝线双艉鳍客船"江汉57"号

20世纪70年代末期,武汉长江轮船公司提出沪—渝线客船改型设计,要求以现航行于上海至重庆的客船为基础,在主要机电设备不变的情况下,适当加大船舶主尺度,尽量提高技术经济指标。技术任务书要求改型后的船舶在以下方面应得到改善与提高:减小兴波阻力,提高航速,提高经济性;改善操纵性及浮态,保证2.4米的吃水,全年通航上海至重庆;减小振动;提高抗沉性;改善船员工作条件;改善旅客和船员生活舒适性;外形美观。

武汉长江轮船公司委托长江船舶设计院设计,武昌造船厂于1984年9月建成并交付营运,取名"江汉57"号(见图5-5)。

图5-5 "江汉57"号沪—渝线双艉鳍客船

设计团队对该船主尺度、总布置、结构、船型、螺旋桨等做了多方案论证,并进行了船模试验,采取多项技术措施,以确保该船能达到既定的目标。

该船总长 84.5 米,型宽 14.0 米,最大宽度 18.8 米,型深 3.5 米,吃水 2.4 米,排水量 1 539 吨,载客量(包括二等、三等、四等、五等)总计 821 人,载货量 70 吨,主机功率 1 320 千瓦,转速 428 转/分。

船型的优劣是提高船舶快速性的重要因素之一。在方案设计时设计团队详细分析了"东方红 11 号"等客船的使用情况,参考上海船舶运输科学研究所研制的内河船舶图谱,并结合长江船舶设计院与中山大学等单位多年来研究的纵流压浪消波船型,决定选用常规艏(尖头)双艉鳍船型。此船型船头尖,对称双艉鳍,外形美观,阻力小。经试验该船型的阻力比原来船型降低 8%～12%。

设计时考虑以下几个问题:

(1) 是否要增加减速齿轮箱。一般加装齿轮箱后,螺旋桨转速降低,能提高效率。按艉部线型和目前齿轮箱生产情况,作了加 1:1.5 齿轮箱和不加齿轮箱比较。加齿轮箱后重量增加 14 吨,造价约增加 16 万元,得失相比,收效不大,决定不加装减速齿轮箱。

(2) 螺旋桨的叶片数及内、外旋问题。该船采用双艉鳍,船内外侧流场不一样,伴流不均匀。为了降低激振力,现采用五叶桨。在所选速度范围内,五叶桨与四叶桨效率相差不多,推力影响也不大,但对减振有好处。

内河船操舵作业较频繁,也常采取车舵并用。螺旋桨外旋对操纵和车舵并用有利,船员也欢迎采用外旋螺旋桨。

"江汉 57"号于 1984 年 7～8 月进行交船试验和航行试验,国庆节前后又进行了从上海至重庆的长航试验。试航结果和营运表明该船各项性能较佳。

1984 年 8 月,进行测速试验,全负荷航行,平浮吃水 2.37 米,排水量 1 518 吨。测试结果:航速为 17 节。

该船无论在靠离码头,旅客集中一舷全速回转或在川江泡漩中横倾角度均较小,全速回航时仅 3 度左右。

由于采用了双艉鳍、高效率的襟翼舵，该船具有优异的回转性和航向稳定性。当双正车满舵回转时，用雷达测得的全速回转直径为 100 米。若主机一正一倒或一正一停满舵时，可以原地回转。转舵力矩大，应舵灵敏。正车时保持直航，用舵次数很少，舵角仅 2 度左右。单机航行时，保持直航只需为 1～1.5 度舵角。

倒航时具有很大的倒车拉力，倒车操纵性也很好，车、舵并用船舶横移能力大，便于靠离码头。

该船总振动、局部振动、噪声情况正常，除艉部个别部位外，其他部分均满足船舶标准化技术委员会及船舶标委会的有关规定。

实践证明，该船型具有航速快、兴波小、吃水浅、稳性好、操纵灵活、客运条件好、外形美观等优点。全船总布置合理，机电设备运转正常，旅客和船员的生活与工作条件得到很大的改善。交通部把双艉鳍船型列为"七五"计划期间全国内河船推广船型。"江汉 57"号于 1987 年获交通部科技进步奖一等奖。

六、川江第一艘平头双艉鳍新型客船"川陵 55 号"

20 世纪 80 年代中期，随着改革开放的逐步深入，以及经济的发展，重庆区间短途往来的旅客增多，由于航途较短，航行时间不超过 24 小时，迫切需要研究设计新的节能型中、小型客船。根据当地航运经济分析预算，对新的川江客船提出如下要求：

（1）设有 250～300 个卧铺，并能装载 50 吨左右的货物。

（2）满载试航速度不低于 14 节（当时川江船舶的空载试航速度为 12～13 节）。

（3）为提高船舶的营运经济性，采用新型主机、改进船型。

（4）改善旅客生活条件，其舒适性不低于当时长江客船的中等水平。船上设有餐厅（兼舞厅）、图书室、客舱和散客客厅，设有闭路电视，每层均设有宽敞的走道和散步观景的甲板。

根据上述要求，研发团队根据造价、规范、甲板面积、快速性和稳性等要求，确定主尺度及线型,进行总体方案设计。

该船于 1985 年开始设计,四川涪陵轮船公司船厂建造,1987 年 3 月底交涪陵轮船公司,同年 5 月初投入营运。

该船总长 55 米,型宽 9.2 米,舷伸甲板宽 10.60 米,型深 2.80 米,满载吃水 2.0 米,满载排水量 427 吨,载客量 600 人,载货量 60 吨,船员 44 人,航速 15 节。

主机采用两台 6200Z-3 型柴油机配 ZT750 型左转齿轮箱,额定转速 750 转/分时的持续功率为 390 马力。

各层甲板布置:主甲板机舱前设客厅和四等舱。艉部设厨房、盥洗间、浴室和厕所。上甲板前设二等舱和三等舱,中间设置餐厅(兼舞厅),驾驶甲板前部为驾驶室、船员室和电台室。

机舱与驾驶室采用机驾合一装置和电传令钟两套装置,配一台 FP20-3 型废气锅炉和 JQS4 型江水净化器。为了防止污染长江,设置 ZSCZ-0.5 型舱底油污水分离装置。

该船交船营运后,艏兴波很小、艉波平坦,优于常规船型。航速和稳性满足设计任务书要求,船东表示满意,建造多艘后续船。

七、600 吨纵流艏双球艉川江客船"华荣"号

根据旅游业发展的需要,四川黔江地区长江轮船公司、万州轮船公司和川东轮船公司委托武汉水运工程学院设计一艘新型客船。要求适当加大船舶主尺度和排水量,以进一步增加载客量和卧席客位;在主机功率不变情况下,保持设计航速不低于 15 节,提高经济性,外形美观。

设计团队根据用户要求,针对主尺度、总布置、结构、船型、螺旋桨及舵等进行了调查研究,采取多项技术措施,1991 年成功设计了 600 吨纵艏流双球艉川江客船。1992 年分别在四川和湖北等四家船厂批量建造了"华荣"号、"太升 1-4 号"和"大为"号等 10 多艘客船。

该船船长 60 米,型宽 9.6 米,型深 3 米,设计吃水 2 米,满载排水量 526 吨,载客量(一至五等舱)总计 600 人,载货量 350 吨,船员 58 人。

该船的特点:

1. 外形新颖、美观

该船的建筑特征和造型上的处理原则是,力求新颖、美观和适用,做到造型与功能的统一。船立面造型采用直线与曲线和实面与虚面结合的处理手法。位于中前主甲板以上的两层甲板室的每个舱室两侧壁上设置相同的落地玻璃窗。

两舷从艏向艉按"黄金分割"法则分布六道由小到大的斜撑,前三道竖立式,后三道采取由低到高前倾的"波峰"曲线造型。

烟囱、桅杆等独立建筑物采取简单几何体的组合,既给人们以简洁明快的感觉,又简化工艺。

2. 总布置

(1) 充分利用甲板面积,使载客量最大化和安排尽可能多的卧席舱位,以提高船舶的使用性能和经济性。

上层建筑为三层甲板室,用以布置客舱及船员住舱、公共活动处所及工作舱室等。顶篷甲饭前部突起一座直径 5.5 米的圆形观景台,与周围敷设的人造草坪及吊花观景棚连成一体,旅客既可在此登高远眺三峡奇丽风光,又可摄影、小憩,留下美好的记忆。在满足功能需要以及确保旅客安全舒适的前提下,尽量压缩各层甲板工作舱室的面积,以增加载客甲板面积,提高甲板面积利用率。

由于该船采用了平头甲板形式,与常规尖头船相比,各层甲板的艏、艉部均较宽阔,可以与中部甲板一样用来布置客舱。

(2) 主船体内机舱部分设有舷边舱,以保证抗沉性。通道的布置在满足方便、安全以及紧急疏散时畅通的前提下,力求减少通道占有甲板面积的比例。

(3) 配置舒适完善的生活服务设施,力求生活服务设施和舱室设备同时满足舒适、美观、适用的要求。

该船二、三等客舱(无一等客舱)、餐厅、观景室及高级船员舱室配备了集中空调,所有卧席客舱均配有闭路电视,这在当时的大型长江客船上是很少见的。此外,每层甲板均设有电热水器和蒸汽加热茶炉、盥洗室、浴室,24 小时内供应冷热水。

3. 船型的选取

该船采用双艉鳍船型,艉部由单艉变成由两片艉鳍及纵流型中央隧道部分组成,中央隧道因是纵流型,也易做到更加平顺和获得较长的艉压浪长度,两者的有机结合不仅可以降低艉压阻力,而且也可减小艉部兴波及兴波阻力,使剩余阻力下降。

另外,纵流(艉)船型具有良好的消波效果和阻力性能。实践证明,纵流艉船型具有如下优点:在急流泡漩水中操纵性能良好;甲板面积宽阔,易于系泊设备布置及操作;码头靠泊便利;型线简单、施工方便等。

航速要求不低 15 节,对该型船"太升 1 号"(内旋桨)和"太升 4 号"(外旋桨)分别进行测速试验,在全负荷航行相当于满载吃水为 2 米时的航速均达到或超过 15 节。

4. 操纵性

长江的急流航段,流急,槽窄、弯道和泡漩多。渝—宜线还要停靠一些无趸船的坡岸港点,要求船舶必须具有良好的操纵性能。

纵流艉、双艉鳍船型为该船获得良好的操纵性创造了条件。此外,该船还采用了舵效较高的悬挂式带制流板和整流艉的组合舵,实船测试结果和实际使用情况反映,全速回转直径为 1.5 船长,航向稳定性好,用小舵角(2 度左右)即能保持航向,转艉性好,易于离靠码头。

5. 拍击和振动缓和

纵流船型由于切去前踵,船首底部较平坦,在风浪较大的水面上迎浪航行时,会产生拍击现象。艉部线型的处理,艉部侧面轮廓在满足船、桨、舵有较佳配合,并利用在消减艉波的基础上,适当控制艉部悬挂体的长度,由于采用 U 型横剖面球艉,使伴流的均匀性明显改善。在结构设计上也予以加强,以增加船体的刚度,达到抵抗拍击、减轻船体振动的目的。从艏尖舱至艉尖舱在两舷各设一道全通纵舱壁,与机舱防撞边舱连成一体;艏、艉尖舱的艏端和艉端以及两舷用升高至甲板横舱壁形成桁架结构;前压载水舱设三道纵舱壁;油舱、水舱等设在中部,分别用五道纵舱壁分隔;主、辅机的下方和螺旋桨的上方分别用纵向加强筋、实肋板或采用密集型支柱等措施,且注意刚性构件的连续性和过渡。

实际航行证明,由于采取了以上措施,艏底拍击有一定减缓,船体未出现颤抖现象;艉部由于螺旋桨运转而引起的振动也大大减轻,站在艉部已无振动的感觉。

八、豪华旅游船"扬子江乐园"号

为了满足游览长江三峡的旅客需求,湖北省旅游局委托长江船舶设计院设计,武昌造船厂建造"扬子江乐园"号豪华旅游船(见图 5-6)。1991 年 8 月交船,并正式投入营运。

图 5-6　大型豪华旅游船"扬子江乐园"号

该船总长 86.80 米,船宽 16.40 米,型深 3.5 米,吃水(枯水期)2.4 米/(洪水期)2.6 米,总高(空气吃水)19.4 米,排水量(枯水期)1 596 吨/(洪水期)

1 700 吨,载客量(枯水期)128 人/(洪水期)138 人,船员 129 人(备铺 6 个),设计航速 17 节。

该船设计贯彻"旅游"的宗旨,尽力为游客提供优良的吃、住、玩的环境。该船客舱布置在二楼至四楼的舯前部,双人间 28 套,四楼有单人间 6 套,均带私人阳台,在三楼前部设有两套特等双人套间。客舱内装饰考究,电话可以国际通话。

公共游乐场所布置在二楼至四楼的艉部,以及五楼的舯艉部,全方位观景台在全船的最高层。二楼艉部餐厅面积约 215 平方米,能供 140 人同时就餐或举办宴会。三楼船首部的风味餐厅面积约 74 平方米,可供 20 人同时就餐。三楼的前观景台,综合游艺厅、四楼的舞厅、五楼的日光浴场,顶观景台都提供各种饮料供旅客选用。该船的游乐场所内容丰富,歌舞厅、综合游艺健身房供旅客室内娱乐面积分别为 144 平方米和 212 平方米,三楼前观景台及五楼的全方位观景台面积分别为 74 平方米和 38 平方米,可在室内观赏长江风景。露天游泳池、日光浴场、迷你高尔夫球场供旅客室外锻炼及娱乐。为增加旅客回归大自然的情趣,顶部船尾设有面积为 95 平方米的竹林花园。

该船采用曾获 1985 年交通部科技进步奖二等奖的节能尖头双艉鳍船型,在线型设计上将艉部流线尽量引向螺旋桨位置以期获得较大的伴流,桨轴出口处的线型使伴流分布均匀等,并通过多次船模试验确定最佳线型。在螺旋桨的设计上,通过对大批优秀节能双艉鳍船型实船分析比较,确定螺旋桨的设计参数,并能有适当储备,提高了总的推进效率,实船试航速度达到 17.8 节。

该船对 100% 旅客同时在顶层娱乐观景这一特殊状态作了稳性校核,校核结果表明符合有关规范的要求。

该船主机选用 12V20/27 柴油机、RATO 高弹性联轴节、GWC 船用齿轮箱以及弹性支承、补气装置。弹性支承的选用开创了内河船舶主机与基座采用弹性连接的先例。

该船设计时采取以下减振降噪措施:一是采用高强度大侧斜螺旋桨,其产生的激振力比常规螺旋桨要小;在桨叶上方的船体部位,设置了板式避振穴,使桨叶产生激振力迅速衰减；机舱的主、辅机基座均采用弹性基座和弹性连接。经测试，该船尾部振动明显比现有船舶低。二是在几个较大的振源区域用岩棉、超细玻璃棉、阻尼板材及阻尼胶、多孔铝板等新型材料将振动噪声隔离。空调系统的布局、选型及安装满足低噪声的要求，测出风口的噪声均低于 40 分贝，大多数舱室噪声为 35～38 分贝。

为改善柴油机的加速性能及因突然加速引起排烟选用了 MAN 公司设计的补气装置，这在内河船上也属首次使用，实船使用证明对柴油机加速性能的提高起了一定的作用。

该船在当时我国内河旅游船中速度最快，波浪最小，振动噪声最低，投入营运后吸引了世界各地的著名旅游团体，成为游览长江名胜的水上乐园，备受各界人士赞誉。

九、旅游船"平湖 2000 号"

随着经济的发展，人们已经不满足仅仅乘船看三峡，而是希望在船上能得到像在陆地宾馆里所有的一切高规格的服务和享受。为此，葛洲坝三联实业公司提出建造一艘"长江之最"的超豪华旅游船，并要求这艘船必须具有 20 世纪超前性和 21 世纪领先性，为旅游者在游览长江三峡时提供安全舒适的生活条件，同时也可作为豪华的水上五星级宾馆接待国内、外宾客。该船由武汉长航船舶设计院设计，武昌造船厂建造。1992 年开工，1993 年 12 月交船，命名为"平湖 2000 号"（如图 5-7 所示）。该船船长 92 米，型宽 18 米，5 层甲板，旅客舱室 82 间，载客量 164 人，总吨位 4 323。

该船的总体设计原则：在保证旅客拥有舒适居住舱室环境的前提下，力求增加旅客游览观景、游艺、娱乐、餐饮、购物等公共活动场所的面积，以满足旅客旅途的需要和提高经济效益，在保证船舶安全和性能优良的前提下，力求外形新颖、美观，最大限度地利用甲板面积为旅游服务。

该船设计特点如下：

图 5-7 旅游船"平湖 2000 号"

(1) 外形新颖。在保证船舶安全和性能优良的前提下,力求外形新颖、美观,在船的外形上首创全封闭玻璃幕墙式及满实外形造型,使全船给人们以雄伟、清新、美观的感觉。同时镀膜玻璃对两岸景色风光的反射,使船舶本身就构成了长江一景,为雄伟壮丽的三峡又添一绝。外形设计上也有所创新,其侧面形状废弃了传统的宝塔建筑加斜撑或直撑的布局,而是采用满实造型,并大胆地将现代陆上建筑的新工艺应用到了船上。

(2) 操纵性优良。该船船长突破 90 米后给船舶本身的技术性能如操纵性、结构强度、减振降噪等带来许多难题。船的总高度(空气吃水)受船闸门起降机构的限制,要求水面以上高度不超过 17 米,该船的水线面以上固定建筑物高度为 16.8 米,桅杆采用可倒式。该船的主尺度已达到当时长江旅游船的极限值。

为保证全年航行长江沿线,必须具有优秀的操纵性,因此,采用了悬挂式流线型襟翼舵,并适当加大了双舽轴的间距,增加操舵力矩。试航中,当船舶主机一正一倒满舵时可实现原地回转,保证了船舶优良的操纵性。

(3) 提高旅客的舒适性。在设计中把各层甲板长度尽量向两端延伸,从而获得了较大的甲板面积。同时,考虑到欧美客人身材高大的特点,旅客居住舱室的甲板间高度提高到 2.6 米(现行船舶甲板间高度均不大于 2.5 米),娱乐甲板间高度为

3.3 米。为了加强舞厅灯光、音响的效果,舞厅区域的甲板间高度局部升至 3.8 米。

区域布置采取分层布置、相对集中、便于管理。该船设计了以整层甲板贯通的娱乐大厅,整个大厅面积约为 1 233 平方米,各个分布除宴会大厅采用玻璃满实分隔以外,其余均采取工艺虚隔,既自成一体,又融会贯通。

该船的舱室标准及设施按陆上五星级酒店的标准配置,以现代流派为主,装修典雅,充分体现了当时的最高水平。该船设计了以整层甲板贯通的大厅,内部装修均以"金色"为主格调,显示全船富丽豪华的水平。

(4) 驾驶室位置突破常规。当时的长江客船或旅游船,为保证驾驶员视野,驾驶室位置均设置在最上层前部。但船舶的最上层前部是全船的黄金地段,无论是从舒适性还是从视野上都属于最佳处所,该船的最上层为通厅娱乐区域,为使通厅效果更为突出,将驾驶室布置在下一层甲板上,为此将该层甲板的前缘向艏部大幅度延伸,使驾驶室具备足够的有效视野,既保证了船舶在川江中航行的安全性,又实现了娱乐甲板通厅四周贯通的效果,也是对传统的驾驶室位置的设置进行了成功的变革。

(5) 开创了长江水、陆、空立体旅游的先河。该船为了让旅客能更好地游览欣赏长江风光,不仅可乘船远眺,还能身临其境,特在遮阳甲板艉部设置了直升机起降平台,配备一架麦道 500 型游览观光直升机,这也是长江旅游船上当时绝无仅有的。此外,大型的主楼梯成为进厅的一景。为了更进一步突出该船的五星级标准,针对长江三峡航道上的码头大多数均在北岸的特点,在上甲板和驾驶甲板的左舷各设宽为 3.3 米的大型主楼梯各一部,楼梯采用进口天然纹理大理石进行装饰,使旅客登船就有一种富丽豪华、雄伟气派的感觉。该船的露天甲板上除设置有直升机起降平台外,还设有室外观景走廊、日光浴场、露天花园,旅客可以在气候怡人的大自然的怀抱中尽情地饱览三峡那奇丽的风光,随心所欲摄下那珍宝似的回忆。

(6) 全船减振降噪措施效果明显。为了使旅客获得优良的舒适性,并且充分体现船舶的星级水平,在减振降噪方面主要采取下列措施:

在艉部线型设计中,加大双艉鳍的间距,从而减小因伴流不均匀和波系干扰而产生的螺旋桨激振力和波浪激振力;选用平衡性好,振动小的主、辅机,且整个机组采用弹性基座和弹性联轴节,以减小振动通过船体结构传至全船;针对主机、螺旋桨、船体结构进行船体总振动的估算,合理选择减速齿轮箱减速比和螺旋桨的叶数,避开共振区;在螺旋桨的上方装设避振穴,以减小船体对螺旋桨激振力的响应。避振穴的结构型式根据以往实船的经验进行了改型设计,预期效果将更为明显;在结构设计中,对高激振力区域结构进行了特殊处理,同时注意到不同板厚甲板的循序过渡;机舱监视室、机舱围壁、各层烟道围井及一切机器处所周围均敷设了阻尼涂料、阻力卷材和吸声隔热绝缘层;把隔声降噪和防火结构有机地结合在一起,舱室分隔材料既是防火分隔层,也是隔声降噪层,这样不但提高了船舶性能,同时也满足了规范要求;在艉部舱室区域的甲板上加敷阻尼涂料,以减少因艉部局部振动给客舱带来的影响;合理地设计空调管系,避免空调系统产生的噪声通过风管传至各舱室,同时也注意到了各种设备、管系及舾装件的安装固定方式。

该船的设计建造,引起了国内、外著名旅游社团的青睐和媒介的重视,中央电视台"神州风采"栏目曾以专题"中华第一船"来报道"平湖 2000 号",引起国内、外不少从事旅游的公司投资兴建新型长江旅游船的热潮,仅长航船舶设计院承接的各型旅游船的设计就达 10 多艘。

十、"长江黄金"系列旅游船

"长江黄金"系列旅游船包括 1、2、3、5、6、7、8 号,共有 7 艘。该系列旅游船借鉴海上邮轮外立面和内设功能元素,通过对旅游船大前倾艏部和外圆弧阳台的打造,以及经典色彩的优化组合,增添了视觉冲击力,提高了舒适度,更适宜峡谷观光、休闲旅游和商务的需要。

"长江黄金 1 号"船长 136 米,型宽 19.6 米,总吨位 12 000,载客量 349 人,于 2011 年建成;"长江黄金 2、3、5、6 号"船长 149.95 米,型宽 24 米,总吨位

17 000,载客量 570 人,于 2012 年建成;"长江黄金 7、8 号"船长 136 米,型宽 19.6 米,总吨位 11 250,载客量 446 人,于 2013 年建成(见图 5-8 至图 5-14)。

图 5-8 "长江黄金 1 号"(现代装修风格)

图 5-9 "长江黄金 2 号"(商务装修风格)

图 5-10 "长江黄金 3 号"（简欧装修风格）

图 5-11 "长江黄金 5 号"（东南亚装修风格）

图 5-12 "长江黄金 6 号"（中式装修风格）

图 5-13 "长江黄金 7 号"（时尚装修风格）

图 5-14 "长江黄金 8 号"

设计特点：

（1）功能完善。该系列旅游船完整集合了"吃、住、行、游、购、娱"六大功能，直升机起降平台、大型双层影剧院兼同声传译会议厅都是该系列旅游船的首创，第二批旅游船上还增设有模拟驾驶室、儿童乐园、高尔夫球场、环形赛车道、台球室等娱乐设施，将长江黄金系列旅游船打造成一座流动的水上都市。

"长江黄金"系列旅游船就是漂浮在江面上的一座座五星级酒店，拥有超大型江景露台客房、行政客房、总统套房、豪华套房、豪华大床间、标准客舱、商业步行街、名小吃店、雪茄吧、网络会所、图书吧、儿童乐园、桑拿中心、中西医疗馆、水疗会馆、旋转大厅、多功能大厅、直升机停机坪、露天游泳池、模拟高尔夫场、大型影剧院兼同声传译会议厅等各种商务、娱乐、休闲设施，并配有 4 部观光电梯。该系列旅游船共享空间占 1/3，达到 6 000～7 000 平方米，更好地保证了旅客旅途舒适性和获得感。

（2）设施先进。该船具有设备先进、节能低碳环保、噪声分贝低、功能布局完善、观光电梯数量多、总统套间宽大豪华、客舱单人床尺寸大、旅客体验更舒适等特点。同时还是目前长江上唯一采用机舱"静音罩"技术、减振降噪、水源空调、新风环保、太阳能发电等设施,其全船设备先进性、旅客舒适性均为高端配置。

(3) 内装饰多样化。长江黄金系列旅游船内装饰有中式风格、东南亚风格、现代风格和时尚风格,旅客可以根据自己的需求选择。

该系列旅游船研制加快了三峡旅游船升级换代,促进三峡旅游业整体发展。此外体现了社会综合效益,带动了三峡库区移民扶贫就业和地方经济发展。

十一、长江三峡旅游船"华夏女神3"号

重庆长江大美长江三峡游轮股份公司为满足广大旅客的需要和扩大经营范围,委托重庆中江轮船有限公司船舶设计研究院设计,中江船厂建造的五星级豪华旅游船于2019年6月开工,2021年5月交船,命名为"华夏女神3"号(见图5-15)。5月20日,该船首航宜昌。

图5-15　"华夏女神3"号旅游船

该船上下分成7层甲板,设置多种形式的舱室,所有舱室均设有外阳台,独用卫生间,是当时长江三峡上最大有效载客量"巨无霸"豪华旅游船。

该船船长149.99米,型宽23.2米,型深4.6米,满载吃水3.1米,客舱319间,载客量650人,总吨位17 000。

该船是长江上独有的以"三峡神女"的民间传说故事为设计灵感的旅游船。旅游船的装修风格秉承五千年华夏文化历史,采用海洋邮轮设计手法,时尚动感,磅礴大气,柔和高雅。装饰格调高雅,气质尊贵,巧妙地融入华夏文化与三峡文化,充分彰显健康、积极的审美追求。

该船设计建造实现了安全、舒适、绿色、科技、智能等理念,是现代长江三峡区域级别最高、规模最大的豪华五星级旅游船。

在"华夏神女3"号旅游船设计和建造过程中,设计团队大力践行长江豪华旅游客船智能绿色理念,特别是在船舶减振降噪技术的应用、能效设计以及环保材料的使用等方面进行了深入探索,严格控制,在节能、环保、舒适性等方面得到了很大的提升,是目前长江内河豪华客船中获得绿色等级最高的新一代豪华旅游船。该船首次采用三机、三桨、三舵设计,最大限度地节能降耗,在船体线型、阻力,推进效率、减振降噪和空间布局有效利用等方面,均达到了新的高度。

"华夏神女3"号旅游船在内部装饰上,采用简约的中国风,完美诠释华夏民族独有的三峡文明与神女文化。全船旅客活动总面积达19 000平方米,功能分布合理,旅客休息居住区与公共娱乐区以中央接待大厅为界完全分开,舱内影音娱乐空间550平方米,艏、艉酒吧和观景吧面积达1 170平方米,三层餐厅面积共1 754平方米,室外观景平台2 000平方米以上。客舱分为总统套间、豪华套间、蜜月套间、亲子套间,行政房、星空房、标准间、单人间、内舱房9种不同房型。高端客舱设置恒温、恒湿、智能空调、电动天窗、阳台幕布、人体感应智能灯光等设施,4G网络全覆盖,让旅客充分感受旅途中的温馨与舒适。

大美长江三峡游轮股份公司此前已有两艘"华夏"系列旅游船,其中"华夏神女1"号旅游船于2012年6月29日首航,船长92米,总吨位7 800,最大载客量349人,迄今为止共接待旅客16万余人。"华夏神女2"号于2014年11月16日首航,船长119.8米,总吨位9 600,最大载客量400人。

"华夏神女"系列旅游船可供中、外旅客游览大、小三峡及长江旖旎风景,同时还可承接商务考察、婚庆、生日庆典、观光旅游等业务。

第六章
车客渡船和火车渡船

第一节 概 述

车客渡船与火车渡船系指旅客与汽车同航或旅客与火车同船渡江或渡海，船上设有提供旅客休息或居住舱室的特种船舶，该型船是分别连接隔江跨海两岸铁路和/或公路，便利旅客出行的有效装备。

车客渡船是从内河渡船发展而来的船型。20世纪80年代以来，我国的经济高速发展，火车和公路网络大力发展，但陆地与岛屿之间因江海所隔，还不能直接通车。较早发展的是上海市区到崇明的车客渡船，以后又建造了舟山至宁波、宁波至上海金山的车客渡船，以及广东雷州半岛的海安至海南岛的车客渡船，实现了大陆与沿海岛屿间的人流与物资的流通，促进了岛屿的经济发展。我国的车客渡船设计建造技术也取得了快速提升，不但设计建造了国内营运的车客渡船，还设计建造了供出口的车客渡船，如用于墨西哥湾巴哈马群岛与美国航线的巴哈马车客渡船。

20世纪初我国长江南北均有火车运行，但因长江天堑阻隔，火车不论从北方到南方或由南方去北方，到长江边均得下车乘船过江换乘火车或其他交通工具，继续旅行前往目的地。为解决这一问题，提高铁路营运效能，1933年第一艘火车渡船问世。火车渡船上装有与陆地相同规格的铁轨，通过码头上设置的铁路栈桥与铁路连成一线,待火车上渡船后,渡船脱离栈桥驶向彼岸,接上对岸的铁路栈桥后火车驶上铁路。这种火车渡船的运行模式大大方便了旅客的出行,也有力地提升了货运的能力。在新中国成立后,随着经济发展和国防建设的需要,贯穿南北的运力需快速提升,建造了多艘火车渡轮,共有"浦江""南京""上海""江苏""金陵"号等,每日往返南京至浦口的航次多达155次,为提升铁路运输效能起到了重要作用。

海南岛地理位置重要,岛上资源丰富,具有巨大的发展潜力。经国务院批准,1988年海南建省。海南省一成立就着手解决跨海交通这一关联着海南省经济发展命脉的重大事项。海南岛上有铁路网络,因此解决交通的最佳途径即是如何将岛上铁路接入全国铁路网。连接海峡铁路网的方式有海底隧道铁路、跨海铁路大桥和火车渡船三种,前两种建设投资是后者的近10倍。海南省政府几经分析,根据经济实力、建成速度等方面的考虑,决定采取建造火车渡船的方案。当这一信息被丹麦某公司获悉,竭力推销其于20世纪80年代建造并已退役的二手火车渡船,且于1995年4月与中方有关部门签署了合作备忘录。与此同时,中国船舶及海洋工程设计研究院在接受海南省有关部门对海峡渡船技术咨询,并接受安排对该型船关键技术及琼州海峡海洋环境进行预先调查和研究。中央有关部委对此高度重视,国家计委委托中国国际工程咨询公司组织专家组对粤海铁路海上通道可行性报告进行评估,一致认为中国船舶及海洋工程设计研究院和铁道部二院、四航院合作提出的船型方案可行,且我国造船厂亦完全具备制造这类船舶的能力,据此,国家计委决定建造新船。于2001年4月进行建造招标,标书指定设计单位为中国船舶及海洋工程设计研究院,上海江南造船厂中标承建。中国船舶及海洋工程设计研究院急海南人民所急,院领导部署强有力的专家参与,整个设计周期短,设计图纸资料完整,并全力配合船厂施工。江南造船厂具有先进的建造工艺技术,用了不到两年的时间竣工交船,船名"粤海铁1号"。该渡船可载26.5米长的客运列车18节(或14米长的货运列车40节),并有1 500平方米的甲板面积可载总重量不超过1 500吨各式车辆、集装箱车、拖挂车和客车。该船各项性能优越,安全可靠,适航日期超过铁道部规定的 350 天/年的标准,航速达 14.8 节,航行一次只需 50 分钟。同时船上为旅客提供星级标准的服务,在一、二层甲板上设旅客休息室,共可容纳近 700 名旅客,室内配有沙发、娱乐设施,可收看 10 套电视节目,提供星级酒店服务。2003 年 1 月 7 日,第一列货运列车开通。海南省政府在海口市南沧港举行粤海铁路通道渡船开通仪式。经货运列车运行近 2 年后,第一列客运列车于 2004 年 12 月开通。该船拥有 5 项技术专利,并分别荣获中国船舶工业集团公司、上海市科技进步奖一等奖,经专家就各项性能与德国、挪威、丹麦的最好海峡火车渡船相比,“粤海铁 1 号”毫不逊色,属世界先进水平。

“粤海铁 1 号”运行的成功,对海南省经济发展起到了促进作用,海南省粤海铁路有限公司旋即投资,仍委托中国船舶及海洋工程设计研究院设计,江南造船厂建造“粤海铁 2 号”。该船于 2006 年 6 月投入营运。继后又于 2010 年底委托巴柏赛斯船舶设计公司设计,天津新港船厂建造了“粤海铁 3 号”和“粤海铁 4 号”。这两艘渡船在船舶主尺度、装载能力和旅客舒适度上比前者有所提高。这四艘火车渡船为海南省新世纪的腾飞作出了贡献。

山东烟台与辽宁大连隔着仅百海里的渤海海峡,陆路运行早已被沿海客货船取代,但海船毕竟航速慢,运力相对有限,而更重要的是,我国已计划建成的“八纵八横”高速铁路主干道,不能因为烟台至大连铁路网却无法连通而不能实现,阻碍了渤海湾地区客货运的快捷性,不利于地区经济发展。早在 1992 年烟台市政务信息中提及中、外人士建议尽快兴建“烟大线铁路轮渡,形成衔接两大半岛辐射全国沿海连接欧亚两洲的新的大陆桥”,就得到时任国务院总理朱镕基的批示,中央有关部委多次举行专题研讨会,并列为 1996 年全国政协八届四次会议第一个议案提出。山东、辽宁两省,烟台、大连两市亦多次把该项目作为向老百姓承诺的实事之一。海南岛海峡渡船“粤海铁 1 号”研发成功,营运便捷可靠的状况,迅速地促进了烟—大线火车渡船进入研发建造的进程,该船 2003 年由上海船舶研究设计院设计,天津新港船厂建造,2006 年 10 月中旬交船,船名"中铁渤海1号"。同年11月中旬开始营运。该船总吨24 975,载重量约7 800吨,载客量480人,服务航速18节,可载50节货运列车,并设有汽车舱,车道总长685米。船上设有舒适的旅客舱室、电影院、超级市场、中餐厅、观景厅、会议室、多功能厅和卫星电视等。该船荣获交通部中国航海科技创新奖。续建的"中铁渤海2、3号"两艘船于2008年底前先后交船。三艘大型火车渡船扬帆在渤海海峡,成功地连接了东北和华北两大铁路网,对发展两省经济,振兴东北老工业基地的经济的国家战略具有重大的意义,船舶工业为此作出了贡献。

第二节　典型车客渡船和火车渡船

一、申—崇线车客两用渡船

为开发祖国第三大岛—崇明岛,增强上海市区与崇明岛之间的联系,上海市人民政府决定开辟上海—崇明车客渡航线,并将此列为1988年上海市人民政府为全市人民做的九件实事之一。该船一次能载运20辆5吨标准载重货车和484人,是20世纪80年代我国自行设计建造的最大的车客分流型两用渡船。

开辟车客渡航线是一项系统工程,包括兴建码头、新辟道路和新建船舶,申—崇线车客两用渡船就是这项工程的配套运输工具。申—崇线车客渡建成后,上海宝山石洞口—崇明新开河航线,是上海—崇明之间航程最短、船班最多的一条航线。

1986年9月上海客运轮船公司与江苏润州船厂签订了建造两艘车客渡船的合同;上海客运轮船公司所属通茂客运轮船公司委托中国船舶及海洋工程设计研究院设计,江苏润州船厂承建。

1987年3月—1988年6月两艘船施工建造。1988年1月首制船交船,取名为"沪航11号"(见图6-1)。1988年7月后续船交船,取名为"沪航12号"。

图 6-1 申崇车客渡船"沪航 11 号"

该船型为单体、单舱、单向,双通道,双柴油机推进、设双正车舵、四倒车舵,车客分流型的两用渡船。艏端甲板上设液压防浪门兼跳板。该船上甲板上布置旅客舱室,石洞口、新开河码头均为"L"型码头,端部设置吊桥。当渡船停靠码头时,吊桥置于渡船艏端或艉端,码头上的汽车通过吊桥在船首端或尾端纵向进入渡船,而当渡船与另一端码头停靠时,渡船反向停靠,船上的汽车可倒车通过吊桥上岸。旅客甲板的旅客则在渡船的舷侧通过码头的活动梯上下渡船。

该船总长 59.13 米,型宽 13.00 米,型深 4.60 米,设计吃水 2.80 米,航速 13.5 节,续航力 3 300 海里。设计载重量 353 吨,最大载重量 464 吨,总吨位 1 232。可载 5 吨标准载重货车 20 辆,载客量 410 人,船员 24 人。主机 MAN6L20/27 柴油机两台,额定功率 816 马力,额定转速 1 000 转/分。

该船在设计中解决了以下问题:倒航时能顺利解脱回转圈;有较低的船体阻力和较大的推进性能;止航和倒航的操纵性、航向稳定性和回转性均为优良;水线以下布置四个舵面积较大的倒车舵;甲板的艏、艉宽度较大。

倒车舵设计解决了两个技术问题：倒车舵的附体阻力和倒航操纵性,达到附体阻力小和操纵性良好的效果。

螺旋桨设计解决了在逆转时也能发出较大推力,使其能在顺水的情况下安全离靠码头;船舶回转半径较小。此外,结构设计解决了该船扁平船型的结构强度问题以及载运重载车辆的结构加强问题。

配合码头设计解决了车客分流问题。该船能载 5 吨标准载重车辆,大、中、小型客车,重载车辆,集装箱拖车及平板车等,是我国当时自行研制的一艘装载能力大、航速高的车客渡船。

该船在国内、外都属于新开发的船型。技术性能达到国内先进水平:成功地实现车客分流(汽车纵向进出,旅客横向进出)。该船首和艉、逆水和顺水均能靠离码头,达到了双艉推进及 360 度全回转推进舵船型的操纵性指标,而其快速性指标超过常规双艉推进船型,经济指标超过 360 度全回转推进舵船型。倒航能顺利解决解脱回转圈。已达到较先进的客货船指标,比同类型车客渡船有较大的提高。

该船采用了一些新设备:选用引进技术国内生产的 MAN 6L 20/27 柴油机作为主机,当时国内还是首次采用;采用电-气式机驾合一操纵装置,驾驶员可直接操纵主机;采用液压式艏门-跳板装置;采用电控双操纵电动液压舵机。

申—崇航线的开辟,解决了汽车直接进出崇明岛的问题,加快了城乡物资交流,可及时将建筑材料、机电设备等运送进岛,可将鲜活农副产品及时送往上海市区,加速了有关工商、农场、外贸等单位流动资金的周转,从而改善了崇明岛的投资环境和生态环境。航线开辟后大大缓解了上海—崇明之间的交通紧张状况。

由于车客两用渡船有着比其他船型无可替代的优点,该渡船的研制成功为其后崛起的车客两用渡船的设计与建造积累了经验。

"沪航 11 号"和"沪航 12 号"投入营运后,仅 1989 年度,已为全国 18 个省市运送车辆 6.4 万辆次,人员近 20 万人次,收入达到 640.3 万元,纯利润达到

124.3 万元。同时由于该船型性能优良,降低码头投资约 200 万元。

该船荣获 1989 年中国船舶工业总公司科技进步奖二等奖。

二、鸭—白线海峡车客渡船

由于海峡的阻隔,舟山与宁波之间的交通只能依靠小型的渔船和货船来沟通。随着舟山地区经济的发展,鸭—白线车客渡船设计建造,提上了议事日程。开辟了舟山本岛定海鸭蛋山至宁波白峰航线,满足了车客通过鸭—白线渡船进出岛屿不断增长的需求。

1992 年 4 月,舟山市海峡汽车轮渡公司委托中国船舶及海洋工程设计研究院设计鸭—白线车客渡,设计团队急客户所急,边调研边开展设计工作,于 1992 年底完成施工设计的主要图纸,同时派员下厂配合建造。该船在浙江舟山船厂建造,1994 年 1 月交船,船名"舟渡 5"号,2 月投入营运(见图 6-2)。

图 6-2　鸭—白线车客渡船"舟渡 5"号

该船为单体、钢质、中机型、双机、双桨推进,配双舵,适应遮蔽航区,艏、艉部设跳板兼作防浪门。总长 59.8 米,型宽 13.6 米,型深 4 米,设计吃水 3 米,满载排水量 1 223 吨,试航航速 14 节,续航力 1 000 海里,载客量 600 人,船员 24 人,载车量 25 辆(5 吨标准车辆)。

鸭—白线海峡车客渡船为舟山与大陆间开通了一条距离为 8.6 海里的水

上交通线,45 分钟就可从舟山到达宁波,对舟山地区经济发展、人员往来和物资的流通发挥了重要作用。

三、金山—镇海车客两用渡船

上海和宁波航线历史上一直是一条黄金水道,客流和物流非常繁忙,但以往上海到宁波通过海路要乘搭一个通宵的船,陆路要绕道。为缩短宁波至上海的航渡时间,根据车客货运的需要,1994 年开辟了上海金山至宁波镇海的新航线,其配套船型是"金山—镇海车客两用渡船"。上海金马海船务公司,委托中国船舶及海洋工程设计研究院设计,舟山造船厂建造(见图 6-3)。

图 6-3　金山—镇海车客两用渡船

该船要求船型设计与码头形式相匹配,为此先后做了 5 个不同船型与 5 种不同形式的码头匹配方案,经过金山车客渡筹建指挥部、设计团队和三航局反复协调,最后确定了船型和码头型式。

该船总长 85.20 米,型宽 15.40 米,型深 5.50 米,设计吃水 3.70 米,最大吃水 4.0 米,设计排水量 2 396 吨,总吨位 2 553,载车量(5 吨标准载重车辆)40 辆;装载各种吨位载重汽车,大、中、小型客车,集装箱拖车、平板拖车等;载客量 400 人,船员 42 名。

主机:G6300ZC.10B(右机)G6300ZC.11B(左机)各一台,每台额定功率 970 千瓦,转速 428/214 转/分,减速比为 2。双机、双桨推进。航速 14.6 节,续航力 5 000 海里。

该船是新开发船型,在选用装船设备时遇到一些国内使用空白的设备,往往属于首制产品,如两台液压起锚机和两台液压艉绞缆机,G6300 ZC 主机上选用的机-驾合一装置都是按船用需要重新设计制造的。载车甲板上的防滑漆,由上海材料研究所试制生产,第一次试用于车客渡船上。

从节能角度,该船为双桨线型,采用节能轴支架,既达到较高航速,又便于施工。

车客渡船靠泊码头频繁,特别是上海金山码头处于开敞海域,在东南风盛行的季节,码头海域风浪较大,船舶舷侧与码头碰撞力很大,因此加强了上甲板以上的舷侧结构。艏、艉部均能靠泊,且靠泊码头的通用性较强。

该船为单体双通道,汽车能艏进艉出,反之亦然。车辆在船上无须调头也不必倒车,可以安全、迅速地登船和离船。旅客由旅客甲板或过道甲板上的舷侧门上下码头,与汽车上下船互不干扰,做到车客分流。

该航线属我国沿海Ⅲ类航区,但该车客渡船的稳性满足近海Ⅱ类航区的要求,能确保渡船在八级风时能安全航行。

该船当时是我国自行设计建造的最大的沿海车客两用渡船,不仅主尺度大,载车数量多,并可搭载 400 名旅客,是一艘设备较先进的车客两用渡船。设计还考虑了平战结合的要求,必要时本船能够装载军用车辆和中型坦克。

金山—镇海车客两用渡船交付使用,在杭州湾大桥未建成前使车辆无须绕道杭州,能够做到当天往返,不仅缩短了里程,减轻驾驶员疲劳,还提高了行车安全系数。

金山车客渡码头原设计能力为年车运量 4 万辆次,客运量 17 万人次。在"九五"期间,实际上金山的两艘车客渡船完成的运送车辆达 4.3 万车次,旅客 17 万人次。加上宁波方面的内艘船,全年通过金山车客渡码头的车辆达 9 万车次,旅客 35 万人次,分别超过设计能力的 125% 和 106%。

四、加拿大巴哈马车客渡船

2001 年,加拿大 GTRC 公司向天津新河船厂订造 FIESTA 系列车客渡船。新河船厂委托中国船舶及海洋工程设计研究院进行技术设计,新河船厂负责施工设计,2002 年建成交船并投入营运,是一艘出口型车客渡船。

为确保设计进度,采用了图纸分批送审,分批发厂的方法,200 多份设计图纸和文件在四个月内向船东和船级社送审完毕。2001 年 11 月技术设计图纸完成审查,同年开工建造,2002 年 9 月交船(见图 6 - 4)。

图 6 - 4 巴哈马车客渡船

该船总长 68.60 米,垂线间长 62.00 米;型宽 14.70 米;型深 4.70 米;设计吃水 3.00 米,结构吃水 3.48 米,载重量(吃水 3.48 米时)670 吨,船员 12 人,载客量 100 人。服务航速在 90%MCR,吃水 3.00 米时 16 节;在 90%MCR,吃水 3.40 米时 14.5 节。双机、双桨推进,续航力 5 700 海里(航速 16 节)。该船的线型和螺旋桨都经过优化并进行船模试验。试航中在平均吃水 2.80 米时航速达到 16.3 节,相当于平均吃水 3.00 米时 16.05 节,满足技术规格书的要求。

该船为钢质、双机、双桨、双舵、中舷机型的车客渡船。柴油机驱动,设球鼻艏、艏侧推装置、艉跳板和双舷侧跳板。

当船在吃水 3.48 米时要求载重量达到 670 吨。该船在设计时对空船重量作阶段预报并严格加以控制,在确保技术要求和控制成本的前提下,通过分析和优化,尽量减轻空船重量;建造过程中在船厂配合下严格控制代用材料,最后载重量满足技术规格书的要求,达到 674 吨。

该渡船用于巴哈马岛屿之间、巴哈马至美国航线,运送旅客和车辆。半开敞舷侧结构为箱型与单层甲板结构相结合。车辆上、下船从艉部通过跳板直接进舱或上岸,车辆均集中停放在第一甲板上。

船上各类特种设备的配备和选型,注重设备先进性、可靠性、合理性和经济性的有机结合,总体布局体现美观、舒适、方便。

该船虽然规模不大,航区局限于巴哈马 Archipelago 海区和美国佛罗里达州东海岸,但要求满足的国际规则有 14 项之多,设计难度大,技术要求高,相关接口多。该船为 8 小时无人机舱,满足美国船级社规范的要求,驾驶室遥控,机舱集控,自动电站。在设计团队和设备厂商密切配合下,设计一次成功,完全满足技术规格书的要求。

由于航行区域的特殊性,主甲板与旅客甲板之间的层高不能再增加,根据所载车辆的高度,主甲板与旅客甲板之间的净高不能低于 5.9 米。这样留给结构设置横梁的空间非常有限,并且船东要求在车辆甲板上不能设置支柱。设计团队提出了三种方案,向船东推荐了其中一种,系泊平台上设置管形支柱,在主甲板与旅客甲板之间的层高不变的情况下,此方案既保证了主甲板与旅客甲板之间的净高,又解决了强横梁的强度问题,并且不影响车辆甲板的面积。船东审查该方案后给出了较高的评价。

由于该船所要装载车辆的规格并不明确,这给设计带来一定的难度。甲板部分的构件采用直接计算法(有限元分析)进行设计,其中受力点选取了一种最危险的情况,而轮印尺度选取 CCS 有关规范推荐的尺寸,车辆的尺度参考了船东提供的资料。

由于设备厂商认为测深仪、计程仪在原来位置的测量效果不能满足规范的要求,位置必须前移,但是仅在艉侧推装置舱和艉尖舱内有空间;又因为测深仪、计程仪不能离得太近,所以决定在艉侧推装置舱和艉尖舱内各设一个舱。而此时的艉侧推装置舱、艉尖舱已施工完成,并且该处的船体型线非常尖瘦,施工难度较大,在征得船东同意后,将中内龙骨割除后,安装了测深仪、计程仪。

该船从设计到交船,仅用了不到 15 个月的时间,通过设计团队和新河船厂的共同努力,不论是设计进度、图纸质量,还是实船建造质量,船东都非常满意,证明该船设计建造是成功的。

五、海口至海安渡船

海南省海口港船务公司原有多艘车客滚船,但大多船龄较长,设备陈旧,为了保证旅客的安全和日益增长的客货运输的需要,该公司决定新建一艘海口至雷州半岛海安的渡船。2001 年初委托中国船舶及海洋工程设计研究院设计。

2002 年 5 月施工设计结束,重庆东风船厂建造。12 月 12 日正式交船(见图 6-5)。

图 6-5　海口至海安渡船

该船总长 77.60 米,型宽 15.80 米,型深 4.80 米,设计吃水 3.40 米,最大吃水 3.45 米,满载排水量 2 552 吨,载车总重量(共 28 辆)750 吨,载客量 372 人,船员 35 人。主机功率 2×1 080 千瓦;双机、双桨推进。试航速度约 13.50 节。稳性满足近海航区的要求,破舱稳性亦满足《法定检验规则》的规定。能装载 40 吨的重载车辆,装载车长 9 米、宽 2.5 米、高 4.3 米的载重车 28 辆,总载重量 750 吨。停车舱内宽敞,无支柱,舷侧上方有大窗口,采光通风大为改善。

该船总布置紧凑、合理、舒适、大方美观,采用分层集中布置,设中央空调,生活条件较好。

该船的车辆甲板为围蔽式,车辆上、下船可从艏部或艉部通过跳板直接进舱或上岸,车辆均集中停放于第一甲板上,便于管理。

该船为钢质结构、双机、双桨、双舵、中艉机型、双连续甲板的客滚船,入级中国船级社,主要用于海口至海安航线运送旅客和车辆,经适当改装后亦可用于海口至北海航线。

设计团队初次设计此类船型,先进行调查研究,收集有关船型资料,并进行分析比较,确定较佳的方案。并为使航速能达到技术任务书要求,进行了船模试验。船体线型优化,保证航速,耐波性较佳。

该船船宽较大,车辆甲板未设支柱,强横梁跨距较大,横梁尺寸比也较大,但又要保证车辆进出的舱内净高,结构尺寸的决定亦是一个关键技术。在结构设计中对车客渡船结构形式进行了分析、研究、计算,合理确定结构形式,确保满足强度和刚度的要求。螺旋桨与轴系配合采用无键连接新工艺、新技术。艏、艉跳板的设计难度较大,既要保证刚度和强度,又要保证收放自如,收起时要求风雨密并与船体密切配合。

该船交付使用后,投入海口至海安营运,加快了海南岛和大陆之间的人员与物资的流迪,获得较好的经济效益和社会效益,受到用户的欢迎。

六、"粤海铁1号"火车渡船

1. "粤海铁1号"火车渡船建设背景

琼州海峡火车渡船是我国第一艘跨海火车渡船(见图6-6),航行于雷州半岛海安镇至海南岛海口市之间,航程12.5海里。通过琼州海峡火车渡船将祖国的第二大岛海南岛与祖国大陆连成一片,它北接湛(江)海(安)线,南连海南环西线,形成粤海铁路通道,是海南省经济发展的生命线。

图6-6 "粤海铁1号"火车渡船

整个工程由铁道部二院负责,中国船舶及海洋工程设计研究院参与对该工程的论证,特别是对于火车渡船的方案制定,将其置于社会经济发展的系统工程中去研究和思考,组织研发团队,广泛收集并研究了全球海上火车渡船和航线的实例,进行系统的研究、分析和论证。当时,丹麦建造的大贝尔特海峡海底隧道刚刚正式开通,原来丹麦DSB公司拥有几艘20世纪80年代建造的在大贝尔特海峡营运的火车渡船"王子"号因此而退役,并急于寻找买家出让。当

DSB公司获悉中国要开辟粤海铁路通道,需要火车渡船后,积极向中方推荐,要将"王子"号渡船卖给中国。1995年4月、7月4日、10月12日,丹麦与中方有关部门在北京、海南签署了丹中会谈备忘录。一时间粤海火车渡船是自主建造还是购买国外的二手船,出现了两种不同意见。1997年在国家计委委托中国国际工程咨询公司组织的专家组评估会上,中国船舶及海洋工程设计研究院的研发团队将经过多方研究,在对"王子"号渡船的性能充分了解的基础上,把琼州海峡与大贝尔特海峡的海况作了详细的分析与比较,认为两个海峡的海况差异较大,大贝尔特海峡风平浪静,而琼州海峡的水流湍急,风高浪急,海况险恶。提出"王子"号渡船不适合在自然环境较恶劣的琼州海峡营运的结论。该院研发团队以科学的态度,从专业的角度和提出自主研发设计、自主行建造新船的建议,并提出符合粤海铁路海上通道的火车渡船船型方案。专家组经过认真评议一致表示采用建造新船的方案,放弃购买丹麦二手船"王子"号渡船的方案,最终实现国船国造。

中国船舶及海洋工程设计研究院和交通部四航院分别承担船舶、铁路、港口码头设计。1998年2月底,中铁二院工程集团有限责任公司、中国船舶及海洋工程设计研究院、中交四航工程研究院有限公司提交了琼州海峡铁路轮渡工程的初步设计。经审查批准后,进行并完成后续设计。通过几年的努力,铁路、港口工程全面开展施工,而粤海通道的关键性控制工程——琼州海峡火车渡船的建造方则通过公平、公开、公正的招标,由江南造船集团最终中标,并于2001年4月在海口签订了建造合同。

从海南与内地物流、人流的流通方式,如果该船仅仅是火车项目,则早期赢利的预期不佳,其有可能出现亏损局面。针对海南大量汽车运输、散客运输以及特殊物资运输的需求,该船在设计了客、货列车运输甲板的基础上,专门设计了汽车运载甲板、散客运输甲板,增大了客货运输量。另外,由于琼州海峡航行的现有渡船抗风能力均不超过6级,而海峡的风力有时达到6级以上,因此将海峡火车渡船设计成能够抵御8级风,使航行天数大大增加,该船就有了实现赢利的空间。

该船是纳入粤海铁路通道的项目,意味着其必须纳入全国的铁路网络,而不是单一的渡船功能,因此准点营运是基本要求,要求该船必须可以在各种恶劣的天气下保证通航,因此该船的设计标准是在8级风以下平稳运行。据琼州海峡海况监测情况统计,一年之中8级以上风力的日子平均不超过5~6天,因此该船的适航日期超过铁道部平均一年350天的标准,其运载的火车完全可以纳入全国铁路网络编排营运。

2. 设计特点

在船舶设计中,"稳性"太好的船舶,"耐波性"通常不太好;反之亦然,如"不倒翁"一样,重心低,稳性非常好,但是稍一受力则摇摆波动不已。因此,设计中必须通过严格计算,控制渡船合适的重心位置,以期达到双赢的目的。该船采用了远洋船舶航行需要的稳性与耐波性的统一。为了保证运行的平稳,首次在国内船上采用的"英特灵减摇系统",可以有效地减摇50%。

该船是新中国第一艘跨海火车渡船,其安全性与适航性将影响人们对这一船型的认同度。为了解决这一问题,该船在设计中为火车、汽车设计了多种绑扎装置,并获得了技术专利,确保其在航行中不发生位移,避免因火车、汽车位移而发生倾覆的危险。对船上的灭火设置了先进的水喷淋等救火设备、防爆电气线路设计,以及特有的水幕隔离装置,保证一旦发生火灾时可将灾区与逃生区、驾驶区隔离,并配有先进的救生撤离设备,确保旅客在发生严重火灾时从火场安全撤离。

为了体现我国自行设计、建造的第一艘跨海火车渡船的先进性,在设计中采用了多项首次在国内使用的船舶技术,如第一次使用的"单手柄操作系统"。英国劳斯莱斯公司提供的该套操作装置,利用计算机自动配置力量,只用一个手柄就能实现对两台主机、两台舵机、三台侧推装置的联合操作控制,使船舶控制成为一种享受。

该渡船舵效灵敏,可以在原地进行360度的回转;而艏、艉侧推装置的设置,使渡船可以平移靠岸、直线后退,减少占用港池面积和时间,使得港池、码头的工程量减少,节约了投资。

在驾驶室,首次在民船上设计安装了"黑匣子",而以往只是在飞机上才安装这种装置。其作用相当于航行数据记录仪,记录船的状况,包括航速、主机、辅机、涡轮机等运行数据,并记录电视监控系统和雷达,以便在发生事故时对海损情况加以判断。

3."粤海铁1号"火车渡船的先进性能

该船总高度(空气吃水)为39米,火车甲板到船的最低点为5.2米,底层为火车通道,顶层为汽车通道,只要一人驾驶就能穿越琼州海峡。船上安置单手柄,即操纵两台主机、双舵机、三个侧推装置的组合控制装置,只要驾驶员确定航向后,渡船就可自动航行,船上安装的雷达可探测96海里远的距离,与雷达连接的大屏幕随时可自动录取50个目标,包括前后左右船舶的航速、方位、距离、航向,均可同时在屏幕上显示,计算机还可计算出船避让的方向和速度,该船的两翼分别设有两个驾驶室。如果主驾驶室出现故障,两翼任何一个驾驶室均可以承担主驾驶室的功能,驾驶室内同样设有单手柄装置。

该船的自动化程度高,还体现在车辆上下船过程中,"粤海铁1号"火车渡船靠岸后,人、车可分别通过不同的路径下船。通过机车把车厢推上码头的铁轨,然后再用机车把车厢相互对接。船首、船尾分别装有四个显示器,可推测出机车和车厢之间的距离,并显示机车该用多大的动力来推动各节车厢才能使各车厢之间互不相撞,推拉过程都是通过计算机操作自动完成的。

"粤海铁1号"火车渡船要求每航次可装一整列客车车厢(18节),载客量可达1 360人;或装载标准货车车厢(40节),与陆地上的铁路营运列车编组完全一致,铁路通过能力高,满足了铁路营运的需要。

按照铁路运行图,如果增加渡船数量,还可以继续提高海峡通过能力,如采用双船对开,保证铁路营运的止点;加装各种先进设备,如减摇装置、艏侧推装置、艉侧推装置等,提高渡船航速和稳定性、机动性、操纵性,缩短作业时间,提高海峡通过能力。按此作业方式,一天可以确保 10 对左右列车的通过能力,如增加渡船数量,还可以继续提高通过能力(码头泊位能力已经预留)。

全面地提高和保证了高水平的作业。例如,40 节货车车厢组成的铁路列车要上渡船,在待渡场已经分解成 4 组车列(每组 10 节),与渡船上停留的即将下船的 4 组车列(每组 10 节),用双调机同步作业,下上船结合,仅两个循环(下上船一次为一个循环),20 分钟内即可完成;与此同时,50 辆下船的汽车与 50 辆上船的汽车也同时交换完毕,1 000 余名下船的旅客与 1 000 余名上船的旅客也要交换完毕,交换时间如此短暂,我国是首创,国外的火车渡船尚无先例。

按照系统工程原理设计、建造和营运,粤海铁路火车渡船具有先进的技术经济指标,如航程短、航次多、两船对开、铁—汽—人同步下上船作业、作业时间短、铁—汽—人同时装载航渡、海上风浪较大、作业工序多、造价经济合理等,并以系统目标,划分几个子系统展开研究设计,又互相协调,最终形成了合理、先进、经济、适用的琼州海峡铁路火车渡船系统。该系统的整体水平完全达到了国际上的一流标准,这是中国人的骄傲,也翻开了中国铁道史上新的一页。

渡船运载火车的最大难点是平稳问题,尤其是在台风多发季节的琼州海峡,随时都可能使车厢脱轨,抗震抗摇成为该渡船的关键。该渡船首次在国内船舶上安装 3 台进口的英特灵减摇装置,能抵御 8 级风。推进系统采用的是配轴带发电机的主机,航行时主机为渡船提供推进动力;靠近码头时,不需主机动力,由主机的轴带发电机向侧推装置供电即可,利用侧推装置调节船的方向,既有利于平稳运行,又降低了能耗。减摇水舱系统通过控制水舱内的空气和水位来达到减摇的目的,该船舱制成 U 型,上部气室通过带控制阀的各管路相通,如果在航行中遇到风浪发生摇晃,该装置可通过调节上部自动连通管上控制阀的开度、以调节船舱中的水流方向和水量,使之产生与外部波浪引起船舶左右摇摆方向相反的平衡力矩,使船舶不致造成大摇大摆。该装置在我国船舶建造中采用尚属首次。

渡船上备有救生艇、救生筏、救生滑道,遇险时 30 分钟即可全部撤离 1 300 名人员。船上还备有两套救生筏随机降落装置,每套装置里有 3 个救生筏,如果发生事故,该装置就会自动打开,旅客可进入该装置中的救生筏,救生筏自动充气,每个救生装置在半个小时内可容纳 354 人,如果两个同时使用,一次可逃生 700 多人。在火车甲板左右两侧,也装有 3 个类似于飞机上的充气斜滑道,与之配套的还有 10 余个气胀式救生筏,此外,还有两艘分别可搭载 60 人的救生艇等设施。

该渡船于 2002 年 10 月 31 日建成,抵达海口,进行港池、码头、栈桥联调试验,12 月 31 日正式交船,2003 年整个粤海通道通车,使从北京开出的列车可直抵海南。

该渡船总长 165.4 米,垂线间长 156.0 米,型宽 22.6 米,型深(至主甲板)9 米,(至上甲板)15 米,设计吃水 5.5 米,主机 Mak 6M32C 两台,每台最大持续功率 2 880 千瓦×600 转/分,载重量 5 600 吨,载车数为火车甲板 18 节客列车厢或 40 节货列车厢、汽车甲板 50 辆 5 吨标准货车,旅客 1 360 人,船员 40 人,服务航速 15.0 节,续航力 1 500 海里,总吨位 13 450。

该渡船设有两层载货甲板。主甲板为开敞式列车甲板,共铺设有 4 股铁路轨道,与栈桥轨道形成四对四接口。第二层甲板为汽车甲板,可装载汽车 50 辆;艏、艉舷侧各有一个出入口,汽车在上甲板舷侧通过汽车栈桥横向进出。渡船后半部设置旅客舱室。旅客通过人行栈桥横向进出渡船。列车、汽车和旅客通过不同的栈桥,从船尾、两舷分别进出渡船。该渡船能载运 2～9 类危险品货物,危险品货物为单独装运,与普通货列、客列、人员不混装。

渡船共设有四层舱室甲板,一、二层是旅客休息室,三层是船员舱室,四层是驾驶室。为了满足不同旅客的需要,旅客休息室也分不同等级,汽车甲板后面为第一旅客休息室,铺有绿色的地板砖,可容纳 262 人,第二旅客休息室最大,第三旅客休息室最小,分别可容纳 310 人和 118 人(见图 6-7)。旅客休息室均为室内型,内设有沙发、卫生间、娱乐设施,还有热水淋浴设备,室内装有卫星天线,可收看 10 套电视节目,船上的栏杆、扶手全部采用不锈钢,船上配备有 200 多名工作人员和服务人员,可根据旅客的要求,提供类似于三星级酒店的服务。

图 6-7 三星级标准的客舱

2003 年 1 月 7 日,我国第一艘横跨海铁路火车渡船——粤海铁路火车渡船正式通航。粤海铁路火车渡船从雷州半岛南端的海安,横跨琼州海峡至海南岛的海口,全程 26 千米。

该船获上海市科技进步奖一等奖,中国造船工程学会科技进步奖一等奖,中国船舶工业总公司科技进步奖一等奖,第二届中国技术市场协会金桥奖等,获国家发明专利 5 项。

七、"粤海铁 2 号"火车渡船

"粤海铁 1 号"火车渡船投入营运后,大大方便了海南岛与大陆之间的货物与客流的运输,但仅靠一艘渡船,略显运力不足,由粤海铁路有限公司责任公司投资,中国船舶及海洋工程设计研究院设计,江南造船厂建造的"粤海中铁2 号"火车渡船于 2005 年 11 月 8 日下水,2006 年 5 月完成了试航后启程南下海南,经过 4 天 3 夜的航程,抵达海南岛海口市的粤海铁路码头。经过联合调试后投入营运。该渡船抗击风浪的能力强,安全性能高,即使琼州海峡海风 7 级,阵风 9 级,该渡船仍可平稳航行和靠泊。火车、汽车、旅客登渡船时完全分流,互不干扰,承担琼州海峡的铁路跨海运输任务,与"粤海铁 1 号"火车渡船形成对开,以便缩短航班等候时间,方便旅客。

该船的船型与"粤海铁 1 号"火车渡船大致相同,总长 165.4 米,型宽 22.6 米,航速 15 节,排水量 12 400 吨,载车总重量 4 200 吨,主甲板可以载货列车厢 40 节或客列车厢 18 节,旅客 1 360 人。客舱参照三星级酒店的标准装修,安装有黑匣子、雷达、垂直撤离装置等设备和电视监控系统,当船舶遇险时 1 300 多名旅客可在 30 分钟内安全撤离现场。渡船采用了集装箱船的捆扎技术和汽车滚装船的制动装置,可在 8 级强风中运行。该船在"粤海铁 1 号"火车渡船的基础上作了一些改进,航速、性能等均优于"粤海铁 1 号"火车渡船。对汽车甲板上的桅房作了改动,桅房从原先的 8 个减到 6 个;钢轨换用了更新的材料,克服了焊接过程中的技术难题。

"粤海铁 2 号"火车渡船投入营运后,实现了广东海安北港至海南南港间的两船对开,往返仅需 50 分钟。随着"粤海铁 1 号"火车渡船和"粤海铁 2 号"火车渡船相继投入营运,运力增加将近一倍。

八、"粤海铁 3 号"火车渡船

"粤海铁 3 号"是铁道部注资 8 亿元,由巴柏赛斯船舶设计公司设计、天津新港船舶重工为粤海铁路有限公司建造的又一艘琼州海峡渡海火车渡船,航行于海南省海口至雷州半岛海安镇之间,航程 12.5 海里,该船总长 188 米,型宽 22.6 米,航速 17 节;载重量 6 500 吨,一次载运 44 节货列车厢或 20 节客列车厢,可装运 81 辆载重 20 吨的汽车和 1 398 名旅客。船型为双柴油机驱动,艏侧推装置和尾侧推装置由主机的轴带发电机驱动,设置了先进的雷达系统等全新设备。因在"粤海铁 1 号"和"粤海铁 2 号"的基础上设计建造,该船比"粤海

铁 1 号"火车渡船和"粤海铁 2 号"火车渡船更先进。该渡船于 2010 年 12 月建
造完工,抵达粤海南港。2011 年 4 月正式投入粤海火车渡船航线的营运,从而
大大提升了粤海铁路通道的运输能力。

"粤海铁 3 号"设置双层底,各层甲板分别为主甲板(火车甲板)、步桥甲板、
上甲板(汽车甲板)、起居甲板、乘客甲板、驾驶甲板、罗经平台。

"粤海铁 3 号"火车渡船(见图 6-8)装载的货列车厢数量比"粤海铁 1 号"
和"粤海铁 2 号"多出了 4 节,航速快 1 节,具有更强的运输能力,其性能、航速
和抗风能力等均有较大的提升。主甲板载运火车,上甲板载运汽车,上层舱室
载运旅客,八层驾驶甲板还设有直升机起降平台。

图 6-8 "粤海铁 3 号"火车渡船

该渡船上部客舱内设置八个装修豪华的贵宾室,室内设有沙发、电视机、音
响、冰箱等设备,提升了琼州海峡火车渡船品质。贵宾室的视野在整艘船内是
最好的,打开舱内的百叶窗就可看到大海。每个包厢内均设置一个洗手间和热
水器,24 小时供应热水,可供旅客洗浴。由于航程时间较短,因此就没有设置
床位,沙发的宽度也足以充当床铺来使用。客舱内的旅客座位 4 个一组或 6 个
一组,在舱内的两侧还分别设有卡座,每个卡座都紧靠一扇窗,坐在上面可以清

晰地观看到海上的景色。另外在每个座位的下面都配备一个小铁盒,小铁盒内装有救生衣,以供旅客遇险时使用。客舱内前后配备了4台液晶电视,此外供应开水、洗手间、消防设施、安全逃生指示标志一应俱全。船内共设有3个旅客舱室,考虑到残障人士的需求,该船船尾设计了一个供残障人士专用的电梯直通客舱。在每个客舱内均设置了两个残障人士专用的厕所。

火车甲板设置在三层主甲板上,铺设有四股铁路轨道,每股长167米,可装载14米长的货列车厢44节或24米长的客列车厢24节,除了可以停放铁路机车外,也可以停放汽车。在实际操作中,如果货列车厢上船后,在空间允许的情况下,也可同时装载部分汽车。在甲板两侧的舱壁上,平均每两米就设置一个固定拉杆,在航行时用以固定火车车厢、汽车。

同时,站台的设置也充分考虑了发生意外时逃生的需求,均按照陆上火车站的站台高度、宽度设置。中间摆放着近20个救生衣衣柜,里面放着千余件救生衣,确保在渡船航行过程中发生意外时,旅客能及时穿上救生衣后逃生。

除了在火车甲板内可停放汽车外,五层上甲板也同样设置了汽车甲板,面积约为1800平方米,与"粤海铁1号"和"粤海铁2号"不同的是,此甲板为围蔽式滚装处所,是按照10级风标准设计的,大大提高了抗风能力。设计了减摇系统,在装载货物和海上航行遇到风浪时,可以随时调节,尽量保持船舶的稳性。

"粤海铁1号"和"粤海铁2号"的救生艇,艇体为敞开式且载客量较少;而"粤海铁3号"共设置4艘机动救生艇,为半围蔽式,能同时满足110名旅客乘坐。驾驶舱内还装备了卫星导航仪。如果在航行过程中接到救生任务时,救生艇能及时上岗。此外,该船的逃生系统也有很大的改进,船内设置了6条逃生通道,配备了4套随时逃生系统。逃生通道设计比"粤海铁1号"和"粤海铁2号"要宽敞。如在航行中发生意外,即使是在火车甲板层的旅客,也能迅速通过安全通道到达逃生集合站逃生。

该船的四个站台都是按照陆上铁路的标准设计的,站台高度和陆上铁路的站台高度一致。同时设置了先进的雷达系统,纵倾调节水系统、压载系统等均为全新设备,驾驶员可直接通过计算机控制船舶的吃水,使其符合铁路海上作业的特殊要求。

"粤海铁 3 号"火车渡船是铁道部的重点工程。2010 年 1 月 6 日,天津新港船舶重工与船东签订建造合同,要求年底交付使用。工期紧是摆在造船厂广大员工面前的最大困难。由于该船的主要设备脱期到厂,打乱了正常的生产秩序,一些设备需要借助工艺开口安装上船,也给生产施工带来了困难。而该船的分段搭接精度要求很高,在十分紧张的工期内确保高精度的搭接,对施工人员来讲也是一个考验。

九、"粤海铁 4 号"火车渡船

2011 年 5 月 21 日晚,"粤海铁 4 号"火车渡船从中国船舶重工集团公司天津新港造船厂码头起航,沿着渤海经黄海、东海、台湾海峡,5 月 25 日上午进入南海,穿越琼州海峡,于 5 月 26 日下午抵达海口粤海铁路南港码头附近海面,抛锚等候进港,经历约 114 个小时共航行 1 720 海里。2011 年 10 月 13 日正式投入营运,但该船仅开通火车运输业务。

"粤海铁 4 号"火车渡船设置双层底,各层甲板分别为主甲板(火车甲板)、步桥甲板、上甲板(汽车甲板)、起居甲板、旅客甲板、驾驶甲板、罗经平台(外形如图 6-9、图 6-10 所示)。上甲板载运汽车,可载 13 米长的载重汽车 35 辆和小轿车约 16 辆;主甲板载运火车,火车甲板最大载重量 4 180 吨,净高 5.2 米,含轨道 4 股,每股长 164 米,可载换长 14.3 米长的货列车厢 44 节,或可载换长 26.4 米长的客列车厢 18 节。主甲板不装货列车厢或装不满时可装汽车,主甲板载运汽车面积为 2 500 平方米,可载 13 米长的载重汽车 46 辆,但客车车厢、货车车厢、汽车不能混装。上层舱室可载运旅客 1 398 人。8 层的驾驶甲板设有直升机起降平台。上部客舱除了广大旅客乘坐的大客舱外,还有8 个装修豪华的贵宾室,内设有真皮沙发、电视机、DVD、音响、冰箱、空调等设施。

图 6-9　"粤海铁 4 号"火车渡船(一)

图 6-10　"粤海铁 4 号"火车渡船(二)

该渡船装备有先进的卫星导航仪、黑匣子,安全性能好,救生能力强,消防系统完备,绑扎系统能垂向、纵向、横向系固火车和汽车。渡船设置双艏侧推装置及单艉侧推装置可保证在恶劣天气时船舶安全离靠码头。采用世界上独家生产的德国英特灵产品,可抗 10 级风。

该船总长 188.00 米,垂线间长 178.00 米,型宽 23.00 米,型深 9.30 米,干舷3.7 米,平均吃水 5.60 米,航速 17 节,总吨位 23 217,载重量 6 525.06 吨。

十、"中铁渤海 1 号"火车渡船

"中铁渤海 1 号"火车渡船(如图 6 - 11 所示)是用于连接山东烟台与辽宁大连之间的火车渡船,简称烟—大线火车渡船,正式名称为"中铁渤海铁路渡船",它的开通实现了国家运输布局的战略形成,展示了我国铁路综合技术水平,标志着我国东部陆海铁路大动脉的全线贯通。同时,烟—大线火车渡船项目的开通,形成了衔接两大半岛,辐射东部沿海,连接欧洲和亚洲的新通道,进一步优化了渤海两岸的运输方式,增强了新的运输能力,在政治、经济、文化建设等方面具有十分重要的意义。

图 6 - 11 "中铁渤海 1 号"火车渡船

烟—大线火车渡船,北起辽东半岛南端的大连市旅顺口区羊头洼港,南至山东半岛北部的烟台市四突堤港,纵贯渤海湾,全线长约 160 千米,是我国铁路

网"八纵八横"之一的东部沿海铁路大动脉的重要组成部分。2004年10月烟—大线火车渡船全面开工,2006年9月通过铁道部的初次验收,2006年11月"中铁渤海1号"投入试营运,烟—大线火车渡船工程技术含金量高,多项技术达到国际先进水平。

1992年,时任国务院总理朱镕基对烟—大线火车渡船项目十分重视,曾对山东烟台政务信息"中外人士建议尽快兴建烟—大铁路渡船形成衔接两大半岛辐射全国沿海连接欧亚两洲的新的大陆桥"作出批示。1992—2005年,中央、部委、省领导多次批示,并主持过多次专题研讨会,组织国内、外专家经过专题论证。

2003年,国家作出振兴东北老工业基地的重大战略决策后,国家加快开发东北的步伐,东北许多重点物资铁路运输能力不足,这更显现出这一项目的重要性,该项目的可行性研究报告于2003年8月6日经国务院批准,被纳入国务院批准的《中长期铁路规划》,2003年12月30日经国家发展和改革委员会批准开工建造,2004年被列入国家重点建设项目。

烟—大线火车渡船于2006年7—8月期间进行了海上试验及船桥港站联合调试,试验测得的各项指标均符合设计要求,取得了圆满成功。10月12日渡船正式交付,11月6日首航成功。

烟—大线火车渡船项目新建铁路引线34.35千米,海上运输距离约86.28海里(159.8千米),是我国最长、也是世界第35条超过100千米的跨海铁路火车渡船航线。

烟—大线火车渡船是一艘可载火车、汽车、旅客的多用途、配备吊舱式电力推进系统,抗风浪能力8级,服务航速18节,其主甲板为铁路甲板,布置5股车道,每股客车数10辆,装载采用艉进艉出的方式。上甲板为汽车甲板,可以换算装卸20吨重载汽车50辆,进出采用侧进侧出方式。客舱可搭载旅客480人。该渡船也是世界上第一艘采用计算机纵倾调整系统的火车渡船,可有效减少船桥搭接处的十舷变化范围。

烟(台)—大(连)线火车渡船首制船"中铁渤海1号"于2006年9月16日

从大连旅顺口区羊头洼港启航,17日到达渡船航线的另一端烟台。17日15时30分,伴随着嘹亮的汽笛,装载了50节车厢的"中铁渤海1号"缓缓靠近烟台四突堤港码头。这次从大连端装载的50节车厢被均分为5组,其中4组重载车辆装有铁矿石,1组空车厢,这也是这艘渡船首次重载穿越渤海湾,用于测试重载航行和重载装卸货时船舶的性能,是渡船开通前调试的重要环节。

烟—大线火车渡船项目自1997年底国务院批准立项开始,上海船舶研究设计院就一直积极参与方案研究,经历了5年之久的研究论证,在主尺度优选、安全性、快速性、操纵性、推进系统等各方面进行了一系列的深入研究论证。

该船总长182.6米,垂线间长164.6米,型宽24.8米,设计吃水5.8米,型深9.0米,载重量约7 800吨,载客量480人,总吨位24 975,服务航速18.0节,续航力2 000海里。噪声及舒适性指标达到COMF(NOISE 3)、COMF(VIB 3)的要求。

烟—大线火车渡船在主甲板与上甲板之间的空间是火车舱,上甲板艉部与B甲板之间为汽车舱,A甲板艏部和B甲板区域为旅客舱,上甲板艏部为普通船员舱,C甲板艏部区域为高级船员舱。渡船可装运50节货列车厢、旅客616名、汽车舱车道有效长度达685米。各处所功能划分合理,每位旅客均设卧铺。船上设有舒适的客舱舱室,电影院、超市、中餐厅、快餐厅、观景厅、会议室、多功能厅、卫星电视等一应俱全。内部以"国内一流、适度超前"为目标,由专业设计公司进行装潢,全船共设有近1 000平方米的公共休闲场所供旅客使用。

与一般滚装船完全不同,本船的码头装卸十分复杂,为缩短码头装卸时间,铁路栈桥、汽车栈桥及旅客登船桥需要在不同的位置同时与渡船搭接。三桥同时作业时,对渡船各栈桥搭接处的高低位置提出了更严格的要求,而其中的铁路栈桥长度长,造价高,负载大,对栈桥坡度和船桥坡度差的要求最为严苛。为防止栈桥扭转弯曲,还要求渡船的横倾角严格控制在2度以内。

艉部铁轨的布置是技术难点之一,为了减少栈桥的投资,减轻重量,简化结构,铁路栈桥设计为一股道进、五股道出的形式,一变五的道岔集中由一片滑动转辙器完成(如图6-12所示),通过与铁路设计部门反复协调,明确了铁轨最小曲率半径,在最短距离内完成曲线过渡,并且修改了部分栈桥铁轨分布,将较难在船上施工的轨道分岔集中到栈桥末端处予以解决,既保证了渡船上五股轨道的有效长度,又使五股车道列车能够无序装卸,且操作更加灵活,整个栈桥紧凑高效,达到国际一流水平。

图 6-12　"中铁渤海1号"火车渡船艉部铁轨布置

第二个技术难点是纵倾调整系统,从整个系统工程的角度出发,研发团队设计了渡船的纵倾调整系统。该系统使用计算机事先模拟装卸过程,来判断是否需要调整纵倾以及需要调整压载舱的水量。当需要调整时,可通过大排量泵组,向专门设置于艏、艉的两对压载舱内注排压载水,以在短时间内调整渡船纵倾,大幅降低渡船的吃水变化范围。因此铁路栈桥的长度最终确定为82.5米,采用双跨式结构,大幅度降低了造价。

火车上下渡船时,防横倾系统需要在2分钟内完全平衡将近10 000牛顿·米的力矩,这也是一个技术难点。因此选择了世界上专业的防横倾水舱设备厂商共同参与设计,最后布置了四个大型鼓风机和总容积达2×1 200立方米的三对防横倾水舱,可有效地平衡一整列800吨火车快速上下渡船时产生的巨大横倾力矩,使铁路栈桥的横倾角可有效控制在 2 度之内,保证了装卸安全。

船—岸交通信号控制系统是渡船在上甲板艉部专门设计了一个面向铁路栈桥的装卸控制室,通过室内的仪表、闭路电视监视系统及电话可以全面了解滚装区域的情况,渡船的艏、艉吃水及横倾状态,装载计算机的模拟计算结果等,通过窗户可以直接观察铁路栈桥的道岔位置和待渡场内火车的情况。并且可直接开启防横倾系统,根据火车挂钩状态指示灯的显示情况,打开允许或拒绝列车上船的信号灯,通过高频对讲系统向栈桥确认指令。

快速性研究其难点在于不同的推进方式对应着完全不同的艉部线型特征,需要同时加以考虑。在线型设计的同时也要同时兼顾稳性、耐波性与舒适性。对于火车渡船来说,浮态非常重要,因此也要严格控制船舶重心和浮心的位置。先后在我国的船模试验水池、维也纳水池、德国汉堡水池进行多轮的船模试验、研究,进行线型优化。

世界一流的第三代吊舱式舵桨推进系统(见图 6‑13)优点较多,尤其是操

图 6‑13　第三代吊舱舵桨推进系统

纵性特别优秀,采用舵—桨推进系统,经实船试航也充分证明了这一点。因此如在航行中船舶遇到突发情况时,可迅速作出反应,改变渡船航向,避免碰撞、搁浅等事故的发生,确保航行安全。

该船采用两台瑞士 ABB 公司生产的 AZIPOD 吊舱式舵—桨推进系统,由于船舶在航行过程中,螺旋桨推力产生的多方位外力将全部由基座承受,AZIPOD 基座直径达 3 米之多(纵向倾斜 3 度,横向倾斜 2 度)。鉴于基座结构,基座面板及下端的支撑加强对于基座承受载荷很关键,在设计时其厚度要比其他构件大,较大的应力值也出现在此环形肘板附近。此外,基座区域的外板也需要进行适当的加强。通过三维有限元方法进行大量的计算,计算得到基座结构的变形和应力分布,较为真实地反映了基座的实际受力情况,电力推进装置基座的安全性等技术难点的解决,确保了渡船安全、可靠、舒适。

该船的设计、建造标准已完全达到了国际航线的要求,因此适用性较强。如果说在世界屋脊的青藏铁路被世人所赞叹,而称之为"天路",则烟—大线火车渡船在渤海湾又续写了中国铁路建设的另一个传奇"海路"。

"中铁渤海 1 号"投入营运连接陆海铁路大通道,完善路网结构联系三大经济区,缩短运距 1 000 千米,为振兴东北老工业基地作出了贡献。

该船荣获 2007 年交通部"中国航海科技创新奖"、中国技术市场协会"第三届中国技术市场协会金桥奖"等。

十一、"中铁渤海 2 号"火车渡船

2007 年"中铁渤海 2 号"火车渡船(见图 6-14)抵达旅顺西站,投入试营运,这是烟大线火车渡船项目计划建造的第二艘渡船。"中铁渤海 2 号"渡船的顺利到港显示着中铁渤海火车渡船的运输能力进一步增强。

"中铁渤海 2 号"渡船于 2005 年 7 月 26 日在天津新港船厂开工建造,6 月 26 日顺利下水,并于 12 月 9 日离开天津新港船厂开始海上调试。经过三昼夜的海上调试,"中铁渤海 2 号"渡船各项性能达到设计要求,顺利开抵旅顺西站,

图6-14 "中铁渤海2号"火车渡船

并在旅顺西站和烟台北站进行为期一个月的船桥港联合调试后于2007年初投入试营运。

该船船长182.6米,型宽24.8米,总吨位24 951,净吨位13 474,主机总功率10 096千瓦。设计吃水5.8米,航速18.8节。天津新港船厂在"中铁渤海1号"渡船建造的基础上,在设计、监理单位及公司的密切配合下,很快完成了"中铁渤海2号"渡船的建造,建造周期比"中铁渤海1号"缩短了将近一个月时间。与"中铁渤海1号"相比,"中铁渤海2号"渡船内部的布局更趋合理,性能进一步完善,同时汽车舱的艉门密封的要求基本满足。特别是在内部精装修上,装修效果更加高雅别致,体现了以人为本的建造理念。在海上试航中进行的磁罗经测量、发电机组调试、电力推进系统UPS①效用试验、航速测试等近百项测试中,各项技术参数均达到技术任务书的要求,轻载试航航速达到19.03节。

---

① 不间断电源。

"中铁渤海2号"渡船经过船桥港联合调试后即投入试营运,烟大线火车渡船实现每天两个航次,运力比原来成倍增加。

十二、"中铁渤海3号"火车渡船

"中铁渤海3号"火车渡船于2008年下半年投入使用,并在保持原有渡船建造的基础上实现了优化升级。在舱室布置和内装效果上更加趋于合理,如部分舱室增加了活动空间,建造周期也大大缩短。"中铁渤海3号"火车渡船实行三船三对的运输方式,这三艘火车渡船是我国首次采用综合全电力推进系统的客运滚装船,也是我国第一艘满足"两舱不沉"破舱稳性要求、第一艘采用计算机自动控制的纵倾调整系统的多用途客运滚装船,如图6-15所示。

图6-15 "中铁渤海3号"火车渡船

"中铁渤海3号"渡船是国家重点工程烟—大线火车渡船项目的第三艘渡船。该船船长188米,型宽24.8米,设计吃水5.8米,航速18.8节,主机总功率12 000千瓦,总吨位约为2.5万,净吨位13 700。该渡船与前两艘相比,内部结构略有变化,如载客量从480人增加到650人,载运的车辆由75辆增加到

120 辆。"中铁渤海 3 号"可载运 80 吨重的货列车厢 50 节,可轻松自如地实现就地 360 度回转。该船排放的废气中有害物质少,噪声低;设有减摇、抗横倾系统,可抗 10 级风;载重量超过"中铁渤海 1 号"和"中铁渤海 2 号"渡船。

2007 年 12 月 26 日,"中铁渤海 3 号"渡船在天津新港船厂大船台顺利下水。2008 年 6 月 18 日,经过联合调试的"中铁渤海 3 号"渡船交船仪式在烟台北港码头举行。至此,烟—大线火车渡船项目计划建造的三艘渡船已经全部完成,正式投入烟台—大连(旅顺)的航线营运。

由于渤海湾的海况复杂,国家海事局和山东、辽宁两省的海事部门都相继出台规定,要求中铁渡船在完整稳性、破舱稳性、消防、救生和车辆系固方面与国际接轨,达到"两舱不沉"。这样的设计可以确保在两个船舱同一时间破舱进水的情况下,仍能确保渡船的稳性和安全性。"中铁渤海 3 号"渡船的建成,标志着我国渡船建造水平进入了一个新的阶段。

电力推进系统,是既节能又环保的措施。电力推进系统使柴油燃烧更充分,极大地降低了二氧化碳的排放量,同时每年可以节约燃油 1 500 吨、润滑油 30 吨,按燃油每吨 2 400 元和润滑油每吨 6 000 元计算,每年可以节省费用 380 万元。

"中铁渤海 3 号"火车渡船在"中铁渤海 1 号"和"中铁渤海 2 号"火车渡船的基础上,在安全性、舒适性等方面进行了优化完善。火车舱、汽车舱尾门围蔽等设计保障了渡船具有突出的安全性能。减摇鳍的应用可使渡船的摇摆幅度控制在 3 度以内,舒适性更有保障。

"中铁渤海 3 号"火车渡船,没有传统意义上的舵,取而代之的是一套名为舵—桨合一的新型装置。在"中铁渤海 3 号"火车渡船的驾驶室,两个拳头大小的操纵手柄,可以随意控制船舶的前进、后退、回转等多项功能;甚至可以使船舶在原地进行 360 度回转,从而大大提升了渡船靠泊作业和海上航行的灵活性和安全性。

舵—桨合一装置可以让船舶轻盈地在原地 180 度旋转。由于拥有这种特异功能,"中铁渤海 3 号"火车渡船与普通客滚船相比,在降速倒车时因惯性前行的距离将缩短一半以上,有力地提高了船舶的避碰功能。

烟—大线火车渡船在客运滚装试营运期间,将实行"三船三对"运输方式,即每天三班船大连到烟台对开。烟—大线火车渡船共有"中铁渤海1~3号"3艘火车渡船往返于两地之间。

烟—大线"中铁渤海1、2、3号"火车渡船分别于2006—2008年先后交付投入营运。"中铁渤海3号"火车渡船是我国第一艘、世界上第35艘航行距离超过100千米的火车渡船,成功连接了东北和华北两大铁路网,成为东北至长江三角洲陆海铁路通道的关键组成部分。该项目对连接我国沿海大通道、缩短南北运输距离,振兴东北老工业基地的经济建设具有十分重要的战略意义。

第七章
客滚船

第一节　概　　述

　　客滚船是连通陆地与海岛、海岛与海岛，以及隔海相望的两片陆地之间人车共运的交通运输船舶，船上设有车辆甲板、客舱、机舱等。机舱一般布设在艉部的底层，烟囱置于两舷，以便车辆甲板有较大通行宽度。客滚船的出入口通常设于艉部，设置的铰接跳板与岸上搭接，用于滚装货车上、下船。客滚船按船的大小设有1～4层车辆甲板，车辆甲板位于主甲板上下，可以装运汽车、载重卡车、集装箱拖车等车辆，上甲板为平整板面，无舱口盖，无起重设备。各层车辆甲板之间设有斜坡车道或升降平台互相连通，用于车辆通行，车辆通过船上的艏门、艉门或舷门的跳板开进开出。客舱位于车辆甲板以上，按船规模的大小可载客上百至数千人，客舱区域除提供食宿外，还配置有为旅客服务的公共处所和娱乐设施。这类船舶航程一般比车客渡船要远，因此船的主尺度较大。客滚船的装卸效率较高，每小时可达1 000～2 000吨，而且实现了从发货单位到收货单位的"门—门"运输，减少了运输环节中的货损和差错。此外，船与岸都无须配置起重设备，即使港口设备条件差，客滚船也能高效率装卸。因此，客滚船成为迅速发展的新船型。

　　客滚船运输起源于国外的汽车渡船和滚装货船，我国的客滚船运输起步于

20世纪70年代后期。改革开放后,经济高速发展,客货交通运输需求大量增加,原有的客货船运输量少,客和货的装卸速度慢,已不能适应客流和物流发展的需求。在此形势下,1979年,交通部召开了"六五"计划(1981—1985年)沿海运输船型研讨会,经过研究论证,认为"单纯建造7 500吨级和3 000吨级客货船已不能适应沿海干线客运特点,可开发一种航速较快的集装箱滚装客船的船型",即沿海客货滚装船。1985年,交通部从国外购进了四艘客货滚装船,分别交由广州海运局、大连海运局和上海海运局管理营运,被安排在上海—厦门—黄埔等航线上。通过这四艘船的营运状况,加深了对客滚船关键技术的了解,促进了我国客滚船研发的进程。国内的船舶设计部门,如中国船舶及海洋工程设计研究院、上海船舶研究设计院、上海欧得利船舶工程有限公司,以及一些造船厂的设计部门都加大对客滚船研发的力度,基本具备了设计客滚船的能力。

新世纪,我国人民生活水平和对物质文化生活的要求进一步提高,集装箱运输车辆和私家车拥有量增加,在社会需求的促进下,航运部门纷纷投资建造客滚船。中国船舶及海洋工程设计研究院在20世纪80～90年代,设计的申-崇线车客渡、鸭-白线车客渡虽不是现代化的客滚船,但已具客滚船的一系列特点。90年代,该院给大连海运局、广州海运局提出的客箱船方案,更接近现代化的客滚船。2020年,由该院设计,天津新港船厂建造,中远海运(青岛)公司营运中韩航线上的"新香雪兰"号客滚船更是前进了一大步;由上海船舶研究设计院设计,广船国际建造的中远海运(青岛)公司营运在大连—烟台航线上的"吉龙岛"号和航行于南海三沙群岛诸岛的"三沙2号";上海欧得利船舶工程有限公司设计的、招商金陵(威海)船舶公司建造的、航行于中韩航线的"新永安"号客滚船;由重庆长航东风船舶工业公司(原重庆长航东风船厂)设计建造,海南海峡航运股份有限公司营运的海口至海安、海口至北海、海口至广州航线上的"信海11号""信海12号""信海19号""宝岛12号""海峡1号"和"海峡2号"等客滚船,都为找国客滚船的设计技术进步和发展作出了贡献。

2003年江南造船(集团)有限公司建造了两艘用于渤海湾地区的我国第一型客

滚船:16 000总吨"普陀岛"号和"葫芦岛"号,吹响了我国向客滚船发展的进军号。

广船国际于2003年为瑞典船东哥特兰(Gotland)航运公司建造并交付了两艘由丹麦设计公司设计的豪华的客滚船"哥特兰(Gotland)"号和"威士比(Visby)"号。2014年11月再次携手瑞典Gotland航运公司,建造两艘新型客滚船,并于2018年先后顺利交船,取名"威士堡(Visborg)"号和"斯吉瓦(Thjevar)"号。这型船总长达约200米,拥有600客位,车道总长度2 310米,配4台双燃料柴油机,服务航速达到28.5节,还具有安全返港功能。此外,广船国际已建造交船的还有为阿尔及利亚国营航运公司(ENTWV)建造的一艘客滚船(可装载客1 800位旅客和600辆汽车),丹麦DFDS航运公司两艘和意大利阿诺拉多(Anorato)航运集团2+1+1艘客滚船。同时广船国际还为国内船东建造了"龙兴岛"号系列客滚船四艘,"吉龙岛"号系列船两艘,为海南三沙市建造了长128米、最大航速22节、抗风能力10级、续航力6 000海里的"三沙2号"客滚船等。2018年以来(据不完全统计)广船国际先后承接了13艘高端客滚船订单,巩固了在高端客滚船市场的领先地位;加快软件与硬件的有效结合,打造一条高端客滚船生产线。

山东的黄海造船公司也后来居上,不断发力,从2007年起,为渤海轮渡公司建造了"渤海金珠"号系列客滚船两艘、"渤海珍珠"号系列客滚船四艘、"渤海钻珠"号系列客滚船四艘,还有"中华复兴"号和"中华富强"号各一艘,另外还为中韩航线建造了"和谐云港"号、"华东明珠8号"、"新石岛明珠"号和"群山明珠"号等共20余艘客滚船。

招商金陵(威海)船舶公司也不甘落后、奋起直追,自2019年11月,向瑞典船东"斯坦那罗罗(Stena RoRo)"公司交付了第一艘客滚船"斯坦那依斯切特(Stena Estrid)"号后,于2021年11月交付了第六艘客滚船"萨拉曼恩卡(Salamanca)"号,预计在2025年初以前,还有6艘要建造交付。

此外,还有渤海船舶重工有限责任公司、天津新港船厂、重庆长航东风船舶工业公司,厦门船舶重工股份有限公司等也先后建造过多型客滚船。据不完统计，国内船厂建造的客滚船数量，已达 60～70 艘，其中出口近 20 艘。标志着客滚船的建造技术已被众多造船厂掌握，我国已能自行设计建造高端客滚船，也能建造国外设计公司和船东特殊要求的客滚船。我国客滚船设计建造技术已达到了世界先进水平。

现代客滚船还有朝着更大、更快、更环保和更豪华型发展的趋势，目前世界上最大的客滚船的总吨已超过 60 000，如我国为意大利昂诺拉多（Anorato）航运集团建造的 2 379 客/3 850 米车道的四艘客滚船，该型船的船长 237 米、船型宽 32 米、总吨位已达 6.95 万。世界上客滚船的航速大多在 20 节以上，我国为瑞典哥特兰航运公司建造的"威士堡（Visborg）"号航速达 28.5 节。在船舶的推进系统配置上都在向更节能、更环保的方向发展，使用 LNG①/船用燃油双燃料的发动机已成了标准配置；在排气管路上设置排气净化器装置和废气节能装置；有条件的船上还配置了旋转风帆，客舱设施向豪华邮轮靠拢，成为大型高端豪华客滚船。

第二节　客　滚　船

一、1.6 万总吨"普陀岛"号和"葫芦岛"号客滚船

"普陀岛"号，是我国自行设计建造的一艘大型客滚船，上海船舶研究设计院设计，江南造船厂建造。船东为中海客船有限公司，于 2005 年 6 月首航。

"普陀岛"号总长 137.3 米，型宽 23.4 米，设计吃水 5.4 米，总吨位 16 234，载客量 1 428 人，载车道总长度 900 米，服务航速 18.7 节。续航力 2 500 海里。该船机舱位于船尾，主机为两台瓦锡兰 8L38B，5 800 千瓦柴油机。配置可调螺距螺旋桨、双机、双桨、双舵。主机带有两台 1 200 千瓦轴带发电机，船上还配有艏侧推装置、减摇装置等国际一流设备。设计抗风浪能力 12 级，可在 8 级

---

① 液化天然气，liquefield natural gas。

大风的气象条件下安全航行。"普陀岛"号可用于洲际和近海航行,船上配有滑道撤离系统和直升机起降平台,便于海上安全救助工作,提升了安全保障水平,符合"SOLAS"公约要求(见图 7 - 1)。

图 7 - 1　16 000 总吨"普陀岛"号客滚船

"普陀岛"号上层建筑几乎覆盖主船体全长,有 4 层(5~8)甲板作为旅客舱室和船员舱室。旅客舱室设特等、一等、二等(A、B)、三等(A、B)、四等和座席,共分 8 个等级,配有适应家庭旅游的单间客舱;船上设有商店、餐厅、酒吧、茶馆、娱乐和公共活动场所。

车辆甲板有一个升降甲板(主甲板前端)和两个固定甲板(主甲板和下层车辆甲板)。艉部通道可达主甲板(3 号甲板),通过固定跳板到达下一层车辆甲板。装载货车时,车道总长度 900 米(宽 3.5 米);装载轿车时,车道总长度 1 178 米,共可装 81 辆载重卡车或 193 辆轿车。

该船按国际航线设计,近海航行时载客 1 428 人,国际航线航行时,载客量 568 人。完全符合国际海上人命安全公约(SOLAS)的要求。汽车舱、公共活动处所、旅客通道均装有闭路电视监控系统;汽车舱配备先进的消防喷淋系统,客舱及公共处所设有压力水雾灭火系统,机器处所设有二氧化碳和高压细水雾灭火系统;设有直升机起降平台,便于海上安全救助工作,提升安全保障水平;船舶客运设施齐全,配置舒适,特别增设了适宜家庭旅游的单间客舱。船上舞厅、影像室、电子游戏室、酒吧、商场、餐厅、诊疗所等设施一应俱全。

该型船设计建造时采用了下列关键技术:

(1)客滚船船体线型的研发。根据客滚船航速要求高和布置上要求尾部宽,适合安装艉门、跳板和宽大的汽车甲板面积等特点,通过多轮优化比较,确定的线型在快速性、稳性、耐波性和操纵性等方面综合性能良好,并能避免艉部振动,此外该船也是民用船舶第一次在大型循环水槽中进行螺旋桨空泡和激振力试验。

(2)总布置反复优化升级。在总体上考虑最大限度地增加车道长度,以及方便地进行滚装通道布置,以提高货物装卸速度。

(3)采取了更有效的安全措施。对于旅客处所,在布置的过程中除了要保证合理、流线顺畅,还考虑了防火消防、安全撤离、振动噪声等各方面的因素。本船总布置不断迭代升级,总计达到了20多个升级版本。

(4)配置特种装备。该船有着不同于一般船舶的特种设备和滚装设备,品种多,造船厂制订完善的工艺等以缩短造船周期。

该船的设计建造打破了国外在客滚船设计建造领域的垄断地位。该船技术性能和建造质量达到当代国际同类船舶先进水平,是我国客滚船自行设计建造第一型,具有完全的自主知识产权,不但提升了我国在客滚船设计建造整体水平,还开辟了一个极具潜力的新市场。

大连—烟台航线是渤海湾地区的重要营运航线,仅2005年1～8月烟台—大连客运航线就有旅客189万人次,进出车辆11万辆,并位居其他航线之首"普陀岛"号和"葫芦岛"号两艘客滚船的投入营运,极大缓解连—烟线的客货运输的紧张状态,为东北和山东等地经济发展起到促进作用。该船可作为海上输送编队的指挥船、输送船,是军民两用的最佳船型。该船于2006年荣获上海市科技进步奖一等奖,且入选了国际知名民船杂志《Signification Ship 2006》。

"葫芦岛"号(见图7-2)是"普陀岛"号的姊妹船,也是中海客船有限公司国内建造的第二艘客滚船,主尺度、载客量和车道长度与"普陀岛"号基本一致。该船于2005年9月交船,首航大连至烟台航线。

图7-2 "葫芦岛"号客滚船

二、出口瑞典的"哥特兰"号及后续客滚船

广船国际于2003年首次为瑞典哥特兰(Gotland)航运公司建造交付亚洲第一艘豪华客滚船"哥特兰(Gotland)"号。

2009年,Gotland航运公司鉴于该客滚船在营运过程中取得的良好经济效益和可靠的性能,又向广船国际提出了再造1+1艘高端豪华客滚船(即建造一艘后,再决定是否造第二艘)的要求。经过与船东和设计单位的反复沟通,于2014年达成一致。在2014年11月签约了建造两艘1600客位/2300米车道,燃用液化天然气/船用燃油的双燃料豪华客滚船,首制船"威士堡(VISBORG)"号于2016年11月下水,姐妹船"斯吉瓦(THSEVAR)"号于2017年8月下水,2018年3月试航,2018年12月交船。

"威士堡"号客滚船总长199.99米,型宽25.2米,比2003年交付的第一、二艘客滚船加长 2.5 米,加宽 0.2 米,载客量大于 1 600 人,设有两层车辆甲板,车道总长度 2 300 米,可装载 400 辆车辆,航速达 28.5 节。

该船采用了多项先进技术:

(1) 4 台推进柴油机和 4 台发电柴油机均采用了液化天然气/船用燃油双燃料系统,配有可调螺距螺旋桨推进装置,重点解决了安全返港问题。

(2) 全船振动和噪声,船舶重量、重心得到有效控制,解决了一系列造船领域最前沿的技术难题,是当时世界上航速最快、性能最优、最节能环保的高端豪华客滚船。

此外,广船国际还为丹麦 DFDS(Det Forende Dampskibs Selskab)航运公司建造了两艘 600 客位/4 500 米车道客滚船。该船于 2019 年 8 月开工。为阿尔及利亚国营航运公司(ENTWV)设计建造了 1 800 客位/600 辆汽车客滚船,于 2021 年 7 月 15 日交船。为英国 P&O 轮渡公司建造了 1 600 客位/3 650 米车道客滚船,2019 年签约,2020 年 10 月开工,预计 2023 年交船。为意大利阿诺拉脱(Anorato)航运集团旗下的 MOBY 公司建造的 2 370 客位/3 850 米车道客滚船(2+1+1 艘),首制船已于 2021 年 11 月下水。

这些客滚船的建造,为广船国际建造高端客滚船打下了坚实的基础,为广船国际进入世界客滚船市场作了宣传。

三、1 400 客位/2 000 米车道"龙兴岛"号

"龙兴岛"号客滚船由大连港集团有限公司、烟台港股份有限公司和中海客船有限公司(简称两港一航)共同成立的中海港联航运有限公司投资建造,航行于大连—烟台航线。"龙兴岛"号(如图 7-3 所示)于 2010 年 12 月在广州交船,2011 年 1 月 1 日到达大连港。另一艘姐妹船"永兴岛"号于 2011 年 4 月投入营运。

该船由上海船舶研究设计院设计,广船国际建造。该船总长 167.5 米,型宽 25.2 米,总吨位 23 000。设客舱区和汽车舱各三层,核定载客量 1 400 人。

图 7-3 "龙兴岛"号客滚船

该船采用瓦锡兰中速柴油机两台,驱动可变螺距螺旋桨,服务航速 19 节。该船
是当时国内最大、最豪华的客运滚装船之一,在船舶设计上秉承"安全第一、豪
华舒适、低碳环保、经济快捷"的理念,达到了国际先进水平。

该船设双主机、可调螺距螺旋桨、双舵、艏侧推装置、减摇鳍和防横倾装置,
在车辆装载上首次采用艏、艉门设计,首次在汽车舱甲板间设置两个升降平台,
用于车辆装载,滚装车辆可不用"调头"直接上、下船,使车辆装卸速度更快、更
安全。

该船的安全性能较好,船首门可承受 500 吨外力冲击而不变形,这在国内
客滚船中属首创,在船体结构、质量、强度、焊接工艺等方面都有创新。另外,船
上配有应急撤离系统,一旦航行中遇到紧急情况,旅客可以通过滑道直接滑到
舷外的救生艇上。"龙兴岛"号顶部还配置了直升机起降平台,首次在汽车舱甲
板之间设置两个升降平台用于车辆的装卸,船舶的"全船域"电视监测系统使旅
客在船上更有安全保障。

该船具有较强的抗风等级,曾遭遇过高达 9 级风,阵风 11～12 级,海浪高

达 10 米左右,驾驶室前方几乎被海浪覆盖,在这种环境下,该船依然能保持正常航行。

船上设豪华贵宾套间、电影院、网吧、茶室、贵宾接待室等。船上配置的全船电视监测系统,更有力地保障了旅客的安全。

"龙兴岛"号客滚船投入营运后,市场影响力和竞争力明显提升。这些客滚船组成的豪华船队,进一步提升了海上蓝色通道的运输能力,为大连地区的经济繁荣与发展,为东北亚国际航行中心建设发挥了重要作用。

四、1 370 客位/2 800 米车道豪华客滚船"吉龙岛"号

2021 年 8 月,1 370 客位/2 800 米车道豪华客滚船"吉龙岛"号(见图 7 - 4)交付中远海运客运有限公司,投入渤海湾的烟台至大连航线营运。

图 7-4 "吉龙岛"号客滚船

该船由上海船舶研究设计院承担详细设计、中国船舶第九设计院承担内装艺术设计,广船国际建造。广船国际的参建团队克服新冠肺炎疫情等困难,在船东、船级社、设备厂商的密切配合下,使该船的建造、出坞、试航等关键节点均按照原计划实现,从开工建造到交船,仅用了 20 个月时间。

该船总长 208 米,型宽 28.6 米,设计吃水 6.4 米,结构吃水 6.7 米。最高设

计航速为 22.3 节,是当时国内营运的客滚船中速度最快的一艘。该船采用双机、双桨、前后机舱布置,满足国际海事组织最新规则规范中的安全返港要求。其主要性能指标如快速性、操纵性、稳性均达到国际同类型船领先水平。

该船可搭载 1 300 多位旅客。船上设有 360 多间客舱、包括豪华贵宾房、豪华家庭套间、高档的家庭套间等,船上配备了国内自主设计集成的一体化智能客运系统,能为旅客提供一卡通、一码通等酒店式智能服务。同时还配置了贵宾餐厅、露天餐厅,可同时满足旅客出行和休闲的双重需求。

该船的车道总长度 2 800 米,如果按长度 5 米一辆车计算,可以运载超过 500 台车辆。配有多种滚装设备,大大提高了车辆等滚装设备的装卸效率,具备很强的载货、卸货能力,并实现客货分流,确保人员和车辆的安全。

该船在建造过程中,广船国际采用了新型建造工艺,有效地提高了建造质量和加快建造速度,创造的多项国内客滚船之"最",彰显了中国船舶工业的一流实力和水平。

该船内部装饰材料国产化率达到 95%。船上的一体化智能客运系统由国内自主设计,是一艘实现国内自主设计、建造,内装及重要系统实现国内配套的豪华型客滚船,也是国内营运的智能化程度最高、舒适度最佳的一艘豪华客滚船,实现了"工业化+信息化"在船舶领域的融合。

该船操纵性好,可在约 4.22 倍船长(约 980 米)的距离下紧急停船,远低于规范要求;也可在 2.9 倍船长(约 550 米宽)的海域中快速调头。船的舒适度较佳,在航行中客舱内几乎听不见任何噪声,也感受不到有任何振动。测试结果显示,该船旅客舱室、公共处所噪声和振动等舒适性指标满足国际海事组织(IMO)颁布的《船上噪声等级规则》中的超 2 级标准,局部区域达到 3 级标准的要求。采用可调螺距螺旋桨推进,可以充分利用主机的功率和转速,从而有效地降低船舶营运的能耗。

"吉龙岛"号投入使用后,为渤海"黄金水道"上人员、物流往来提供了诸多便利,为环渤海地区互联互通建设作出了贡献。

五、"渤海金珠"号、"渤海银珠"号客滚船

"渤海金珠"号(见图7-5)和"渤海银珠"号(见图7-6)是山东黄海造船有限公司建造,上海船舶研究设计院设计的1.4万总吨客滚船,船东为渤海轮渡公司(全称渤海轮渡集团股份有限公司)。2007年10月前,两艘姊妹船都投入

图7-5 "渤海金珠"号客滚船

图7-6 "渤海银珠"号客滚船

161

了渤海湾大连—烟台航线,"渤海银珠"号后来还投入旅顺—蓬莱航线,是当时规模最大、技术先进、性能安全的一艘客滚船(见图7-5和图7-6)。

该型船总长161.2米,型宽24.8米,载客量1160人,车道总长度1800米,设有三层车辆甲板,可载长度15米的重型车辆120辆。船上配有125间客舱,900个床位,228个航空椅,一、二等客舱内设有沙发、茶几、衣柜、卫星电视、IC电话、网线、卫生间和浴室等设施;可适应不同层次旅客的要求,在船上还配备了大型餐厅、超级市场、会议室、盥洗室、网吧等现代化设施,使人感觉到在大海上航行是一种享受。

该型船配置了减摇鳍、双艏侧推装置、卫星定位系统,并采用了螺旋桨优化设计等先进综合技术,是自主开发的耐波性、快速性、稳性和操纵性俱佳的新船型。在8级风、5级海况下,横摇角不超过3度;设计状态下实现了零压载。这些优异的性能代表着我国客滚船设计建造技术进入了世界先进行列。

六、"珍珠"系列客滚船

"渤海珍珠"号(如图7-7所示)是上海船舶研究设计院设计,黄海造船有限公司建造的当时最大、最快、最先进、最安全、稳性最好的客滚船之一。船东为渤海轮渡公司。2007年开工建造,2008年11月下水,2009年4月投入营运。其姐妹船为"渤海玉珠"号、"渤海宝珠"号和"渤海翡珠"号,这三艘在"渤海珍珠"号投入营运后陆续投入营运,来往于辽东、山东半岛之间。

该型船总长约164米,型宽25米,总吨位24 000,设有1 600客位,车道总长度2 000米,该船设三层车辆甲板,车辆舱高度全部在4.4米以上,中层和底层车辆高度达到4.6米,三层车辆舱全部都能装载大型集装箱。

"渤海珍珠"号旅客生活区域分四部分:

(1)综合娱乐休闲区,设有多功能厅、大型休闲茶室、棋牌室3个、卡拉OK厅3个、网吧、旅客餐厅、卫生间。

(2)高档客舱区,设2个豪华套间,10个一等客舱和83个二等客舱,配有电视、卫浴间等,宽敞豪华。

（3）普通客舱区。

（4）汽车驾驶员专用客舱区,适合于不同等级的旅客需求。

渤海湾客滚运输服务于山东和辽东半岛之间的一条"黄金航线",仅烟台至大连航线每年运输车辆 60 万辆以上,旅客 500 万人次,该航线开通大大缓解了绕道渤海湾公路的压力,促进了辽宁、山东两地的经济发展。

图 7-7　"渤海珍珠"号客滚船

七、"渤海晶珠"系列客滚船

"渤海晶珠"号客滚船是山东威海黄海造船有限公司建造的一型豪华客滚船,由上海船舶研究设计院设计,同型船为"渤海翠珠"号、"渤海钻珠"号和"渤海玛珠"号。船东为渤海轮渡公司,该船于 2012 年 10 月投入营运,其他三艘姐妹船分别于 2012 年 7 月、2015 年 2 月、2015 年 4 月投入营运。

该型船总长 178.8 米,型宽 28 米,总吨位达 3.5 万,载客量 2 038 人,车道总长度 2 500 米,可载大、小车辆 300 余辆。设三层车辆甲板,可载长 50 米、高4.85 米、宽 8 米、重 120 吨的超长、超高、超宽的特种车辆,船上配有落地窗、观光阳台的豪华客房,并配有直升机起降平台。该船结合了旅游船的部分特点,集旅行、休闲、娱乐于一体。该船与以前设计建造的客滚船相比,更先进、更安全、更豪华。

船舶动力系统、通道设备、通信导航等全部采用国际品牌,还配备保安警报系统、应急疏散系统、航行记录仪、车辆系固装置等。

该船配置防横倾装置,在3分钟内平衡船侧车辆进出产生的横倾力矩,船舶按无限航区标准设计,是渤海湾抗风能力最强的船舶;车辆舱通风加强,减少燃油油气浓度;全船设置水喷淋,水雾和二氧化碳等多种灭火系统;增设电力海图系统,确保航行安全。

该船设特等舱、一等舱、二等舱,全部配落地窗和观光阳台,设置大型娱乐场所,豪华程度接近豪华邮轮。

八、"中华复兴"号豪华客滚船

2018年渤海轮渡公司委托上海船舶研究设计院设计,黄海造船有限公司(简称黄海造船)建造的大型豪华客滚船"中华复兴"号(见图7-8)。该船

图7-8 豪华客滚船"中华复兴"号

2019年6月18日下水,同年11月交船,投入烟台—大连线营运,主要用于国内航线承运旅客,小轿车、载重汽车和集装箱拖车等车辆。该船是我国自主设计、自行建造的具有完全知识产权的新型、邮轮型客滚船。

该船总长212米,型宽28.6米,型深15.3米,总吨位4.5万。载客量2 000人,车道总长度3 000米,服务航速18.8节,最大续航力5 000海里,可装载大、小车辆350余辆,具有超强的装载能力。

该船采用全船智能管控系统、智能机舱,配备两台7 000千瓦发动机,拥有双套船舶动力系统、双电源系统、双套灭火系统等先进设施,该船设置直升机起降平台,具有良好的稳性和船体强度,满足减振降噪、节能环保等最新国际公约规则要求。并设有海景套房、大型多功能演艺厅、儿童游乐区、露天星空影院等区域。

该船是黄海造船厂交付渤海轮渡的豪华客滚船,是当时亚洲最大、最先进、最安全、最豪华、装载能力最强的国际客滚船之一。

九、"海蓝鲸"号客箱船

客箱船是从传统客货船向客滚船发展过程中的过渡船型,装卸货速度比一般客货船快。有的客箱船采用传统起重机装卸集装箱,后期的客箱船也有在舷侧开门通过跳板滚装集装箱。

800客位客箱船"海蓝鲸"号是专门针对中韩国际航线特点所打造的船舶,用于中韩国际航线航行,承载旅客和集装箱的客箱船(见图7-9)。

该船2014年初上海船舶研究设计院开始方案设计,建造船厂为黄海造船有限公司。该船于2015年底铺设龙骨,2017年初交船,是我国自主研发、设计、建造的一艘大型的客箱船,也是当时世界上最大载重吨的现代化客箱船。

"海蓝鲸"号客箱船入级CCS,总吨位19 500,总长183米,型宽25.2米,型深12.1米,设计吃水7.20米,载客数810人,装箱数462TEU,结构吃水下的载重量为11 500吨,服务航速22.5节,续航力3 000海里,主要航线为烟台至韩国的平泽。

图 7-9 800 客位客箱船"海蓝鲸"号

该船由双低速柴油机驱动、设双可变螺距螺旋桨、双襟翼舵、前倾艏柱、球鼻艏、方艉、尾轴人字架、艉侧推装置、减摇鳍和防横倾水舱。本船满足诸如安全返港、集装箱绑扎要求等最新的国际公约。

该船中前部分设有三个货舱,货舱舷侧为双壳结构,货舱内最多可装载4层8列标准集装箱,舱盖上最多可装载3层8列标准集装箱。一对边压载水舱兼作防横倾水舱。部分两侧的边压载水舱通过连通管连通,以减小破损后的横倾角。该船货舱内不装载危险品货物及冷藏集装箱。但舱盖上可装载危险品货物集装箱。中后部主甲板(四甲板)以上为旅客生活区,二、三甲板设有部分船员生活区。旅客餐厅、多功能厅、免税店、酒吧、演艺厅、烧烤吧、VIP 房间等的墙面、天花板、地面、家具、装饰、陈设均经由专业装饰公司装饰设计。机舱布置于生活区下方,主、辅机、集控室、辅助设备间、机修间等布置在合适的位置。各种油舱、油柜布置在双层底和机舱舷侧,并满足规范要求的双壳保护。

该船从经济性的考虑,大胆采用两台大功率低速机。但另一方面,航速高、居住区与动力设备区域临近的特点,要满足国际海事组织控制船舶振动和噪声的最新要求,对设计是一个极大的挑战。

为了评估该船的船体梁总振动特性,确定船体梁总振动的固有频率和固有振形,对此进行有限元数值仿真,并借助专用的计算软件(INAS)对相关区域进行分析预报,根据计算和预估结果,通过分析不同布置区域从声振动源分布特点、船体自身振动固有频率特性、声振动源传递路径等方面,及时对振动噪声指标预判,指导结构布置、舱室功能划分和通风管系布置等,通过主机加设横撑、结构补强、设置支柱等措施改善振动,通过优化布风口位置、布置隔离空舱、敷设阻尼材料、采用改善的浮动地板等措施改善噪声,并为双机推进系统的主机安装时相位角度的控制提出了建议,为该船设计建造的成功奠定了基础,最终振动和噪声值满足衡准要求。该船突破了客船上不能采用低速机的传统观念,解决了低速机的振动难题以及相关联的噪声问题,令船东非常满意。

该船机舱及整个上层建筑位于船尾部,三个货舱位于船首,导致满载货物时可能会出现艏倾,不装货或者货物较少时会出现较大的艉倾。对于客船来说,较大的艏倾或艉倾会影响舒适性及娱乐活动,需要避免。为此,本船在线型浮心的位置、压载水舱的优化布置、不同装载工况的建议上给予了通盘考虑,在设计过程中对重量、重心特别是重心的纵向位置时时监控、记录,最终的设计达到预期要求。

相较于传统的客滚船,"海蓝鲸"号客箱船在货物装载能力和装载效率上具备优势,同时又给旅客提供豪华邮轮的乘坐体验;相较于普通货船,"海蓝鲸"号客箱船作为客班轮可实现集装箱快速通关,大大节省了时间和营运成本。原运输时间需要 30 小时,现在只需要 15 小时。"海蓝鲸"号在实际营运中表现出来优异的操纵性、安全性、舒适性和其他先进的指标,为船东带来了稳定的经济回报和极高的乘客美誉度,取得了良好的经济效益和社会效益。该船入选了国际知名民船杂志《Significant Ship》,2019 年荣获得中国船舶工业集团公司科学进步奖二等奖。

十、"新香雪兰"号客滚船

"新香雪兰"号是中国船舶及海洋工程设计研究院设计,天津新港船舶重工有限责任公司(以下简称天津新港)建造的第一艘高技术的新一代绿色环保智能化客滚船,用于烟台至仁川的客货运输,2020年12月28日首航自山东烟台至韩国仁川,船东为中远海运(青岛)有限公司。该船是中韩航线上当时最智能化、最舒适、最经济的客滚船。

该船总长189.5米,型宽26.5米,设计吃水6.5米,最大航速23节,总吨位3万以上,可装载20英尺集装箱312个,载客量达到700人(见图7-10和图7-11)。

图7-10 "新香雪兰"号客滚船(一)

智能化性能满足CCS智能航行、智能机舱、智能能效管理、智能集成平台4个船级符号的要求。采用信息化技术手段,实现登离船、无钥匙舱房管理,旅客定位与旅客信息收集管理,应急安全管理等系统的集中管理,提高了对突发事件的报警和反应能力,为船舶的安全航行提供了有力的支撑和保障。

船舶性能上,试航数据表明,35度舵角回转试验时船以最大横倾角仅7.2度回转,回转直径仅452米。油耗比技术任务书要求减少2.5吨/天,技术

图 7-11　"新香雪兰"号客滚船(二)

规格书续航力要求 4 000 海里,现续航力提高 30％,超过技术规格书要求的 1 200 海里,为 5 200 海里。

该船是中韩航线上第一艘满足舒适度 2 个船级符号的客滚船,设计阶段由第三方 DNV GL 审核,建造准备阶段又对舱室区域施工厂商的资质、施工材料、施工工艺等进行了层层把关和严格挑选,以确保船舶的舒适度,各项噪声指标均大幅度低于有关规范的要求。

设计团队针对营运相关需求做了大量的调研和个性化设计,如免税店和餐厅的布局,人员的登乘和舱房管理等,使船舶更加实用化。该船采用双机、双桨、双舵配置,设有双艏侧推装置和减摇鳍装置,极大地提高了航行的安全性和操纵性能,缩短了靠离岸时间。

在该船建造过程中,攻克了船舶超长轴系安装、薄板焊接等关键工艺难题,创造了坞内周期 5 个月、码头舾装周期不足 6 个月的纪录。通过测试航行,21 节航速时主机油耗约 66.61 吨/天,比技术规格书要求节约了 2.49 吨/天;试航结果得到船东的高度认可。

十一、"新永安"号车道客滚船

"新永安"号客滚船(见图7-12)由上海欧得利船舶工程有限公司设计,中航威海船厂有限公司(2011年1月前为山东省威海船厂)建造,2018年10月31日交付胶东海运集团。

图7-12 "新永安"号客滚船

中韩航线客滚船是中国渤海及黄海诸多港口与韩国各港口往来的主要运输工具,2015年12月中韩自贸区协定正式生效,促进了中韩贸易的快速发展,但中韩航线上原有的客滚船基本上都是早年从国外购买的二手船,这些船的船龄有的已达25年之久,无论从技术上还是安全方面都已不适应当前的航运需求,在此情况下,建造了新的中韩航线客滚船880客位/2 165米车道豪华客滚船"新永安"号,航行于山东威海港至韩国平泽港之间,承运旅客、小轿车、载重汽车和集装箱拖车等,以破解当时之必需。

该船总长188.9米,型宽28.6米,型深(至三甲板/相当于主甲板)9.25米,设计吃水6.20米,载货量约7 100吨,船员70人,载客量880人。在设计吃水、主机服务功率(4×4 080千瓦)、轴带发电机400千瓦功率时,服务航速

20.6 节。该船为钢质,前倾艏柱,球鼻艏、方艉,设艏侧推装置、减摇和防横倾装置。采用四台中速柴油机驱动,单机最大功率 5 220 千瓦,双可调螺距螺旋桨,其螺旋桨和舷外轴系支承在轴人字架上,配双襟翼舵。全船共设置 9 层甲板,下面一、三、五 3 层为车辆甲板,各层净高分别为 4.70 米(一甲板)、4.85 米(三甲板)、4.60 米(五甲板)。

该船设艉门和艉跳板,在三甲板与一甲板、三甲板与五甲板之间设有斜坡车道,三甲板的梯道开口还设有水密舱口盖,以防止破损后的进水在这两层甲板间串通。滚装车辆可从码头经艉跳板进入三甲板,由三甲板进入一甲板或五甲板,车道畅通,卸货时,车辆可在内部调头,从三个方向通过艉跳板上岸,快速便捷。

该船性能优良,主要体现在阻力小、油耗低、经济性好和性能安全上为达到上述目标,在稳性、防火、救生和安全返港四个方面采取措施,满足国际海上人命安全公约(SOLAS)的有关要求。

该船设计采取以下措施:

(1)合理划分干舷甲板以下水密横舱壁,控制客舱长度;对称布置并连通干舷甲板之下水密分舱,保证水密舱室在船舶破损后对称进水,防止船舶倾覆;尽可能提高双层底高度,降低船舶重心;增加边舱宽度,在货舱浸水情况下提高浮力储备;设置前、后两个机舱,增加动力设备可靠性,也避免破损时的不对称进水。

(2)防火设计。船长方向设四个主竖区,并采取措施防止客舱内一个主竖区失火时,火势蔓延到其他主竖区;将车辆甲板(三甲板和五甲板)各划分为两个水平防火区,上货舱中货为两个防火区,下货舱为一个防火区。

(3)救生设备配置。设置满足登乘人员数量的救生艇和旅客撤离通道,满足 SOLAS 对国际短途客船救生设备配置的要求。

(4)安全返港。安全返港是 SOLAS 对船长大于 120 米或有 3 个以上主竖区的客船的新要求。该船设置前、后机舱、双舵机舱,一个发生故障,尚有一个可供使用;采用四机双桨推进,满足在事故情况下,还有主机可工作,使船舶能以 10 节航速返港;前、后机舱各设两台发电机、一台轴带发电机、集控台、主配电板保证电力供应;保证船舶发生事故情况下能维持 3 小时以上,确保人员有序撤离;配置安全中心,满足 SOLAS 公约对 17 个系统的操作、控制和监测的全部功能要求。

(5)撤离计算。撤离通道宽度满足要求,撤离路线分白天、黑夜两种情况,按 SOLAS 的要求分别进行计算和演练。

(6)该船对旅客的舒适性,从内部装潢、舱室温度及振动噪声几个方面加以解决。在五层(部分)、六层、七层和八层甲板设客舱,九层甲板设船员舱室。采用国际高端客船和豪华邮轮流行的整体舱室建造模式,创国内客滚船项目舱室建造先例。船上设有餐饮区,娱乐/商务区,休闲健身区;开设免税店、露天餐厅、棋牌室、KTV、会议中心、影院、酒吧等。舱室布置合理,旅客分类清楚,装潢水平接近豪华邮轮,为旅客提供安全舒适的服务。旅客可从三甲板通过自动扶梯或步行梯道直接上、下船,与货物滚装车道分离,避免了产生碰车撞人的危险。

该船投入营运后,与其他同类型船相比,具有航速快、油耗低、安全环保性能先进、旅客乘坐体验舒适等优点,给船东和中韩两国贸易带来了明显的经济效益。

十二、"新石岛明珠"号和"群山明珠"号客滚船

"新石岛明珠"号(见图 7-13)是黄海造船有限公司建造的大型豪华客滚船,于 2018 年 4 月投入营运。该船船东为山东荣成市石岛集团旗下华佳国际船务有限公司,是该公司继建造中韩航线首航的客滚船"华东明珠 8 号"(由上海欧德利船舶工程公司设计)后,再次与"华佳"合作建造的豪华客滚船。

该船船长 170 米,型宽 26.0 米,总吨位 2 万,载客量 1 200 人,车道总长度 1 680 米,主要承担旅客、轿车、载重汽车和集装箱拖车的运输业务。该船采用

图 7-13 "新石岛明珠"号客滚船

国际最高的安全标准和全新设计理念,使船舶营运更节能环保,稳性和抗风浪能力更强。内部设施和装饰比照现代欧美最新风格和同等水平。船上设有超级市场、免税商店、儿童乐园、健身房等娱乐休闲场所,设有带落地窗观光阳台的豪华客房、直升机起降平台等,是一艘集旅游、休闲、娱乐于一体的新型豪华客滚船,整体舒适度接近豪华邮轮。

"群山明珠"号由黄海造船有限公司建造,2019 年 3 月 14 日下水,6 月交付营运,是继"新石岛明珠"号后建造的第二艘中韩航线豪华客滚船,也是"黄海造船"为中韩石岛至群山航线建造的更新换代的第六艘大型豪华客滚船。

该船总长 170 米,型宽 26.2 米,载客量 1 200 人,车道总长度 1 680 米,该船设有三层车辆甲板,露天车辆甲板可以装载 168 个 20 英尺标准集装箱,并配置了 60 个冷藏集装箱插座,入级韩国船级社(KR)。

十三、"萨拉曼恩卡"号客滚船

"萨拉曼恩卡(SALAMANCA)"号客滚船是招商金陵(威海)船舶公司建

造,船东为瑞典 Stena RoRo 航运公司,该船是船东 E-flexer 系列船 12 艘中的第 6 艘,由 Stena RoRo 与丹麦 Delta marine 船舶设计公司联合设计。该船建成后租给法国渡船公司(Brittang Ferries)营运,航行于法国卡昂(奎斯特汉姆)、圣马洛与英国的普利茅斯航线,该船于 2021 年 11 月交船,其姊妹船"GaliCiA"号也于 2020 年秋交付使用。

"萨拉曼恩卡"号客滚船,船长 214.5 米,型宽 27.8 米,设计吃水 6.4 米;主机为 12V46DF,可燃用 LNG 和船用燃油双燃料。设计航速 23 节,载客量 1 015 人,车道总长度 2 705 米,是国内建造的首艘船舶能效指标(EEDI)达到 IMO 第三阶段要求的双燃料动力客滚船。该船入级 DNV 船级社,满足 IC 级冰区加强要求和安全返港要求,振动和噪声指标满足国际 2 级要求;同时满足防污染公约 MAPOL 附则中 Tier-Ⅲ 及国际海事环保新规的要求,并采用减摇鳍提高船舶舒适性。

招商金陵(威海)船舶公司已与 Stena RoRo 公司签订了 12 艘客滚船合同,已交船 6 艘,还有 6 艘正在建造。

通过一系列出口客滚船的建造和与国外设计公司的交流,招商金陵(威海)公司在经济收入上有所增加,在技术上也得以提升。

十四、"三沙 1 号""三沙 2 号"客滚船

"三沙 1 号"客滚船由上海船舶研究设计院设计,渤海船舶重工建造,2013 年 12 月开工,2014 年 8 月下水,同年 12 月到达海口港,12 月 30 日完成海试(如图 7-14 所示),是三沙海事局取得船舶登记授权可独立办理船舶登记业务后办理的第一艘以三沙市为船籍港的船舶证书,主要担负三沙所属海域的综合交通补给任务。

该船总长 122.30 米,型宽 21.0 米,吃水 5.4 米,排水量 7 800 吨,载客量 456 人,设计航速 19 节,载货量 2 400 吨,可载运 20 辆 20 英尺标准集装箱拖车,在 8 级风下航行,双机、双桨推进、配双舵,符合中国船级社有关规范。投入

图 7-14 "三沙 1 号"客滚船

航行后,文昌市清澜港到三沙永兴岛仅需航行 10 小时,比"琼沙 3 号"客货船快了将近 5 个多小时。船上配有直升机起降平台,方便执行海上救援和岛礁巡查等任务。续航力 6 000 海里,可以从海南岛到南海最南端往返一个来回,中途还可以游弋、巡逻,用于维护海洋权益、抢险救灾等非军事任务。

"三沙 1 号"客滚船的成功建造,对提升三沙市交通补给和综合服务保障能力,提升三沙市海上行政管控能力具有重要意义。

"三沙 2 号"客滚船(见图 7-15)在"三沙 1 号"基础上,进行了更多功能性的拓展,具备综合运输补给、应急救援指挥、紧急医学救助、岛礁科学考察等功能,设直升机起降平台、该船的第 4 层设有配置齐全的海上医学救援区域,分别设有诊疗室、X 光检查室、无菌手术室、病房等,可在此进行较大型的手术,船上还设置有多条应急救援通道,包含海陆空三栖救援方式。

该船总长 128 米,型宽 20.4 米,吃水 5.7 米,排水量 8 000 吨,最高航速 22 节,续航里程 6 000 海里,载客量 400 人,抗风等级 10 级,航区可覆盖整个南海海域。

图 7-15 "三沙 2 号"滚装船

三沙地处全球最繁忙海上通道的前沿,也是台风多发的地区,"三沙 2 号"在设计上充分考虑了海上应急搜救和医疗救助的实际需求,不但具有提升南海各岛礁之间的交通和运输保障能力,也为我国承担和履行海上搜救、人道主义救援等国际责任和义务提供支撑。

在伤员的输送方式上,该船设有 3 个区域 3 条通道。第一个就是从空中直升机可以直接输送伤病员(见图 7-16),第二个区域从汽车舱滚装甲板,救护车可以直接开进汽车舱,第三个区域可以从海上进行伤病员的转运,因为舷侧设置了海上登乘门。

在提升旅客的舒适感方面,"三沙 2 号"进一步进行了优化,包括增大了舱室窗户的透光面积和采光量,扩大了旅客的视野,空调也做了分区处理,共分成 9 个区域,可以单独控制通风量的大小,航速也有了进一步的提升,从文昌清澜港到三沙永兴岛,可以做到朝发夕至。船上还装载了中国移动通信系统(移动中使用的卫星通信系统),可以实现从文昌清澜港到永兴岛之间海上移动通信网络的全程覆盖。

作为一艘为长线航行而设计的客滚船,"三沙 2 号"的装载能力也不容小觑。该船可以装载 1 000 吨淡水,车辆舱可以装载 20 辆 10 米长的标准集装箱

图 7-16　"三沙 2 号"的直升机平台

拖车,而且其中 10 辆可以是冷藏集装箱拖车,并且在船上直接充电,以保持冷藏货物的新鲜度。

该船的投入使用,进一步提升了三沙市岛礁之间的交通运输保障能力,增强了海上应急救援和医疗救助等能力。

十五、"生生 1 号""生生 2 号"和"生生 3 号"客滚船

"生生 1 号"客滚船(见图 7-17)由山东黄海造船有限公司承建,上海船舶研究设计院设计,威海海大客运公司投资建造。

该船总长 120 米,型宽 20.4 米,型深 6.8 米(主甲板)/12.1 米(上甲板),设计吃水 5 米。载客量 1 026 人,载车 123 辆。该船由中速柴油机驱动,双机、双桨推进、设双舵,航速 16 节,另设艏侧推装置。减摇装置,可在驾驶室遥控。

全船设 7 层甲板,主甲板为集装箱拖车甲板,车道长 615 米,可装 40 英尺

图 7-17 "生生 1"号客滚船

集装箱拖车及 40 吨载重吨货车 40 余辆。上甲板以上为客舱及船员舱室,拥有 1 026 个客位,车辆甲板和旅客通道设有闭路电视监视系统,设有压力水雾和二氧化碳灭火系统,大大提高了船舶航行的安全性。客舱按国际邮轮标准设计,装修豪华,并装有卫星电视接收系统,2006 年"生生 1"号在威海下水。

"生生 2"号(见图 7-18)由上海船舶研究设计院设计,黄海造船有限公司建造,2013 年 7 月投入营运,威海市海大客运公司投资建造。航行于威海-大连航线,航程 96 海里,航速 18 节。

图 7-18 "生生 2"号客滚船

该船船长 165 米,型宽 24 米,载客量 2 200 人,车道总长度 1 100 米,总吨位 20 472,可同时载车 320 辆,设有两层车辆甲板,载重量约 5 500 吨,能装载单车最大载荷 120 吨,车辆限高 4.85 米,是当时载货能力最大的客滚船之一。

该船设有贵宾舱、一等舱、二等舱、三等舱等多种不同等级舱室,满足各类旅客要求。该船按 SOLAS 公约关于"客船安全返港和确保有序撤离时系统维持运行"的安全理念设计,其推进、电力、操舵、导航、消防等主要系统全部设计为独立的双套系统,在任何一套系统因火灾等原因失效后,另一套系统仍然能够保证船舶安全返回就近港口,充分体现了安全、环保、节能和以人为本的理念。该船是当时第一艘满足安全返港要求的客滚船。

"生生 3 号"是继"生生 2 号"后,黄海造船有限公司建造的又一艘主尺度更大的客滚船。于 2018 年 11 月签订建造合同,2019 年 5 月开工建成后由威海市海大客运有限公司投入威海—大连航线营运。该船总长 185 米,型宽28.6 米,总吨位 3.7 万,载客量 2 300 人,车道总长度 2 600 米,是一艘适用国内近海航线,承载旅客、轿车及各类货车,配有超级市场、电影院、露天餐厅、烧烤吧、棋牌室等娱乐场所的现代化绿色环保节能型豪华客滚船。

该船至合同签字日,黄海造船有限公司接手及交付的大型豪华客滚船已达26 艘,国内市场占有率在全国居于前列,大型豪华客滚船生产经营已形成批量化、专业化、国际化,成为客滚船建造大户,并在国际上具有一定的影响。

十六、琼州海峡客滚船

随着国家有关推进海南国际旅游岛建设的落实和开展,海南经济不断发展,连通大陆和海南岛之间的琼州海峡客滚船航线日益繁忙,新建了几十艘新型的客滚船。

(1)"信海 12 号"和"信海 19 号"客滚船畅通了琼州海峡客货流能,"信海12 号"和"信海 19 号"都是重庆长航东风船业公司建造的客滚船,船东为(海南)海峡航行股份有限公司。"信海 12 号"于 2004 年 12 月交船,用于雷州半岛的海安与海南的海口航线的客滚运输。(见图 7 - 19)。

该船总吨位 6 400,总长 98 米,型宽 19.8 米,型深 6.5 米,设计吃水 4.2 米,设计航速 17 节,车辆甲板高 5 米,载重量 1 450 吨,装大客车 48 辆,载客量800 人。

图 7-19 "信海 12 号"客滚船

"信海 12 号"与以原有的客滚船相比,该船具有 8 级抗风能力,装配有先进的减摇装置,确保了船在大风浪中平稳航行。

(2)"信海 19 号"于 2012 年 1 月投入琼海峡航线营运,是海峡航运股份有限公司投资建造的又一艘大型客滚船。该船由海南威隆船舶工程有限公司承建。总长 119 米,型宽 19.8 米,型深 6.3 米,航速 16 节,载客量 817 人,车道总长度 630 米,可装载 41 辆汽车,并能在 8 级风浪中航行。

该船配套设施先进、装有减摇鳍和侧推装置;内部装修豪华,设有 250 平方米豪华休闲咖啡厅,两侧走廊设有敞篷观光雅座,为旅客提供高端差异化服务。

(3)"宝岛 12 号"系长航东风船舶工业公司建造,船东为海南海峡航运股份有限公司。2009 年 9 月 15 日下水,2010 年 2 月完工,投入营运,从海口首航到达海安港。

该船总长 106 米,吃水 4 米,总吨位 6815,配两台 2 060 千瓦的主机,航速15.5 节,能抗 8 级大风。该船车辆甲板净高 5 米,装车跳板长 6.8 米,可装载东风 40 英尺标准集装箱拖车(大型拖车)46 辆,车辆可直上直下。

该船载客量 988 人,船上设有咖啡厅,先进的减摇装置和舷侧推装置以提高了旅客的舒适性。

该船的建成，使琼州海峡运输的运力明显增强，为广大旅客、车辆进出海南，以及建设国际旅游宝岛提供了运力保障。

（4）"海峡1号"客滚船也是由重庆长航东风船舶公司建造，海南海峡航行股份有限公司投资建造的一艘快速豪华客滚船，该船于2012年2月投入海口至海安航线，填补了琼州海峡当时尚无快速豪华客滚船的空白。

2012年5月，同型船"海峡2号"首航广东海安至海南海口航线。

该型船的设计以安全、快速、豪华、舒适为特点，以满足中、高层旅客服务需求，以旅客、小汽车和直通客车为主要服务对象。

该船总长94.7米，型宽17.6米，总吨位5960，航速18节，载客量600人，装载大型车辆30辆。该船属沿海航区船舶，适用载运备有自备燃油的机动车辆和载客运输，但不适合载运装有危险品货物的机动车辆。该船是当时琼州海峡航线航速最快、最豪华的大型客滚船。

该船的旅客舱室按五星级标准进行内部装修，设有普通舱、高级客舱、卧铺客舱、头等客舱，并为旅客提供露天观景台，配有370平方米豪华休闲咖啡厅及小型超级市场，为旅客和车辆驾驶员提供差异化服务。

十七、"维京"号邮轮型豪华客滚船

2021年12月23日，由厦门船舶重工股份有限公司为芬兰维京客船公司（VIKING LINE）建造的首艘2800客位邮轮型豪华客滚船"维京（Viking Glory）"号实现"云交付"。它是迄今为止规模最大、内装潢最豪华、高度节能环保的新一代邮轮型客滚船。

该船是集运输、旅游、休闲、商务、购物等功能于一体的新一代邮轮型客滚船（见图7-20）。该船采用节能型鸭艉和艉压浪板设计，总长222.6米，型宽35米，型高46.8米，航速22.1节；配置双燃料主机，采用电力推进，艉部配两台吊舱式推进器，同时还配备了废热回收、冷能回收系统。与传统柴油机驱动的

客滚船相比,该船的颗粒物排放量将减少超过 90% ,二氧化碳排放量将减少 $20\%\sim30\%$ 。

图 7-20　邮轮型豪华客滚船"维京"号

该船设有 1 124 间居住舱室,可搭载 2 800 名旅客和 200 名船员,并拥有约 1 500 米长的车道。船内配置各类欧洲风情餐厅、酒吧、咖啡馆、免税商店、演艺厅、多功能会议中心、儿童乐园、健身中心、大型观光游步甲板、旋转餐厅、多功能剧院、升降舞台等休闲娱乐设施,能让旅客在安全旅行的同时,尽享"移动海上之城"最佳舒适体验。

在船舶自动化方面,该船拥有全球先进的中央控制及报警监视系统,充分应用全球先进的光导传输技术、总线通信技术,使船舶自动化系统的控制和数据信息集成充分结合,再通过先进的计算机软件技术平台进行处理,使得各个子系统的操作更加便捷和智能化。

该船在任意工作站和延伸报警板上都能获得全船所有自动化设备的工况信息和报警提醒。部分工作站根据营运要求具备特殊的控制功能,能对全船的电力供应、货舱通风、压载状态、居住舱室空调系统等进行智能化管理,充分展示出船舶自动化程度的全面升级。该船满足豪华邮轮安全返港要求，能在失去一部分动力和设备故障情况下，依靠自带系统安全返港。

在船舶振动噪声控制方面，该船客舱内几乎听不见任何噪声，也感受不到任何振动。旅客舱室、公共处所噪声和振动等舒适性指标满足 DNV COMF (V1)要求，达到大型豪华邮轮标准。

十八、72 米/470 客位客滚船

72 米/470 客位客滚船是一艘由船东长岛县港航局下属的长通旅运有限公司投资，天津德赛船舶海洋工程技术有限公司设计，镇江新兴船舶公司建造的，入级中国船舶检验局，挂中国旗的客滚船。该船首制船于 2007 年交船。

该船为双机、双桨、双舵，柴油机驱动的车客滚装船。车辆甲板为纵通型，艏及舷侧开门，开敞式滚装处所。载客甲板布置在中前部。该船航行于山东长岛—蓬莱—砣矶岛及砣矶岛以南诸岛。

该船总长 72.3 米，垂线间长 64.2 米，型宽 14 米，型深 5 米，最大结构吃水 3.4 米；续航力大于 800 海里；总吨位 1 907；净吨位 991；载客量 470 人。

主机为 LB6250ZLC－6 型柴油机 2 台，主机最大连续功率 1 000 千瓦。发电机 3 台，其中 2 台功率 240 千瓦，1 台 75 千瓦。在最大结构吃水时，考虑 15％ 的海况裕度，在 CSR 转速时的服务航速 14 节。

十九、700 米车道/1 100 客位客滚船

700 米车道/1 100 客位客滚船是一艘由大连万通荣海客运有限公司、烟台打捞局投资，上海船舶研究设计院设计，黄海造船公司建造的，入级 CCS，挂中国旗的客滚船。该船首制船于 2008 年 6 月交船。

该船为适合近岸航行的滚装客船，有 3 层旅客甲板和 2 层装载小轿车和卡车的滚装甲板。

该船总长 129.9 米，垂线间长 120.4 米，型宽 20.4 米，型深 12.3 米，最大结

构吃水 5 米;最大结构吃水时的载重量 10 800 吨;续航力 4 000 海里;总吨位 11 575,净吨位 6 019;载客量 1 108 人;载车量 218 辆;车道总长度 2 200 米。

该船主机型号为 8DKM－28,2 台,主机最大连续功率 2×2 500 千瓦。发电机 3 台,总功率 2 130 千瓦。

该船在最大结构吃水时,考虑 15％的海况裕度;在 CSR 转速时,服务航速为 15.7 节。

二十、900 客位客滚船

900 客位客滚船是一艘由船东广东徐闻港航控股有限公司投资,武汉金鼎船舶工程设计有限公司设计,武昌船舶重工有限责任公司建造的,入级 CCS,挂中国旗的客滚船。该船首制船于 2011 年 2 月交船。

该船采用外歪双艉鳍,艉机型。

该船垂线间长 98 米,型宽 20.2 米,型深 5.95 米。最大结构吃水 4 米;最大结构吃水时的载货量 1 600 吨;总吨位 7 091 净吨位 3 829;载客量 900 人,载车量 40 辆。

该船主机型号为 8320ZCd－6,2 台,主机最大连续功率 2 060 千瓦。发电机型号为 CCFJ350JL,3 台,总功率 1 323 千瓦。

该船在最大结构吃水时,考虑 15％的海况裕度;在 CSR 转速时,服务航速 15.2 节。

二十一、990 客位客滚船

990 客位客滚船是一艘由海南江海船务有限公司投资,武汉金晶船舶设计院设计,青岛扬帆船舶制造有限公司建造的,入级中国船级社,挂中国旗的客滚船。该船首制船于 2014 年 10 月交船。

该船为双机：双桨驱动、艉机型的柴油机客滚船,其推进装置采用两台船用中速柴油机。该船分别通过减速齿轮箱及传动轴系驱动固定螺距螺旋桨。

　　该船总长 118.18 米,垂线间长 108.50 米,型宽 20.38 米,型深 6.30 米;最大结构吃水 4.20 米;最大结构吃水时的载重量 2 400 吨;线航力 700 海里;总吨位 8 389,净吨位 4 530;载客量 990 人;船员 34 人。载车量 60 辆;车道总长度 112.80 米。

　　该船主机型号为 8320ZCd – E,2 台。主机最大连续功率 1 470 千瓦。主机在经济转速下功率为 500 千瓦。发电机型号为 CCF14 – 350,3 台。总功率 1 050 千瓦。

　　该船在最大结构吃水时,考虑 15％的海况裕度;在 C5R 转速时,服务航速 13.0 节。

　　990 客位客滚船总布置侧面图如图 7 – 21 所示。

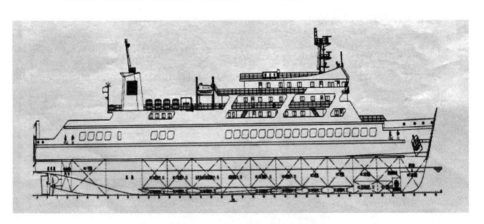

图 7 – 21　990 客位客滚船总布置侧面图

二十二、560 米车道/498 客位客滚船

　　560 米车道/498 客位客滚船是一艘由船东上海箭亚船舶进出口有限公司投资,福建海宏船舶工程设计有限公司设计,福建福宁船舶重工有限公司建造的,入级 CCS,挂中国旗的客滚船。该船首制船于 2016 年 12 月交船。

　　该船型为钢质全焊接结构、单体、艉机型、双机、双桨、双舵,采用圆舭型、流线型舵。设有艏升高甲板;主甲板上设有上甲板及驾驶甲板室。

该船总长 106.25 米,垂线间长 99.20 米,型宽 20.40 米,型深 6.50 米,最大结构吃水 4.20 米;最大结构吃水时的载重量 2 080.5 吨;续航力 1 140 海里;总吨位 6 906,净吨位 2 345;轻吨 3 550 吨;载客数 498 人;载车量:卡车 33 辆＋小轿车 53 辆;车道总长度 560 米。为Ⅲ级、第三类客船,航行于 2 类航区,航行时间小于 4 小时。在最大结构吃水时,考虑 15% 的海况裕度;在 CSR 转速时,服务航速 15 节。

该船主机型号为宁动 GA8300ZC,2 台。主机最大连续功率 2 206 千瓦。主机在经济转速下功率 1 875 千瓦。发电机型号为潍柴 WP12CD317E200,2 台。总功率 500 千瓦。

二十三、客滚船"海装 18 号"

客滚船"海装 18 号"(如图 7 - 22 所示)是一艘由船东广东省湛江航运集团投资,广州碧洋船舶设计有限公司设计,浙江方圆造船有限公司建造的,入级 CCS,挂中国旗的客滚船。于 2016 年 5 月 10 日签订建造合同,首制船于 2017 年 4 月 18 日交船。

图 7 - 22　客滚船"海装 18 号"

基于对琼州海峡海况、航道、运输情况及数据的深入研究的基础上,采用 CFD[①] 技术和模型试验以阻力与推进性能为目标进行优化,采用耐波性计算,以螺旋桨出水概率、砰击概率、艏部垂向加速度、载车甲板加速度、晕船率为目标对船舶型线进行了优化,并采用波浪载荷计算与有限元分析对总纵强度与局部结构进行的分析与优化。针对该海域台风频繁的情况,船型的开发创新地融入防台风的设计理念,提高船舶的防台风的能力,确保船舶的安全。针对该航线航行时间短、装卸频繁的特点,优化车辆舱与坡道的布置采用小车于上层建筑甲板的装载模式,突破传统客滚船将小车舱布置在底舱的装载模式,提高车辆的装载效率,缩短渡海时间,改善小轿车的泊车环境,极大地改善自驾游旅客过海旅途的体验。

采用三维设计手段,极大提高船舶设计的质量,设计效率较传统的设计方法提高 50%～70%。

该船总长 127.50 米,垂线间长 118.50 米,型宽 20.80 米,型深(至主甲板)6.40 米。设计吃水 4.50 米。满载排水量 8 404.87 吨,轻载排水量 6 349.99 吨。总吨位 11 840,净吨位 6 393。设计载重量 3 381.65 吨。服务航速 15.00 节。续航力 2 500 海里。

该船在建造中高强度钢使用的比例为 40.5%。

该船主机为 2 台柴油机,每台主机的功率 2 920 千瓦。柴油机驱动的交流发电机 3 台,每台功率 600 千瓦。

该船配备 2 套减摇鳍作为横摇稳定装置和 2 个定螺距螺旋桨;且配置 2 套 HN－MES－VP12.0－600 型海上撤离系统,2 艘全封闭救生艇和 12 个 HNF－SR100 型自扶正气胀救生筏。

通道设备包括 1 扇艏门,1 扇艉门,2 台小汽车升降机。

该船定员 40 人,其中高级船员 7 人,普通船员 33 人。该船配置单人间

---

① 计算流体力学。

7套,双人间11套、其他房间2套。

该船设置2台功率400千瓦的艏侧推装置,每台功率400千瓦。该船设有桥楼控制系统,FAR-2817型雷达2台和WCBx-300C型污水处理装置1台。该船通道设备包括:车辆总数100辆,其中卡车50辆,小车50辆。固定式车辆甲板2层。2扇门,1条坡道和2台升降机。车道总长度938米,其中3米卡车车道668米,2.4米小车车道270米。

二十四、"双泰29"号客滚船

客滚船"双泰29"号(见图7-23)是一艘由船东广东省湛江航运集团投资,广州碧洋船舶设计有限公司设计,泰州口岸船厂建造,入级CCS,挂中国旗的客滚船。于2015年8月10日签订建造合同。已完工交船姊妹船4艘,首制船于2016年11月18日交船。

图7-23 客滚船"双泰29"号

该船总长127.50米,垂线间长118.50米,型宽20.80米,型深(至主甲板)6.40米。设计吃水4.45米。满载排水量8183.41吨,轻载排水量6349.99吨。总吨位11772。设计载货量3165.11吨。服务航速13.00节,续航力2500海里。

该船在建造中高强度钢使用的比例为40.6%。主机为8320ZCd-8型柴油机2台,每台主机的功率为2206千瓦。柴油机驱动的交流发电机3台,每台功率 600 千瓦。该船配备固定螺距螺旋桨 2 个和 2 套 JQA－7－400 型减摇鳍作为横摇稳定装置。该船配置 2 套 HN－MES－VP12.0－600 型海上撤离系统、2 艘全封闭救生艇和 12 个 HNF－SR100 型自扶正气胀救生筏。

该船通道设备包括 1 扇艏门、1 扇艉门和 2 台小汽车升降机。车辆总数 100 辆,其中卡车 50 辆,小车 50 辆。2 层车辆甲板,2 扇门,1 个坡道和 2 台升降机。

该船定员 40 人,其中高级船员 7 人,普通船员 33 人。配置单人间 7 套,双人间 17 套。

该船设置艏侧推装置 2 台,每台功率 400 千瓦和设置一人桥楼控制系统。

该船还配置 FURUNO 制造的 JMR－9225－6X 型雷达 2 台,WCBx－300C 型污水处理装置。

该船车道总长度 938 米,其中 3 米卡车车道 668 米,2.4 米小车车道 270 米。

二十五、70 米客滚船"长岛金珠"号

70 米客滚船"长岛金珠"号(见图 7－24)是一艘由船东长岛长通海运公司投资、浙江欣海船舶设计研究院设计、蓬莱中柏京鲁船业有限公司建造,入级 CCS,挂中国旗的客滚船。该船于 2016 年 5 月签订建造合同,已完工 2 艘姊妹

图 7－24 70 米客滚船"长岛金珠"号

船,首制船于 2017 年 7 月交船,后续船 2 艘。

该船主要适用于蓬—长航线上,载运在油箱中备有自用燃油的机动车辆(含车载物)和载客运输,不适合载运装载危险品货物的机动车辆。该船航行于"蓬莱至长岛,兼顾北五岛(砣矶、大钦岛、小钦岛、南隍城岛、北隍城岛)西三岛(庙岛、大黑山岛、小黑山岛)"的客货运输航线,属于沿海航区,稳性按远洋航区要求校核,结构按近海航区设计,并设置一对面积约 3.0 平方米减摇鳍,船舶抗风等级为蒲氏 8 级。该船航行时间不超过 4 小时,属于沿海航区 II 级第 3 类客船。

该船为单体、单甲板、钢质、单向、双通道、双柴油机推进、双舵、双艉鳍型,配有减摇鳍和艏侧推装置的装载能力相对较大、客运服务条件较好的客滚船。载客量(包括汽车上的旅客和散客)430 人;装载汽车重量(8 级风)约 400 吨,允许载车净高不小于 4.78 米,车辆甲板允许通过最大车辆重量为 80 吨。

该船总长 69.00 米,垂线间长 61.60 米,型宽 15.00 米,型深(至主甲板)4.85 米。结构吃水 3.35 米,设计吃水 3.20 米;轻载排水量 1 576 吨,总吨位 2 895,净吨位 1 563;结构载重量 551 吨,设计载重量 429 吨;服务航速 14 节续航力 1 000 海里。该船定员 18 人,载客量 430 人。

主机为 LB8250ZLCZ - 6 型柴油机 2 台,每台功率 1 324 千瓦。柴油机驱动的交流发电机 2 台,每台功率 200 千瓦。设置横倾控制系统 1 套,固定螺距螺旋桨 2 个。减摇鳍作为横摇稳定装置。救生设备包括:6 人救助艇 1 艘,125 人气胀救生筏 4 个和 500 人抛落式撤离系统。

此外还设置苏州本特力制造的艏侧推装置 1 台,功率 280 千瓦。配备 FAR - 2117 型 X 波段雷达 1 台,MBR - 20 型污水处理装置。

二十六、"和航兴龙"号客滚船

"和航兴龙"号客滚船(见图 7 - 25)是一艘由船东长岛祥隆海运公司投资,

烟台派格船舶设计公司设计,蓬莱中柏京鲁船业有限公司建造,入级 CCS,挂中国旗的客滚船。该船于 2016 年 5 月签订建造合同,已完工 2 艘姊妹船。首制船于 2017 年 7 月交船。尚有 2 艘后续船在建造中。

图 7 - 25 "和航兴龙"号客滚船

该船为双柴油机、双螺旋桨驱动的车客滚装船。设一层纵通型车辆甲板,艏、艉部设跳板(艏部跳板:长 6.15 米、宽 6 米;艉部跳板:长 7.15 米、宽 6 米);载客甲板布置在舯前。机舱设在舯后,设置双流线型平衡舵、艏侧推装置。在限定航区内可装载各种载重汽车、客车、轿车。载客量:乘客及随车人员共计 360 人。实际营运时,单辆车最大载重量 80 吨、载重车总重约 350 吨,可视情适当调整车位及载车量。该船为航行于山东蓬莱—长岛及北五岛海域、沿海航区的Ⅱ级 3 类客滚船。稳性按远海航区校核,该船满足抗蒲氏 8 级风和船级社对破舱稳性的要求。

该船总长 60.00 米;垂线间长 52.00 米,型宽 15.00 米,型深(至主甲板)5.00 米,设计吃水 3.30 米;轻载排水量 1 520 吨;总吨位 2 399;净吨位 1 287;结构载重量 663.6 吨,设计载重量 663.6 吨;服务航速 14 节,续航力 600 海里;定员 18 人;载客量 360 人。

60 米客滚船"和航兴龙号"设置横倾控制系统 1 台,减摇鳍作为横摇稳定装置。柴油机驱动的交流发电机 2 台,每台(套)功率 220 千瓦。

该船主机型号 LC6250ZLC - 7 柴油机 2 台,每台主机的功率 1 470 千瓦。

定螺距螺旋桨 2 个。救生设备包括: 6 人救助艇 1 艘、110 人气胀救生筏 4 个和 300 人抛落式撤离系统。

　　该船艏侧推装置 1 台,功率 295 千瓦;FAR‐2117 型 X 波段雷达 1 台和 MBR‐20 型污水处理装置。

二十七、1 800 客位/3 250 米车道客滚船

　　"巴德吉‐穆赫塔尔三世"号客滚船(见图 7‐26)是一艘广船国际有限公司设计建造的,入级法国船级社,挂阿尔及利亚旗的客滚船。该船于 2018 年 3 月 11 日签订建造合同,首制船于 2021 年 6 月 15 日交船。

图 7‐26　"巴德吉—穆赫塔尔三世"号客滚船

　　该船航线为往返于阿尔及利亚与法国、西班牙、意大利之间的各港口,国际短途航行,满足 SOLAS 2014 要求;两层车辆甲板,车道总长度约 3 250 米,装载乘客及其车辆、商用车辆、集装箱卡车、半挂车等,不载运危险品货物;上层建筑丰满,载客量 1 800 人,其中卧席 1 500 人,座席 300 人,船员 180 人;4 个主竖区,满足安全返港;配置 4 台中速柴油机,双轴,双可调螺距螺旋桨;装有脱硫

塔,满足 Tier III 要求。

　　该船总长 199.9 米,垂线间长 183.4 米,型宽 30.0 米;型深:至主甲板 9.5 米,至上甲板 14.8 米;结构吃水 6.7 米,设计吃水 6.5 米,总吨位 49 700,净吨位 23 800。结构载重量 5 500 吨,设计载重量 4 600 吨,服务航速 24 节,续航力 5 000 海里。主机为 MAN 柴油机 4 台;配置 1 套横倾控制系统和 4 套 MAN8L48/60CR 型作为横摇稳定装置;可变螺距螺旋桨 1 个,艉跳板 3 个,还设置 PANASIA 制造的压载水处理系统;艉部设置特种舵 2 个和 WARTSILA 制造的艏侧推装置 2 台,艉侧推装置 1 台。

　　该船配备处理干垃圾的废弃物处理装置,包括 1 套废弃物压实机;MBR 200K 型污水处理装置 2 台,可满足 2 200 人处理量。

二十八、“双泰 37”号客滚船

　　“双泰 37”号客滚船(见图 7-27)是一艘由船东广东省湛江航运集团投资,广州碧洋船舶设计有限公司设计,泰州口岸船厂建造的,入级中国船级社,挂中国旗的客滚船。该船于 2018 年 3 月 10 日签订建造合同,已完工姊妹船 2 艘,首制船于 2019 年 6 月 8 日交船。

图 7-27　“双泰 37”号客滚船

　　该船总长 127.50 米,垂线间长 119.00 米,型宽 20.91 米,型深(至主甲板)6.50 米;设计吃水 4.45 米,满载排水量 8 696.31 吨,轻载排水量 6 055.92 吨;总吨位 12 787,净吨位 6 885;设计载重量 3 306.42 吨;服务航速 13 节,续航力 2 500 海里;在建造中高强度钢使用的比例为 41%。船上设置 2 套 JQA-7-400 型减摇鳍作为横摇稳定装置。主机 8320ZCd-8 型柴油机 2 台,每台主机功率 2 206 千瓦。柴油机驱动的交流发电机 3 台,每台功率 600 千瓦。还配置定螺距螺旋桨 2 个;设置 HN-MES-VP12.0-600 型海上撤离系统 2 套;全封闭救生艇 2 艘,HNF-SR100 型自扶正气胀救生筏 12 个。以及 1 台功率 500 千瓦艏侧推装置、桥楼控制系统和 FURUNO 制造 JMR-9225-6X 型雷达 Radars 2 台。为满足环保要求,还配置 WCBx-300C 型污水处理装置。

通道设备包括:1 扇艏门,1 扇艉门和 1 条活动式小汽车滚装坡道;车辆总数 132 辆,其中卡车 50 辆,小车 82 辆;2 层车辆甲板。

该船定员 40 人,其中高级船员 7 人,普通船员 33 人;配置单人间 12 套,双人间 16 套。

二十九、"中华富强"号客滚船

"中华富强"号客滚船轮由上海船舶研究设计院设计,黄海造船有限公司建造。

2020 年 4 月 10 日,由渤海轮渡集团股份有限公司控股的威海市海大客运有限公司投资建造的大型豪华客滚船——"中华富强"号客滚船顺利下水。

2020 年 9 月 27 日,"中华富强"号客滚船(如图 7-28 所示)首航仪式在山东港口威海港国际客运中心客运码头隆重举行。

该船总长 186.02 米,型宽 28.60 米,总吨 37 883,净吨 20 456,额定载客量 2 262 人,服务航速 19.5 节,续航力 3 000 海里。该船共设 11 层甲板(总高度 32.05 米),其中 7~9 甲板是旅客舱室及服务区域,装修豪华,设有大型超市、影院、露天餐厅、烧烤吧、棋牌室等高档娱乐休闲场所,配有 2 部乘客专用电梯,为旅客提供舒适、便利的服务体验;1~5 甲板为车辆甲板,共 3 层车辆舱,车道总长度 2 600 米,可装载车辆 233 辆,总载重量 8 900 余吨。该船艏、艉开门,大型车辆可直进直出,通行高效。

图 7 - 28　"中华富强"号客滚船

该船船体外形设计新颖,整个船身以巨型"鲲"为依托,同时将"精致城市·幸福威海"城市标志与渤海轮渡集团公司标志巧妙布局,使浓厚的威海地域文化特点与古老的航海文化有机融合,既凸显了威海开放、包容、进取、人文、宜居的城市特点,同时也彰显了渤海轮渡集团敢为天下先、拼搏进取的开拓精神。

渤海湾客滚运输是连接东北、华北、华东、华南地区的重要通道,在环渤海湾经济圈中发挥着重要作用。新型客滚船——"中华富强"号投入威海—大连客滚航线营运,将对威海地方经济、贸易往来、人文旅游等发展起到巨大的推动作用,对加快推进"精致城市·幸福威海"建设,更好地满足人民群众对美好生活的出行需求、更好地为鲁辽两地经济社会发展具有重要的积极意义。

三十、600 客位/4 500 米车道豪华客滚船

2021 年 12 月 14 日,仲冬时节的广州南沙区龙穴岛上,处处盛开的异木棉花依然把这里装点得生机盎然。由中国船舶集团旗下广船国际为北欧最大的航运和物流公司——丹麦 Det Forenede Dampskibs-Selskab(DFDS)航运公司建造的 600 客位 4 500 米车道豪华客滚船(见图 7 - 29)在南沙举行媒体开放日活动。

图 7-29　600 客位 4 500 米车道客滚船

　　这艘崭新的豪华客滚船就在这样的冬日暖阳里静静地停靠在码头上,等待着人们为她揭开面纱。

　　此型船计划建造 2 艘,该船为首制船,由芬兰 DELTA MARIN 负责方案设计。

　　该船总长 230 米,型宽 31 米,型深 9.85 米,设计吃水 6.80 米,载重吨约 11 950 吨,总吨 56 043,定员 662 人,其中船员 62 人,旅客 600 人,房间 312 个,入级英国劳氏船级社。

　　很长一段时间,高端豪华客船的建造都受到欧美等国的技术垄断,从核心技术到建造标准都由他们确定。内装作为豪华客船项目中最独特的部分,一直是国内豪华客船项目建造"卡脖子"的短板之一。在新冠疫情席卷全球的大背景下,广船国际积极贯彻落实以国内大循环为主体、国内外双循环相互促进的新发展格局和保供应链稳定的要求,认真履行引领行业发展的使命,大力推进配套资材国产化。通过与船东进行深入细致谈判并带领船东到国内材料厂商进行实地参观考察,用过硬的产品品质赢得船东的信任和支持,最终实现了该系列豪华客滚船内装材料国产化近乎 100%。

为建造该系列船,广船国际还专门建造了样板间接受 DFDS 船东总部高层专家及艺术家参观验收。在整个报验过程中,船东新造船总监、品牌总监和运营项目经理对广船国际制作的样板间整体效果和材料质量都进行了详细的检查,认为该样板间的设计和安装质量已达到了欧洲标准,表示满意。欧洲船东对国产化样板房的高度评价不仅是对广船国际建造水平、建造标准的肯定,更是对国产豪华客滚船材料的认可,这极大地鼓舞了参建团队的士气,更坚定了推行内装材料国产化、建立豪华客船内装标准的决心。

该船除了配备 300 多间客房之外,还有各类娱乐设施,大量公共休闲区域等。上层建筑居住区采用北欧简约设计风格,装饰色彩以冷色调为主,经典耐看,做工精细。

该艘豪华客滚船集众多船舶制造领域的前沿科技于一身,综合性能达到了世界领先水平。在舒适性方面,其振动噪声满足英国劳氏船级社旅客和船员舱室舒适性(passenger and crew accommodation comfort, PCAC)二级标准要求,船舶在海上全速前进时,旅客在上层建筑几乎听不见任何发动机的噪声,给乘客带来安静舒适的乘坐体验,大部分客房在船舶正常航行时噪声只有 30 多分贝。该船还配备了混合式除硫塔,在使用高硫油作为燃料时,排放的废气中含硫量小于 0.1%,满足全球所有海域的环保要求。与此同时,该船还满足挪威船级社(Det Norske Veritas,DNV)Gas Ready 入级符号的要求,主、辅机和燃油锅炉均能改装成以 LNG 为燃料,届时可大幅降低碳排放量。

该船设置的车道总长度达到 4 500 米,可容纳约 271 辆卡车停放。并配备了半自动化的绑扎装置,可以实现大型拖车即停即走,省去了烦琐的绑扎工作。为满足英国劳氏船级社的安全返港的规范要求,各个功能系统也都是双份配置,也就是这艘船有两个"心脏",任何区域发生故障,仍可以以不低于 5 节的航速返回到港口,这将极大地提高船舶的安全性。其稳性和操纵性也极其优越,经过试航验证,可在 2 倍船长,即在大约 450 米宽的海域中实现全速调头,与此同时,在全速满舵回转时横倾角极小,由于重心较低,就像是一个海上"不倒翁"一样不惧风浪,极大地提高了船舶的航行安全。这充分体现了其在设计建造过程中重量重心控制做到了非常完美。

在自动化方面,该船是国内首次将阀门遥控、进水探测、液位遥测、舱底水报警等系统集成设计为一个环网系统的船舶,通过信号采集单元的合理设计和环网的双向通信特性实现了整个系统的冗余设计,不但满足了客船安全返港设计的要求,还优化了系统构架、使设备布置更加清晰明了,提高了传感器利用兼容性,同比大大降低了线缆使用量,设计理念国际领先。

该艘船交付之后,将主要承担波罗的海东西岸之间沿线国家的港口运营,装载各类车辆横跨地中海。

近年来,广船国际相继交付了出口至欧洲瑞典、非洲阿尔及利亚等国家多型豪华客滚船,所承建的豪华客滚船的营运航线实现了从地中海到波罗的海、从英吉利海峡到大西洋等多个海域的全覆盖。通过在实践中不断积累建造经验、优化建造工艺和建造流程,广船国际已经形成了强化生产技术准备、设备材料国产化、船舶性能参数世界一流、上层建筑区域涂装工艺、舱室单元整体制作、节能减排减碳绿色环保、新技术新工艺应用等豪华客滚船建造的"广船标准"和"广船模式",有效巩固了广船国际高端产品品牌。广船国际客滚船交付记录中国第一,在手订单世界第一,是真正意义上的"单项冠军"。

该船的成功建造,充分彰显了我国造船业的综合实力正在快速增强,产品结构向着高端化升级的步伐正在加快。

三十一、"祥龙岛"号豪华客滚船

目前,中国船舶工业集团旗下的广船国际为中远海运有限公司建造的国内先进的豪华客滚船"祥龙岛"号在广州南沙命名并交付。

"祥龙岛"号的详细设计由上海船舶研究设计院承担,艺术设计由中国船舶第九设计院负责,是一艘实现国内自主设计的豪华客滚船,也是目前国内营运的智能化程度最高、舒适度最好的一艘大型豪华客滚船(见图 7-30)。

图 7-30 "祥龙岛"号豪华客滚船

该船总长 208 米,型宽 28.6 米,最大航速 23 节,是目前国内客滚船中航速最快、智能化程度最高的现代化节能环保型大型客滚船。

"祥龙岛"号载客量 1 375 人,设有带高档观光阳台的 VIP 海景房、可270 度观景的高档家庭房、普通家庭房和标准间等。该船拥有能容纳 340 人的半开敞式露天烧烤餐厅、10 人座位 KTV 包间兼小酒吧、棋牌室、电影院、120 平方米超市、健身房等个性化设施。比照国际豪华邮轮设计理念,该船露天甲板布置了天幕区、休闲座椅、时尚橡塑地板、LED 大屏幕等设施设备,能够为旅客提供晚宴、会议、派对等各种创意个性化服务,可以满足旅客出行和休闲的双重需求。

该船采用双机、双桨推进前后机舱布置,满足国际海事组织最新规则规范中的安全返港要求;采用可调螺距螺旋桨推进。这种螺旋桨可以实现恒转速模式或联合模式运行,在不同航行工况下充分利用主机的功率和转速,从而有效降低船舶营运时的能耗。并可在约 4.22 倍船长的距离下紧急停船，能在 2.9 倍船长约 550 米宽的海域中轻松快速调头。

该船在航行时，客舱内几乎听不见任何噪声，也感受不到有任何振动。测试结果显示，旅客住舱、公共区噪声和振动等舒适性指标满足国际海事组织颁布的《船上噪声等级规则》中的超 2 级标准，局部区域达到 3 级。

"祥龙岛"号车道总长度 2 800 米，可以运载超过 500 台车辆。该船配备了最为齐全的通道设备，包括艏门、艏跳板等 15 种通道设备，大大提高了车辆等滚装设备的装卸效率。配备国内自主设计集成的一体化智能客运系统，能为旅客提供一卡通、一码通等酒店式智能服务，畅享全船服务设施。

"祥龙岛"号客滚船和"吉龙岛"号的设计和性能相同，是姊妹船。"祥龙岛"号的交付，大大地提升了大连至烟台航线的运营能力和服务水平。

三十二、"万通海"号客滚船

"万通海"号客滚船(见图 7 - 31)是大连航运集团继近两年连续投入营运的"万荣海"客滚船和"德银海"客滚船之后，投入大连—烟台线的又一艘客滚

图 7 - 31 "万通海"号客滚船

船,是国内目前最大、最安全、最豪华、最环保、稳性最好的客滚船之一。随着"万通海号"客滚船的投入营运,渤海湾连—烟线上客滚船多项纪录将再次被刷新。

该船是由上海船舶研究设计院设计,东黄海造船有限公司建造的,采用了多项国际上先进技术和安全保障措施,特别是居住舱和座席舱更安静、更舒适、更人性化,填补了国内多项技术空白,达到国际先进水平。其主推进系统、通道系统、舵和舵机系统、通信设备、消防救生设备等主要设备均采用国际知名品牌,配备大型减摇鳍,大大减轻恶劣天气下船舶的摇摆,可使船舶在海上风力达到9级,浪高4米时,横摇角保持不超过3度。确保船上装载的车辆不移位、不倾倒和旅客的安全舒适性。

"万通海"号客滚船旅客生活区域共分四部分,包括综合娱乐休闲区、高档客房区、普通客房区和座席区。其中,综合娱乐休闲区设有多功能放映厅、棋牌室、网吧、休闲茶吧、超市、豪华餐厅。

另外,"万通海"号客滚船安装了卫星电视接收系统、船载无线上网系统、卫星电话系统,确保旅客全程能够接打电话。该船还安装了全船视频监控系统、远程视频监视和数据采集系统,可在驾驶台、船长室、轮机长室及陆地公司的调度室直接对船上设备运行情况、驾驶人员值班情况、车辆舱车辆稳定情况等20多个重点部位进行监控,可最大限度地降低安全隐患,为旅客出行提供最大的方便。

该船总长164米,型宽25米,型深7.9米,净吨位1.2万,载重吨为2.3万吨,最大航速20.6节,服务航速18.5节,船员81人;拥有近2000米车道;配3层高度为4.4米的汽车舱。可装载标准汽车192台。滚装车辆从艉门进入中层车辆艇后,根据不同车型和载重量由升降平台或斜坡道分配到底层或顶层汽车舱,非常便捷和畅通。

三十三、2 800米车道/1 400客位客滚船

2 800米车道/1 400客位客滚船是一艘由湖北海洋工程装备研究院有限公

司设计的,入级法国船级社,挂阿尔及利亚旗的客滚船。

该船是为阿尔及利亚设计的大型客滚船,用于国际短程车客运输船,其内装要求豪华大气,且设有自助餐饮、特色餐饮、小吃吧、休息吧、观景茶座、购物街、美容吧等功能舱室。该船总长 196.8 米,垂线间长 180.3 米,型宽 28.4 米,型深 8.8 米,最大结构吃水 6.5 米。该船最大结构吃水时的载货量 3 000 吨;续航力 3 500 海里;总吨位 44 000,净吨位 23 760;主机型号为 MAN 9L48/60CR 2 台;主机最大连续功率 10 800 千瓦;发电机型号为 MAN9L16/24 4 台,功率812 千瓦。

该船在最大结构吃水时,考虑 15% 的海况裕度;在 CSR 转速时,服务航速23 节;轻吨 17 000 吨。载客量 1 400 人;载车量 400 辆,车道总长度 2 800 米。

三十四、1 600 客位客滚船

1 600 客位客滚船是一艘由广船国际有限公司和国外公司联合设计,广船国际有限公司建造,入级 DNV 的客滚船。

1 600 客位客滚船是目前双燃料型中速机装船功率最大的高速客滚船,属高附加值船舶。

该船设计特点:① 采用舵—桨系统设计,提高舵—桨配合度,有效利用艉流场,提高推进效率;② 线型优化设计;③ 舱室布置;④ 安全返港及冰区加强设计;⑤ 双燃料系统设计;⑥ 舒适性及节能环保设计,满足舒适性符号 COMF-C(1)和COMF-V(2)等级的要求。

该船总长 199.99 米,垂线间长 183.60 米,型宽 25.20 米,型深 9.30 米;最大结构吃水 6.40 米;最大结构吃水时的载重量 4 800 吨;续航力 6 500 海里;总吨位 32 300,净吨位 11 500。主机型号为 Wartsila12V50DF,4 台,主机最大连续功率 11 700 千瓦;主机在经济转速下功率 9 945 千瓦;发电机型号为 Wartsila 9L20DF,4 台,总功率 5 520 千瓦。

该船在最大结构吃水时,考虑 15% 的海况裕度;在 CSR 转速时,服务航速

28.3 节;载客数 1 654 人;车道总长度 1 745 米。

三十五、40 车位客滚船

40 车位客滚船是一艘由中国船舶及海洋工程设计研究院设计,入级中国船级社,挂中国旗的客滚船。

该船为单体、双桨、双通道车客两用客滚船。艏部封闭、尾部敞开。艏、艉部均设跳板,可供汽车上下,能适应多种码头形式的靠泊作业。适宜装载各种汽车车辆。

该船舶总长 85.20 米,垂线间长 80.00 米,型宽 13.60/15.40 米,型深5.50 米,设计吃水 3.70 米,结构吃水 4.00 米;载重量:设计吃水时 876 吨,结构吃水时 1 197 吨;试航航速 14.6 节;续航力 5 000 海里。船载车量:标准载重车40 辆;船员 42 人;旅客(座席/散席)400 人。

该船主机型号为 G6300ZC 型号 2 台。每台主机最大连续功率 970 千瓦(1 320 马力)。每台主机连续服务功率 874 千瓦(1 188 马力)。柴油发电机3 台,功率 120 千瓦。应急发电机功率 1 台,64 千瓦。

三十六、750 客位/7 车客滚船

750 客位/7 车客滚船(见图 7 - 32)由上海船舶研究设计院设计,入级中国船级社,取得 Yang Zhi River B 船级符号,挂中国旗。

该船为双机驱动型内河 A 级客滚船,可装载 750 名旅客及 7 辆小汽车。

该船总长 64.40 米,垂线间长 56.00 米,型宽 10.00 米;型深 3.30 米;艏吃水2.20 米。设计吃水时载重量 150 吨;服务航速 14.0 节;续航力 700 海里;船员25 人。

船的主机型号为 B6250C 2 台;最大连续功率(每台)441 千瓦,连续服务功率(每台)397 千瓦。

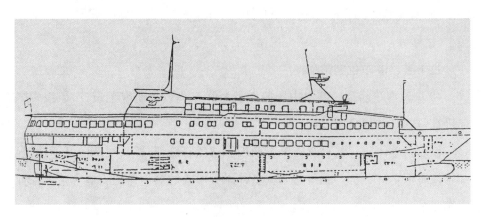

图 7-32　750 客位/7 车车客滚船总布置侧面图

三十七、60 米全回转客滚船

60 米全回转客滚船是由江苏省船舶设计研究所有限公司设计,江苏省镇江船厂有限公司建造的,入级中国船级社,挂中国旗的客滚船。首制船于 2016 年交船。

该船船型为对称、双头、单体、单甲板、中机型线型为折角型式,主甲板和跳板结构均采用高强度船用结构钢,全回转舵桨对角设置,上层建筑前后舷墙及栏杆采用大圆弧型式,且栏杆采用不锈钢材料,外形美观独特,机舱采用自动化监控系统。该船可直接纵向靠离码头,无须调头,只需推进器旋转 180 度即可换向航行。

该船总长(含跳板)89.51 米,垂线间长 57.6 米,型宽 15.4 米,型深 3.5 米;最大结构吃水 2.6 米;最大结构吃水时的载重量 700 吨。主机型号为 KTA19-M500 2 台,主机最大连续功率 373 千瓦;发电机功率 65 千瓦,2 台。设计航速 18.5 千米/时。推进装置型号为 CRZDP-W-LD600。

三十八、950 米车道/999 客位客滚船

950 米车道/999 客位海口—海安航线客滚船是上海船船舶研究设计院设计、泰州口岸船舶有限公司建造、入级中国船级社、挂中国旗的客滚船。首制船

于 2014 年 12 月交船。

该船航行于海南省海口至广东省海安或类似航线,主要用于运载旅客、小汽车、载重汽车和集装箱拖车。该船总长 127.00 米,垂线间长 119.50 米,型宽 20.50 米,型深 6.50 米。最大结构吃水 4.35 米。最大结构吃水时的载重量为 2 880 吨。该船采用中速柴油机,双机、双桨、双舵,设艏侧推装置、减摇鳍,航速 14.2 节。船上设有 3 层车辆甲板,其中上甲板车辆舱贯通全船,车辆可通过上甲板艏部跳板和艉部跳板进出,旅客可通过艏部及艉部专用跳板安全快速上、下船。该船可承载卡车 51 辆、小汽车 68 辆、999 名旅客及 48 名船员。该船配备容量 25 人/艘的救生艇两艘,100 人气胀式自扶正救生筏 12 个,2 套容量为 60 人的海上双滑道撤离系统,分别布置于救生甲板两舷。

该船续航力 72 海里,总吨位 10 982。主机型号为 8320ZCD-8 两台。主机最大连续功率 2 206 千瓦。主机在经济转速下功率为 1 985.4 千瓦。发电机 3 台型号为 6210ZLD-5。

三十九、"永兴岛"号客滚船

"永兴岛"号客滚船(如图 7-33 所示)船长 167.5 米、型宽 25.2 米、总吨位 23 000,客区、汽车舱各三层,核定载客 1 400 人、载车线 2 000 米。该船设有双机、可变螺矩螺旋桨、双舵、艏侧推装置、减摇鳍和防横倾装置,抗风能力高,服务航速 19 节。船舶采用世界先进的瓦锡兰主、副机推进系统,配置"全船域"电视监测系统。船舶采用艏、艉门布置,确保车辆上下船不用"调头"。汽车舱甲板之间设置两个升降平台用于车辆装卸,是渤海湾最先进、最快捷的客滚船。

"永兴岛"号客滚船旅客服务区温馨宜人,让旅客不出国门尽享浪漫的邮轮之旅。船上设置豪华 VIP 套房、电影院、网吧、茶室、贵宾接待室等。露天甲板设置大型天幕,并配备相应照明、座椅和广播音响。

"永兴岛"号的交付运行,使人连港在渤海湾内的"岛"字号运力达到 7 艘,市场影响力和竞争力得到显著提升。

图 7 - 33　"永兴岛"号客滚船

四十、"白石岭"号客滚船

"白石岭"号(见图 7 - 34)总长 123.9 米,型宽 20.50 米,载货量 2 105 吨,载客量 999 人,运力超过之前服役的客滚轮 20%,抗风能力可达蒲氏 8 级,是当时琼州海峡最大的客滚船。

该船是一艘集服务多元化为一体的豪华客滚船,船内设有超市、咖啡厅、休闲厅、儿童游乐室等多项服务配套设施。船上崭新的座椅,明净的窗户、大尺寸的液晶电视让不少乘客一登船就眼前一亮。全船采用封闭式设计,直上直下,下层舱共设有三层车辆仓位,可供大、中、小三类车辆停泊,配有专用的旅客通道和车辆装载通道,此外还特意增设了扶手电梯和垂直电梯,完全改变了以往客滚船的车客装卸模式,彻底实现了"人车分离"和"大小车分离"的目标,这对于保证安全、提高装船效率均意义重大。

"白石岭"号是海峡股份有限公司新建系列船舶的第一艘,后续又有"五指

图 7-34 "白石岭"号客滚船

山""鹦哥岭""尖峰岭""铜鼓岭""黎母岭"等系列船舶陆续投产。新船的投产将会加快海口秀英港"定点定班"运输服务的转型发展。

四十一、46 车/999 客位客滚船

46 车/999 客位客滚船是上海船舶研究设计院设计的航行于琼州海峡"海口—海安"航线客滚船。该船共设有 3 层车库,在外观、内装、安全性、操纵性、舒适性、车道长度和载重能力等方面有较大提升,是"海口—海安"航线上的升级换代产品。该船总长 123.9 米,型宽 20.5 米,型深 6.3 米,设计吃水 4.2 米,载重量 2 400 吨,总吨位 10 940,净吨 5 907,首批 6 艘船"五指山、鹦哥岭、尖峰岭、铜鼓岭、白石岭、黎母岭"于 2014 年春运期间相继投入使用,其优化改进船型"六连岭、凤凰岭"也已顺利完成试航并于 2014 年 12 月交付使用。该系列 8 艘船的投入运行与航行于琼州海峡"海口—海安"航线上的老旧船型,提高了运能,在同等运力需求下,航次减少,节约人力、物力,降低了营运成本,增长了

海南物资外运能力和旅游接待能力。2014年5月,"五指山、铜鼓岭、白石岭"承担了撤侨任务,凭借其技术性能优势,顺利接回中国公民,得到了有关部门的表彰。

四十二、866 客位客滚船

866客位客滚船是金陵船厂为德国船东公司建造的第二艘绿色高端客滚船。

该船总长229.4米、型宽31米,型深15.35米,集旅客休闲娱乐和车辆货物运输于一体,可搭载800名乘客和66名船员,另外可装载卡车或者拖车超200辆。该船以液化天然气为主燃料,与常规燃料油船相比,减排效果显著。

船上设置四台主机、四台发电机和两台锅炉均是可以双燃料运行,较传统的燃油相比,废气的排放量大大减少,还配有三层的居住甲板,内部装饰可与豪华邮轮媲美,配备了满足乘客需求的自助餐厅、酒吧、影院、超市等公共区域,船舶交付后,用于波罗的海区域国家之间短程旅游及货运业务。

第八章
大型邮轮

第一节　自主设计建造大型邮轮

大型邮轮是高端的客船,是世界公认的能够代表造船工业最高技术水平的船舶产品之一。它融合了先进装备制造业和现代服务业,集观光、旅游、休闲、娱乐等功能于一体,是高度集成化、系统化、信息化的"巨型海上移动度假城市",也是人们生活从小康走向富裕的标志。

党和国家高度重视,习近平总书记多次视察邮轮港口,参与见证国产邮轮建造合同签订等重大活动。2013 年 4 月 10 日,习近平总书记在海南考察期间要求:"加快邮轮港口建设,大力发展邮轮产业。"总书记的指示坚定了中国造船人研发邮轮的信心。国家调集各方力量全力突破大型邮轮设计建造关键技术,努力为促进中国船舶工业转型升级,提升中国制造在全球的影响力而不懈奋斗。

设计和建造大型邮轮不仅是我国船舶工业水平的展示,也是我国综合实力、综合工业和科技水平显著提升的标志,同时也是实现我国船舶工业供给侧结构性改革和转型升级的重要抓手。

国务院、国家发展改革委员会、交通运输部、旅游局等相关部门相继出台邮轮产业的发展规划和实施意见,加大对邮轮产业政策扶持,大力发展本土邮轮。

2008 年 6 月,国家发展改革委员会公布《关于促进我国邮轮业发展的指导意见》,明确提出适度建设邮轮码头及配套设施、逐步进入邮轮设计和建造市场。2009 年 12 月 1 日,国务院以国发(2009)41 号文印发《关于加快发展旅游业意见》,提出:"支持有条件的地区发展邮轮、游艇旅游。把邮轮、游艇等旅游装备制造业纳入国家鼓励类产业目录。"2014 年 8 月,国务院发布《国务院关于促进旅游业改革发展的若干意见》,对邮轮产业提出:"大力拓展入境旅游市场,继续支持邮轮、游艇等旅游装备制造国产化。"2015 年 5 月,国务院发布的《中国制造 2025》把海洋工程装备和高技术船舶作为十大重大发展领域之一,明确要求攻克邮轮国产化过程中的设计建造技术壁垒,从国家战略层面上为邮轮国产化发展提供了坚实的支撑。天津、深圳、上海、青岛等地相继推出了支持发展邮轮经济的相关政策和措施。2016 年 6 月,国务院办公厅印发《关于发挥品牌引领作用推动供需结构升级的意见》,强势推出制造业精品,促进邮轮、游艇消费。这些利好政策和良好氛围无疑调动了国内造船企业自主建造邮轮的积极性和创造性。实现自主建造邮轮,不仅可缓解国内、外邮轮市场的供需矛盾,还有利于推动造船工业成功转型升级。

国家发展改革委员会、工业和信息化部等六部委联合发布《关于促进旅游装备制造业发展的实施意见》,将加快实现邮轮自主设计和建造列为重点任务之一。国家发展改革委员会等 24 部门联合发布《关于印发促进消费带动转型升级行动方案的通知》指出:"培育本土邮轮发展,支持国内造船企业与国外造船企业联合生产制造大型邮轮项目。"

2017 年 1 月 1 日,中国船级社制订的《邮轮规范》正式生效,助推了邮轮建造本土化早日落地。

党的十八大明确提出建设海洋强国的战略部署,发展海洋经济、建设海洋强国、保障海洋安全的战略需求,体现了陆权与海权并重的战略思想,向大海要资源、要发展空间,是实现中华民族伟大复兴中国梦的重要发展方向。因此,我国建造大型邮轮具有如下重大意义。

（一）贯彻国家发展战略规划的需要

要加快发展海洋经济,建设海洋强国,要在"海上丝绸之路传播中国文化",中国就要有自己的邮轮产业。习近平总书记提出,"大力发展邮轮产业是一件利国利民的好事"。

2021年3月11日,第十三届全国人民代表大会第四次会议审查、批准了国务院提出的《中华人民共和国国民经济和社会发展第十四个五年规划和2035年远景目标纲要》(简称"纲要")。纲要将邮轮、大型LNG运输船和深海油气生产平台等多型高技术、高附加值船海装备研制列入"十四五"规划和2035年远景目标纲要。

纲要提出要推进研发应用、加强原创性、引领性科技攻关,瞄准前沿领域实施一批具有前瞻性、战略性的国家重大科技项目。巩固提升高铁、电力装备、新能源、船舶等领域全产业链竞争力,邮轮国产化建造就是其中之一。从符合未来产业变革方向的整机产品入手,打造战略性、全局性产业链;提升产业链、供应链现代化水平,既可培育先进制造业群,推动制造业优化升级,构筑产业体系新支柱,又可聚焦新一代海洋装备等战略性新兴产业,加快关键核心技术创新应用,增强要素保障能力,培育壮大产业发展新动能。

（二）满足人民美好生活追求的需要

推进中国首制大型邮轮设计建造,构建中国本土邮轮生态体系是中国船舶集团贯彻习近平总书记重要指示精神、落实国家战略、满足人民对美好生活追求的重大举措,是中国船舶工业推动产品高质量发展的"一号工程"。发展邮轮产业有助于实现人民旅游消费的转型升级,满足人民对美好生活的追求和人们旅游消费、海上度假、休闲、娱乐兼岸上观光游览的大型邮轮旅游的需要。邮轮是优雅生活的载体、精彩人生的演绎。"邮轮让生活更美好",这是我们发展邮轮产业的出发点和落脚点,体现了更好满足人民对美好生活向往的根本宗旨。

（三）体现中国船舶工业水平的标志需要

我国船舶工业在连续攻克大型LNG运输船和航空母舰两颗造船工业"皇

冠上的明珠"后,继续向造船工业最耀眼的明珠进军,实现邮轮本土化建造,打破国外少数几个国家垄断的局面,提升我国造船工业的整体实力和水平,实现造船工业供给侧结构性改革。

邮轮因其设计和建造的复杂性,被称为船舶工业"皇冠上的明珠"之一。从产品构思到研发设计,从总装建造到设备配套,从实船交付到营运管理,邮轮的高技术属性让每一个环节都充满挑战,因此这个"漂浮在黄金水道上的黄金产业"也将成为一个国家造船工业水平的标志和检验其制造业、服务业乃至海洋事务管理能力的试金石。

（四）邮轮产业带动市场经济新的增长点需要

现代邮轮强大的经济拉动能力和产业的吸附能力已成为带动市场经济的新增长点,发展邮轮经济已逐步上升到国家战略层面。国家相继出台了一系列政策,为大型邮轮本土建造提供有力的支撑。

世界邮轮行业历经百年,从携带旅客、行李、包裹和邮件以运送旅客为主的大型定期班轮,发展到现在集食宿和娱乐休闲为一体的大型邮轮,得益于已经形成的可持续发展的生态体系。这也是中国邮轮产业实现高质量发展的必由之路,将成为带动市场经济新的增长点。

2015年10月21日,中国船舶工业集团公司、中投公司和美国嘉年华集团签署了价值26亿英镑的合资合作协议。未来,三方将在中国船舶工业集团公司旗下的上海外高桥造船有限公司合作建造大型邮轮,至此大型邮轮的国产化建造正式启航。这是中国邮轮产业发展史上,乃至世界邮轮发展史上具有里程碑意义的大事件,也是中国船舶工业向高端装备制造业国际化进程中具有重要历史意义的事件。

建造国产化邮轮,对于实现中国邮轮产业从"过路经济"走向全产业链发展,推动我国成为全球邮轮产业中心具有决定性意义。目前,我国是全球第二大邮轮旅游市场,为世界贡献了7%的客源。由于本土邮轮产业发展不健全、基础薄弱,我国邮轮旅游市场长期被国际邮轮公司所占据。实现邮轮产业的兴旺是当代造船人的梦想和使命,也是产业集群、行业环境全方位的提升和改善,其根本目标就是实现产业兴旺、人民幸福、国家富强,民族复兴。因此,组建我国邮轮船队,跻身世界邮轮旅游市场,扩大市场占有份额,形成新的经济增长点。

此外,设计建造是建设邮轮生态体系重要的一环,建设大型邮轮生态体系是中国造船工业的发展理念。邮轮生态体系既包括由旅游文化、法规政策以及营运商务条件组成的行业环境,还包含由邮轮营运、研发制造及设备、材料、物资供应链等产业各环节组成的产业集群,两者互相依存、彼此塑造。

邮轮生态体系具体体现在港口建设、邮轮设计建造、设备配套、物资供应、金融与保险、政策与规范、海事与酒店管理等相关环节,因而必将成为市场经济发展的新增长点。建造大型邮轮是发展邮轮营运、研发设计和供应链建设"三大产业"、提高建设邮轮工程总包和邮轮自主营运"两大核心"能力的需要。

邮轮生态体系组成如图8-1所示。大型邮轮示例如图8-2、图8-3所示。

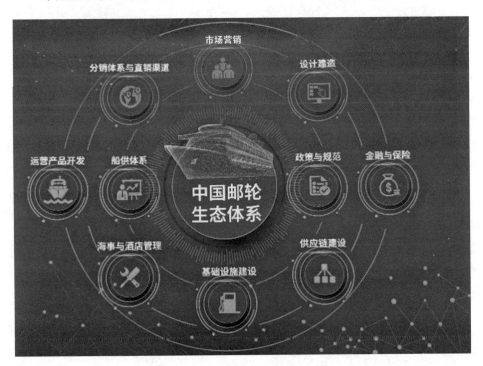

图8-1　邮轮生态体系组成

图 8-2　大型邮轮之一

图 8-3　大型邮轮之二

大型邮轮设计和建造难度,特别体现在内装设计和配套—装潢,以及船舶建造工艺等方面。由于我国进入该领域的时间较晚,没有实船设计建造经验和技术储备,设计建造大型邮轮是白手起家,所以在大型邮轮设计(船舶设计、外观设计和内装设计)、建造(工艺、设备配套、内装施工)、管理(质量控制、安全生产、生产协调和焊工培训)方面存在不少困难。

第二节　大型邮轮设计的主要难点

(一)大型邮轮的设计难就难在确保船舶安全上

大型邮轮不仅是旅游运输工具,也是休闲游乐的场所,这些特征决定了其在安全、舒适、节能、环保等方面将比一般商用船舶乃至普通客船都要严格得多。

统计数据表明,大型邮轮的事故主要是由船体破损和失火导致的,因此它不仅要满足《国际海上人命安全公约(SOLAS)》的要求,还必须满足《安全返港规则(SRTP)》的要求。SRTP 规定:船舶在一定界限内发生火灾或进水事故后,能依靠自身的动力安全返港,在返港过程中旅客能处于"安全区域"内,且满足基本的生活需求,当事故超出安全界限时,重要系统能运行 3 小时以保证有序撤离。

我国邮轮规范的规定如下:

(1)对于 120 米及以上载重线船长,或者设有 3 个及 3 个以上主竖区的邮轮,应满足 SOLAS 有关客船;"安全返港"与"有序撤离和弃船"的相应要求。对除上述以外的邮轮,应设有满足船级社规范要求的附加标志 PR - 2 的冗余推进系统。

(2)在航运界,因消防工作不力导致的海难事故不在少数,日益引起人们的重视。由于每艘客船都有各自的特点,在结构和布置方面都差异很大,特别是在发生海损事故时，船上的旅客大多数不熟悉撤离程序，导致人员相互踩踏事件发生，影响撤离速度，甚至造成旅客伤亡。因此，对客船（特别是应满足安全返港要求的大型客船—大型邮轮）进行撤离分析，尽早发现并解决撤离过程中存在的问题，对于确保海上人命安全具有重要意义。撤离分析，即对旅客以居住舱室至救生艇位置之间的通道、楼梯宽度、防火门设置等进行撤离时的分析计算，确保旅客在规定时间内安全通过，到达救生艇位置，登艇撤离。其目的是发现拥挤点和/或紧要区域，并在设计时加以消除。

人员撤离相关研究起源于陆上建筑行业，近年来得到深入发展和广泛应用，可对商场、剧院、高层办公楼、地铁站和机场等人员密集型建筑物的安全性能进行评估。大型邮轮集中了以上这些场所，人员密度相对较高，活动空间较多且集中，一旦发生海损事故，要求人员撤离的时间尽可能短。因此，提前做好预案是十分必要的。

此外，邮轮还应按 SOLAS 第 2/13.7.4 条及 MSC./Cirel 533 的要求对脱险通道的设置进行撤离分析。

（二）大型邮轮设计难就难在改善旅客舒适性上

旅客乘坐大型邮轮旅游，就是为了感受大型邮轮带来的心旷神怡的生活享受。然而，船舶的摇摆和振动不仅会干扰船舶的正常航行，而且会降低旅客和船员的舒适度，从而引发抱怨和不满。因此，大型邮轮必须减小船舶的摇摆，控制船舶振动和由此引起的噪声。

考核邮轮舒适性的指标包括：

1. 容量

邮轮的容量是从邮轮的载客数量和客舱数量的角度进行描述。

邮轮载客数量系指邮轮所能容纳的旅客人数，但船员和服务人员除外。客舱数量或床位数量常被业界用来衡量邮轮接纳能力的大小，邮轮客舱数量在一定程度上仅表示邮轮规模的大小，但不能全面说明邮轮的大型、舒适程度及接待服务水平的高低。

2. 空间比率

邮轮的空间比率表示邮轮满员时人均拥有的"空间",也叫客容比,它是衡量邮轮规模的一个重要指标。

$$空间比率(客容比)=容积吨位/邮轮的载客量$$

邮轮的空间比率越高,就会感觉邮轮空间越宽敞;邮轮的空间比率越高,日平均票价就有可能越高,高的空间比率是高档邮轮的重要指标之一。目前大多数邮轮的空间比率为 25~40,最低值为 8,最高值约为 70。

3. 旅客船员比

旅客船员比系指邮轮的载客数量与船员数量的比值,反映邮轮服务的等级。旅客船员比越小,代表每个船员服务的旅客人数越少,这样越能保证服务品质。此比值是衡量一艘邮轮服务品质及优劣等级的重要指标。目前世界现有大型邮轮的旅客船员比集中在 2.5~3.5,多数为 3 左右。根据不同的服务定位,不同的邮轮会配置不同的旅客船员比,如歌诗达邮轮、皇家加勒比邮轮属于比值较高的类型,如大洋邮轮、精钻邮轮等比值为 1~2,真正体现管家式的服务。一般情况下,大型邮轮多注重娱乐设施的多样化,因此数值会较高;而小型邮轮多注重服务品质,则旅客船员比会较低。

4. 噪声等级

对于一般邮轮,所有旅客舱室和公共处所的噪声等级应符合 IMO MSC.337(91)《船舶噪声级规则》对船员舱室的要求:船舶允许的振动量级应满足 ISO 6954(2000)《机械动力客船和商船适居性振动测量、报告和评价准则》的要求,即旅客公共活动空间 60 分贝,标准客舱 55 分贝,旅客套间 50 分贝。旅客舱室的振动级别不得超过以下标准:在频率小于 5 赫兹时,振动的加速度不得大于 126 毫米/平方秒的等加速线;在频率不小于 5 赫兹时,振动加速度不得大于 4 毫米/平方秒等速度线;然而现代大型邮轮客舱的噪声为 45~49 分贝。

对于大型邮轮,为了追求更高的舒适性,对振动和噪声的控制已远高于规范的要求,多年前就已普遍达到 2 级舒适度,而规范要求仅与 3 级相当。对于一般的商用船舶,振动和噪声达到规范要求都有一定的难度,大型邮轮要达到2 级舒适度以上的标准,由此可知是有相当高的技术难度的。

降低船舶舱室噪声主要从以下几个方面着手:噪声源的控制、传播途径控制和接受者防护设备的使用;应选取低噪声的机械设备和动力装置;对一些机械设备安装减振器;居住舱室尽可能远离噪声源;在舱室天花板或四周墙壁上敷设隔声材料;将噪声源与居住舱室进行隔离等。

另外,为了减小船体的横摇,大型邮轮都要设置减摇装置。为了改善船体的操纵性,邮轮艏、艉部还需要设置多个侧推装置。

(三)大型邮轮设计难就难在满足绿色环保要求上

为了打造绿色环保的海洋环境,近年来,国际海事组织相继推出了用于控制二氧化碳排放量的船舶能效设计指数、柴油机硫氧化物和氮氧化物排放控制及压载水管理等规则。这些规则将极大地影响大型邮轮的设计、建造工作。

(四)大型邮轮设计难就难在满足个性化要求上

展现个性化风格是大型邮轮的追求,即使姊妹船也是各具特色的。这不仅反映在供旅客活动的上层建筑的整体布局和舱室装饰风格上,而且也体现在船体的外观造型上。新颖趣味、舒适美观、豪华大气、服务个性化是对大型邮轮设计的基本要求。

(五)大型邮轮设计难就难在结构设计上

大型邮轮的结构设计不仅要满足船级社入级和建造规范的强度要求,更重要的是要服从于它向旅客提供高端服务的使命要求。其难点主要有:

1. 国内没有设计大型邮轮的经验可供借鉴

大型邮轮的设计一般可分成三大部分:外形设计、船舶设计和内装设计。国外邮轮设计一般都由三家独立的设计公司相互协作完成整个设计工作。外形设计是至关重要的第一步,一般优秀的邮轮必须具有新颖、靓丽、独具匠心的外形,它是总布置图设计的依据。总布置图详细反映了船舶的整体布局,表达了主船体和上层建筑的形式、内部舱室的位置和大小、舱内布置和配备、各部位通道的布置和走向等。结构设计就是在保证满足船级社入级和建造规范要求的前提下,提出一个可以较好地实现总布置图所表达的船舶功能的详细结构方案。结构方案包括主要构件和次要构件的布置、构件尺寸大小、使用材料型号、结构连接形式及焊接工艺要求等。对于一些特殊结构的设计,如高大空间(影剧院、中庭)、扁平的大空间(自助餐厅、歌舞厅)、垂直挡烟板和玻璃顶棚等,若没有资料作为参考,首次设计是有相当难度的。

2. 大型邮轮对结构强度设计要求很高

作为大型邮轮入级大户的几个主要船级社,即英国劳氏船级社、意大利船级社、法国船级社、挪威船级社等,各船级社规范对邮轮结构的要求主要集中在结构强度计算方面。结构强度计算包括总纵强度计算(含船体梁屈曲特性计算、总纵强度计算、剪切强度计算和屈曲强度计算)、船体梁极限强度计算、船体梁剩余强度计算、疲劳强度计算、整船直接强度计算和局部强度直接计算。在整船计算中发现的结构过渡区、开口角隅等高应力区,还应进行疲劳细化分析。对于船上的影剧院、中庭等处所的甲板主要支撑构件,应进行局部强度直接计算校核其屈曲强度。如果存在高应力的区域,还应进行细网分析。对于船体梁极限强度和剩余强度,除了采用规范法计算外,也可按非线性有限元方法进行计算。另外,大型邮轮还应利用非线性有限元方法进行全船振动和噪声的预报。

3. 结构设计细节处理困难

大型邮轮追求卓越,每一个零部件和结构件都要求做成一个精品。近20年来,虽然我国船舶工业取得了骄人的业绩,但对结构细节的设计关注较少。大型邮轮作为“海上移动宫殿”拥有陆地上各类高端文化、体育、娱乐、餐饮和休闲场所等。每一个场所、每一件设施在设计和制造上都讲究精益求精,就连走廊上的扶手都不允许留下一个细小的毛刺。因此,细节设计也是一个难点。

4. 结构设计难在与建筑设计的融合上

大型邮轮在总布置上有三大特点：内装个性鲜明、布局陆上化及娱乐多样化。大型邮轮的内部装饰讲究标新立异、气派豪华和别具一格。有的大型邮轮上还设有高大繁华的商业街，宽敞明亮的漫步道，富丽堂皇的五星级餐厅，小巧玲珑的酒吧。邮轮顶部还设有露天活动场所，如露天泳池、阳光浴场、高尔夫球场、漫步跑道和攀岩墙等都属于内装建筑设计方面的内容。对于钢质船体结构，如何与内装建筑设计自然优美地融合起来，也是大型邮轮船体结构设计中的一个难点。

第三节　大型邮轮建造的主要难点

大型邮轮构思设计难，建造也很难。

（1）大型邮轮建造难在建造复杂协同作业。大型邮轮建造过程是一项巨大的系统工程，工程作业物量巨大，是目前各类船型中安装零部件最多的船舶。而且多个工种交叉作业，具有建造周期长、工序密集、施工人员集中、特种作业多等特点，安全、管理难度非常大。施工的先后顺序及其各方面协调、控制，要求高，必须按计划进度严格组织生产。

（2）大型邮轮建造难在薄板焊接变形控制。薄壳轻型结构，薄板加工、焊接和组装施工中的变形控制和矫正工作量巨大。大型邮轮船体结构板厚较薄，尤其是上层建筑和甲板室，大部分板厚为 5～6 毫米，薄板加工焊接工作量加大，容易产生波浪变形，出现"瘦马"现象，水线以上较大的焊接变形严重影响船体的美观，而水线以下较大的焊接变形不仅会影响船舶的航行性能，而且也会降低船体外板抵抗水压作用的能力。大型邮轮船体外表追求美观，因而船体外表不得出现任何影响美观的加工焊接变形。

（3）大型邮轮建造难在船体重量控制。安装上船的各类材料和设备均要严控重量;如发现代用材料,或设备重量与设计值有差异时,必须予以记录,并采取补救措施;内装界面多,类型复杂,多个供应厂商和施工单位同时在船上施工作业,现场施工协调和管理控制十分困难,容易出现各类材料丢失现象;舾装施工空间局限,构建密集,种类繁多,作业面狭小,容易将多余材料、零件遗弃在船上,这些因素都可能增加船舶的最终重量。

(4)大型邮轮建造难在施工精度控制和安全防火管控。大型邮轮薄壳柔性结构的特点,使得构建在组装、吊运安装过程中产生大量变形,因此,各构件的加工、焊接、组装、搬运等作业中精度控制比一般船舶建造的难度都要大得多。因此,对所有零部件的加工、焊接和组装流程和节点都须严格控制精度。此外,施工过程中的安全和防火管控任务重,尤其是建造后期现场修改和返工作业中的安全、防火管控难度更大。

(5)大型邮轮建造难在配套物流管控和建造周期及成本管控。目前大型邮轮的主要设备和零部件均需从国外进口,供应链长,环节复杂,鞭长莫及,设备质量和物流节点控制面临诸多挑战。如建造周期长,多个系统的生产作业计划的制订、跟踪和控制必须科学缜密,稍有不慎将会造成生产脱期,交船延迟。此外,建造成本控制风险大,邮轮造价总额度高,而且大型邮轮的船东早在新船建造期间就已经与旅客、港口、供应商等签约,开航日期已经确定,若因各种原因逾期交船,造船厂将面临信誉和经济上(高额的罚款)的损失,而船东也将面临不可估量的损失(失去旅客和市场)。

第四节 采取有效措施,突破设计建造难点

针对设计和建造难点,中国大型邮轮研制者首先了解了国外大型邮轮的概况,并进行分析,找到我国在大型邮轮设计、建造、管理方面应攻克的方向,才能解决设计建造中的难点。

1. 跟踪国外大型邮轮设计建造关键技术

习近平总书记曾指出："关键技术是买不来的。"我们一定要发扬自力更生、艰苦奋斗的精神，勇于创新，在引进、消化、吸收国外先进技术的基础上，走出一条自主设计建造大型邮轮的新路。创造有利条件，组织国内有关单位参与设计建造国产化大型邮轮。加大投入，进一步掌握先进的设计理念和方法，突破技术瓶颈和壁垒。

2. 与国内、外知名公司开展联合设计，提前进入大型邮轮设计建造高地

改革开放以来，我国船舶工业主动作为，通过引进、消化吸收和自主创新，走出了一条成功的发展振兴之路。但同时也清醒地认识到，以前设计建造的大多是一般商用船舶，与之相比，大型邮轮在技术上更为复杂，涉及的领域更为广泛，管理思路也大不一样。如果没有足够的技术储备和经验积累，要想成功设计和建造大型邮轮，是不太现实的。虽然我国在造船技术和造船管理方面积累了不少经验，但与设计建造大型邮轮的要求相差甚远。

世界大型邮轮建造市场主要分布在欧洲地区。欧洲大型邮轮建造企业意大利芬坎蒂尼集团、德国迈尔船厂和法国 STX 船厂均有不俗的实力，合计掌握了全球 80% 以上的新造邮轮订单。由于长期专注于大型邮轮设计建造，他们积累了一整套设计、建造、管理大型邮轮的经验，不仅熟知客户的需求、邮轮文化、顶层设计和功能设计理念、复杂项目的管理、质量标准、工程分包、设备配套、建造和交付的整个流程，而且对每一个工程细节由谁做、如何做、需要多少成本和时间去做都是轻车熟路的。

更重要的是，欧洲大型邮轮建造企业拥有一批固定的供应厂商和"工匠"式配套企业，通过与邮轮公司的长期合作，对建造标准已经互通互知，形成了一套固定的合作模式和默契。随着欧洲邮轮旅游市场的饱和及亚洲邮轮旅游市场的兴起，邮轮经济催生出巨大的邮轮营运需求，特别是中国等新兴国家的邮轮旅游市场的潜力，更是吸引着全球邮轮营运巨头们的目光。至 2019 年，我国邮轮接待总量为 804 艘次，旅客接待总量为 415.4 万人次。由于疫情影响，

2020年有较大的下降，但疫情过后将会快速反弹。可以预见，一场以中国为中心的邮轮产业将迎来蓬勃发展的黄金年代。

面对如此盛宴，国际邮轮营运巨头们早已谋划布局亚洲市场。借此机会，利用资金和旅游市场的优势，主动与欧洲先进大型邮轮建造和营运公司全方位合作，成立设计建造、营运管理等合资、合作公司，由他们提供技术和管理经验，我国企业提供场地和资金，可以学习他们的技术和管理经验，加快我国大型邮轮的设计建造步伐。据此，中国船舶工业集团公司于2018年与美国嘉年华集团、意大利芬坎蒂尼集团签订了"2＋4"艘大型邮轮建造合同以及购买两艘在役邮轮开展航线营运的协议。预计2023年，中国船舶集团有限公司旗下的上海外高桥造船有限公司将交付首制国产化大型邮轮。

在综合设计方面，我国目前无论是跨专业领域设计，还是跨文化设计，都与大型邮轮的设计需求存在较大的差距。我国船舶工业在船体、轮机和电气三部分已经形成了较完善的设计体系。但是大型邮轮除了这三大部分设计内容，还包括复杂，体现个性化设计和文化素养的内装设计，这部分的设计内容从国际通行的做法来看主要由专业的内装设计公司承担，但目前我国船舶工业与本行业以外的专业领域如建筑设计、艺术设计等较少开展联合设计。现在，与国外船东、设计公司、配套设备厂商、船级社等机构的合作刚开始，这些合作的深度还有待进一步提高。

3. 深化虚拟仿真技术研究

在虚拟仿真技术方面，我国已针对常规船舶的虚拟仿真设计开展了深入研究，但邮轮设计的虚拟仿真仍处于起步阶段。近年来，我国已有多家船厂、科研院所和高等院校尝试开展了船舶设计虚拟仿真研究，但由于没有实际工程作为支撑，难以形成具有指导性的工艺文件。

目前，我国关于船舶虚拟仿真技术的研究刚起步，很多方面还停留在概念设计阶段，缺少具体的技术实施方案，如何将虚拟仿真技术与船舶设计的全过程相结合仍是一个需要重点解决的问题，而且我国关于虚拟仿真技术在实际邮轮设计方面的应用研究几乎近于零。

4. 开展薄板焊接变形控制研究

大型邮轮薄板使用比例大,这有利于减轻船体结构的自重,同时也改善了板材的工艺性。

但薄板的屈曲强度相对较小,焊接产生的纵向和横向收缩应力容易使钢板发生局部失稳,从而产生波浪变形的"瘦马"现象。这些问题与焊接材料、母材特性、材料强度和线膨胀系数、焊接工艺、焊接方法、焊接线能量及工艺规范参数、焊接程序、装配工艺、结构刚度和焊接环境条件等因素有关。因此,控制薄板焊接失稳变形,可以通过设计增加薄板的板架结构的屈曲临界应力及降低薄板结构的焊接残余应力来解决。

合理安排装配焊接顺序,选择焊接方向。当然,控制焊接残余应力和焊接变形最直接、最有效的措施是采用更先进的技术和设备,如激光焊接设备或焊接机器人等。

5. 加强船舶结构强度的基础理论研究

目前国内对船舶的结构强度开展了大量研究,武汉理工大学、上海交通大学、哈尔滨工程大学、江苏科技大学做了大量的研究工作,但对邮轮上的特殊结构等结构形式的强度分析没有开展具体的研究。大型邮轮在法定检验和入级检验方面,应满足公约、规则和船级社规范的有关客船的规定。中国船级社在大型邮轮检验方面还缺乏实践经验和技术积累,需要联合我国工业界共同研究。大型邮轮在船体结构安全方面,还需要开展大空间特殊结构强度、整船结构强度、船体梁极限强度、疲劳强度、船体结构振动分析与控制技术等方面的研究,从而提高邮轮的安全性与舒适性。

6. 振动和噪声的预防与控制

由于船上振源的复杂性和船舶结构的多样性,而且各种不同类型的振动之间还可能存在耦合作用,因此船舶振动相当复杂。为了尽早发现隐患以便采取必要措施,避免日后发生严重的总体或局部结构的共振,或过度的振动响应,在船舶各个设计阶段,必须随着设计的深化,分阶段进行整船或局部振动预报。在船舶设计阶段,船体防振的措施主要有避开共振、降低激振力、减轻振动响应及增设特殊的防振装置。防止出现局部振动最重要的途径是避开共振,常用的措施是改变激振力的大小和频率,或改变结构的振动构件的刚度、重量及边界条件,使振动的固有频率发生改变。噪声是振动的孪生产物,同样是环境公害,控制好振动,也就降低了噪声的水平。

7. 实施精细化的船舶结构设计

大型邮轮是海上移动的"大型艺术品",其设计相比普通商船将是天壤之别,其高雅的品质决定了大型邮轮的结构设计。除了要关注强度、安全和舒适性要求外,还应特别重视结构细节的设计和处理,如外板板缝的设置、板缝过渡的处理、外露构件的外形设计、单个结构与整体的协调、船体结构与周围设施的匹配、加强结构上管子或电缆贯穿孔的形式、结构风管的布置和走向等。如果这些细节处理不当,极可能会影响美观度、影响使用或影响旅客的心情。因此,大型邮轮的设计必须贯彻精细化设计理念,把每个细节都处理好。

8. 更新设计手段,引进三维建模等先进软件

近 30 年来,国内船舶生产三维设计主要以 TRIBON、CADDS 5 等软件为主,也使用 AM、FORAN 和 SPD。随着 Tribon、CADDS 5 等软件的停止更新,国内大量船厂都面临着生产设计系统重新选型的问题。江南造船集团从 2015 年开始引进了基于全三维设计的 CATIA V6 设计系统,并于 2016 年开始在实船上局部进行应用,初步实现了船舶的全三维设计,但在设计出图、复杂结构建模等方面仍然存在大量的问题。目前我国很多科研单位都在组织攻关,相信不久的将来一定能攻克。

现行的设计手段满足不了大型邮轮的设计要求。目前的船体结构设计在技术设计和详细设计阶段仍是用 CAD 进行二维平面设计,到生产设计阶段才用 TRIBON 进行三维建模。二维平面设计直观性差,干涉检查较为困难,很多问题要等到生产设计阶段才能暴露,这在一定程度上也会影响整个设计进度,

而且又容易出现质量问题。由于详细设计和生产设计不在同一平台上操作,且两者又没有技术接口,建模人员不能直接通过计算机读取二维平面图中的相关信息。因此,生产设计阶段不得不再从头开始,人工读取详细设计提供的二维图形中的信息,再建成三维模型。这个过程不仅效率低下,而且还容易出现差错。为了提高设计质量和效率,必须引进国外成熟的大型邮轮设计软件,使所有设计阶段的结构设计在同一平台进行,共享信息,避免重复劳动和人为操作带来的差错。据了解,目前江南造船集团、外高桥造船有限公司均已引进了全新的船舶设计软件,从船舶设计初始阶段就可以开展三维设计,至交船完工文件,均在同一个设计软件平台完成。

9. 开展基于风险评估的等效和替代设计研究

近年来,在工业和信息化部的政策支持下,我国成立了船舶安全风险评估专家组,在船舶安全分析评估工作方面开展了一些项目研究工作。基于这些项目的开展,中国船级社取得了一批研究成果。但是,我国开展基于风险评估的等效和替代设计,还有较多工作需要开展,包括事故场景的选择与设定,替代设计中的基础数据,工程计算方法的适用性,以及替代设计评估准则的确定等关键技术点还需要进一步研究,以便能有效应用于大型邮轮等效和替代设计。

10. 与船东和船级社等第三方沟通交流

船东和船级社有大型邮轮营运和设计经验,设计前可以通过与船东交流或请船级社到船厂授课的形式获取所需的信息。船东对于船舶的使用要求和个性化方案有独到见解和偏好,同时,手中还有大量第一手材料和相似船舶的资料可供参考。船级社对规范和法规的要求熟悉,可以及时提供技术支持和技术保障。

此外,参观实船也是一个感知过程,感知通过思维的作用,将会产生一种新的创意或新的理念。到正在营运邮轮上参观学习,亲身体验,提高设计者的认知,对设计有很大帮助。

第五节　中国大型邮轮研制之路

中国邮轮设计、建造发展之路充满艰辛、曲折。自 2006 年大型邮轮进入中国旅游市场以来,大型邮轮这一舶来品,国人对其陌生好奇。通过旅游体验,逐步对其产生浓厚的兴趣,使其迅速成为旅游市场的热点。

由于我国没有自己建造的大型邮轮,国内大型邮轮旅游市场被国外的邮轮公司所垄断。为了改变这一局面,我国开始考虑设计建造自己的大型邮轮。

中国邮轮产业已经历经外国邮轮来华营运,国内公司购买国外的二手邮轮经改造投入营运,自主建造中、小型邮轮,到目前已进入建造大型邮轮的发展阶段。国内邮轮也是从交通型的长江客船,走向大型的长江三峡观光邮轮,发展到豪华观光旅游船、豪华型客滚船、小型极地探险邮轮等。进入 21 世纪,我国造船业在海外调研、课题研究、引进国外邮轮和消化吸收设计建造关键技术基础上,高起点向大型邮轮建造进军。我国大型邮轮发展经历了以下几个阶段。

（一）预研开发、培育、起步阶段

在工业和信息化部的大力支持下,中国船舶工业集团公司成立了以中国船舶及海洋工程设计研究院为组长单位的大型邮轮设计建造跟踪课题组,带着问题,组团出国到欧洲访问大型邮轮主要的制造厂商,实地参观、考察大型邮轮,与有关方面进行技术交流,对大型邮轮设计、建造的关键技术有了初步的认识。通过目标船的开发,初步掌握大型邮轮设计程序,与国内外有关单位和机构充分合作,圆满地完成课题研究,并取得一批成果,达到了技术积累和储备的目的。

与此同时,中船第九设计研究院工程有限公司依托中国船舶工业集团公司的平台和跨界的优势,较早地进入邮轮内装设计研究的领域,充分利用其在陆上民用建筑和船舶工艺方面的优势,成立了针对邮轮的船舶内装研究中心,并组建了一支以建筑师为主的高级科研团队,参与了多项国家级科研课题研究,并将科研成果汇编成两本书籍《邮轮设计风格》和《邮轮功能研究》。这一举措具有开创性意义,为后续的大型邮轮深入研究提供了一个坚实的基础平台。

（二）引进国外邮轮和消化吸收阶段

这一时期,我国造船业通过多种途径积累经验。

1. 承接国外大型邮轮修理业务

积累建造经验,通过实践,进一步了解和掌握大型邮轮的特点和施工工艺、与设备厂商的密切接触,了解大型邮轮设备供应链的情况,积累设备配套的经验。

2. 购买国外大型邮轮吸收先进技术,掌握营运规律和管理方法

采用整船购买的方法,建立自己的大型邮轮船队。通过市场运作,进一步掌握大型邮轮营运规律,通过消化、吸收国外的先进技术和管理方法,为后来自主设计建造本土品牌大型邮轮打下基础。

中国船级社根据科研课题研究成果,并参考国外主要船级社的邮轮规范,于 2017 年制定我国第一部《邮轮规范》,提出了与常规船舶入级和建造方面的不同要求。特别是在安全性方面提出了撤离分析和安全返港的要求,增加了休闲体验设计指数、健康保障设计指数,强调对旅客空间和舒适度的要求。在船体结构方面,提出了上层建筑总纵强度参与度的概念,为保障大型邮轮安全和质量作出了强制性的规定。

3. 国内造船企业强—强联合打造大型邮轮

国内造船企业在邮轮新造船市场不断探索并有所收获。自 2017 年招商局重工接获中国首艘邮轮订单以来,中国船厂迄今为止共接获邮轮订单 11 艘,合计 11 360 客位。

2017 年 4 月 27 日,招商局工业集团有限公司与探险邮轮船东——美国 Sunstone Ships 公司签订了 4＋6 艘极地探险邮轮建造合同。由此,招商局集团迈出了进军小型邮轮建造领域重要的第一步。2018 年 3 月 16 日,招商局工业集团建造的中国首艘极地探险邮轮开工。随后中国船厂开建的首艘邮轮——招商局(江苏)与美国船东 Sunstone 签订的 200 客位探险邮轮在招商局(江苏)顺利下水。

2018年5月,招商局工业集团与云顶香港就推动邮轮产业园区合作等进行交流,表明了发展邮轮产业特别是高端邮轮制造方面合作的意向。同年6月,招商局工业集团和维京邮轮正式签署全面战略合作协议,双方将共同致力于在中国打造高品质的内河旅游船和海上邮轮,为全球旅客提供邮轮旅游的高端享受。

2018年9月4日,招商局集团与中国铝业集团有限公司签署邮轮制造项目合作框架协议(见图8-4),深化双方在邮轮制造业的战略合作,加快培育和打造中国大型邮轮制造产业。在打造邮轮全产业链的战略指引下,招商局集团认真谋划和布局邮轮制造产业,将发展邮轮制造作为打造国内领先的装备制造商的重要抓手。

图8-4　邮轮制造项目合作协议签约仪式

4. 建立国内大型邮轮设备供应链,以提高设备国产化率

招商局以极地探险大型邮轮建造为契机,在浙江基地建立大型邮轮建造

厂,引进国内外知名大型邮轮配套厂商,打造大型邮轮产业配套园区,推动完善大型邮轮产业链。同时,按照从小到大、由易到难原则,稳步、分阶段推进邮轮本土化制造。

2018年3月6日,招商局工业集团首个大型邮轮制造配套产业园开工。占地面积约48亩,总投资5.2亿元,总建筑面积3.2万平方米,该项目将着眼于现代造船技术,建成后将采用包括舱壁焊接机器人在内的、多种先进造船设备,进一步推进造船工艺的信息化、智能化,推动集团先进装备制造产业发展。

2019年4月接获了中国首个大型邮轮订单的外高桥造船集团有限公司,完成了其为建造邮轮而进行的2号船坞改造工程。大型邮轮于2019年四季度正式开建,2021年10月已实现全船贯通。2021年12月已实现坞内上浮。

5. 港企央企合作,共同建设造船强国

招商局集团与中国船舶工业集团有限公司签署战略合作框架协议,双方将在船舶与海洋工程装备的研发设计、修造、配套供应,以及非船用装备、商贸物流、金融服务与投资、城市与园区开发建设等领域进行战略合作,共同为建设造船强国作贡献。

(三)与国外联合设计、建造大型邮轮

采用引进、消化、吸收和自主创新并举的方式,与国外著名大型邮轮公司、大型邮轮制造厂进行合作。

1. 以国内邮轮母港建设为契机,促进大型邮轮自主设计建造

这是针对全球大型邮轮市场,以加快我国沿海城市邮轮母港建设为契机,促进大型邮轮的建造。依托邮轮母港组建邮轮本土品牌企业,并引进国外一流的邮轮营运管理、基本设计、邮轮特殊系统、建造项目管理等关键技术,再让中国的造船企业参与邮轮的设计、建造,最后通过首制船的合作逐步过渡到后续船的自主设计建造。

2. 迎接大型邮轮建造新高潮,独立自主设计建造大型邮轮

目前全球90%以上大型邮轮建造市场由欧洲国家的造船厂所垄断,欧洲

造船企业的订单已经排到了 2025 年,这为中国造船企业以中国和亚太邮轮市场增量需求为依托,实现大型邮轮本土建造的"中国梦"提供了机遇。随着全球造船工业的转型升级,高技术和高附加值船型的建造业务逐渐成为国内骨干造船企业的关注热点,建造国产邮轮、抢占造船市场制高点成为推动我国船舶工业转型升级、实现高质量发展的必由之路,也是我国建设海洋强国、制造强国、科技强国的课题中应有之义。

2019 年 4 月,天津新港船舶重工有限责任公司与 Tilberg & Reyes、上海船舶研究设计院签订了《设计研发建造 8 万总吨级中国特色大型邮轮战略合作框架协议》。同年 5 月 24 日,武昌造船集团与精英邮轮签署了《本土大型邮轮、极地探险邮轮项目合作协议》,建造至少 3 艘大型邮轮,并组建青岛本土船队。

承载着中国人邮轮梦想的中国造船人相关造船企业、配套设备供应厂商将再接再厉,全力打造中国邮轮旗舰企业,为攻克大型邮轮建造难关、摘取造船工业"皇冠上最后一颗明珠"不懈奋斗。

2016 年 7 月 4 日,中国船舶集团公司、中船邮轮[①]、外高桥造船与芬坎蒂尼四方共同签署合资协议,成立合资公司,开展大型邮轮研发设计。2018 年 11 月 6 日,在中国国际进口博览会上,中船集团与嘉年华集团、芬坎蒂尼集团就大型邮轮购买、设计建造签署一揽子合作协议。

3. 我国首次自主设计大型邮轮

2021 年 12 月 9 日,中国船舶集团有限公司旗下中船邮轮自主研发设计的 15 万吨级大型邮轮获得意大利船级社原则性认可证书,这是中国首次独立自主研发设计的完全拥有自主知识产权的大型邮轮,一举打破国外在大型邮轮设计建造的长期技术封锁和垄断的局面,开启中国大型邮轮自主设计新时代。

未来,中船邮轮将在中国船舶集团有限公司的领导下,持续通过具有自主知识产权的船型研发、核心系统集成设计,实现大型邮轮核心技术和系统的国

---

① 中船邮轮科技发展有限公司。

产化,巩固我国邮轮国产化的技术基础,形成我国邮轮产业集聚效应,健全我国邮轮上、下游供应链,加快促进形成中国邮轮产业供应链体系,开启大型邮轮设计建造的新时代,为推动我国船舶工业深化供给侧结构性改革,实现高质量发展,为建设科技强国、制造强国、海洋强国、交通强国提供重要战略支撑。

第六节　首制大型邮轮船体建造的不平凡之路

2021年10月18日,是中国船舶工业转型升级高质量发展史上具有重要意义的日子。历时两年,备受关注的中国首制大型邮轮在中国船舶集团有限公司旗下的外高桥造船集团有限公司实现全船贯通的里程碑节点,全面转入全船内部装饰工程的新阶段,标志着中国船舶工业在大型邮轮建造领域取得了重大突破,距摘取造船行业"皇冠上最后一颗明珠"更近了一步。

大型邮轮工程是中国船舶集团有限公司贯彻习近平总书记重要指示精神、落实国家战略、满足人民美好生活需要的、强化科技创新、促进转型升级、推动高质量发展的"一号工程"。同时,作为设计建造难度最高的船型之一,大型邮轮也是我国目前唯一尚未攻克的高技术、高附加值船舶产品。大型邮轮零部件数量达到2 500万个,总电缆布置长度达到4 200千米,相当于上海至拉萨的距离,是名副其实的巨型系统工程。

2019年10月18日,中国首制大型邮轮在外高桥造船集团有限公司正式开工点火进行钢板切割,全面进入实质性建造阶段;2020年11月10日,全面转入船坞内连续搭载总装阶段,实现了从详细设计、生产设计到实船总装搭载的重大跨越。2021年10月18日,实现全船贯通的里程碑节点,向着2023年9月完工交付的总目标挺进。

在中国船舶集团有限公司的坚强领导下,从开工建造到全船贯通的731天时间里,外高桥造船以"虽有千难万险、唯有奋勇直前"的胆略和勇气,坚持科技、工艺和管理创新，应用数字化、信息化和智能化等手段，迎难而上、砥砺前行，相继攻克了重量、重心、安全返港、全船噪声控制等大型邮轮三大关键性技术难关，一步一个脚印地全力推进这项国际化巨型系统工程。

自开工点火到实现全贯通、历时整整两年。从 6 万份图纸到 675 个分段、74 个总段，再到总长 323.6 米、型宽 37.2 米的流畅船体，中国首制大型邮轮"真容初现"。在这一里程碑式节点的背后，外高桥造船人充分展现了船舶工匠遇难攻关的拼搏底色，在劈波斩浪中诠释了使命担当。

（一）打下坚实基础跨过"薄板变形控制"关

邮轮船体建造好比搭积木：首先，把钢板切割成零部件，将零部件拼成分段，再将分段组装成总段，形成了一块、一块的"积木"；然后，进入"搭积木"环节，在船坞内将每个总段精准地总组、搭载在一起。不同于其他民用船舶，首制大型邮轮有着十分严格的整船重量、重心和美观的要求，80％的邮轮分段为 4～8 毫米的薄板分段，共有超过 1 万吨的薄板用量。薄板在加工、吊运过程中容易产生变形，进而导致船体结构错位，引发火工矫平和切割修正。因此，薄板变形控制成为外高桥造船人必须攻克的一道难关。

邮轮薄板变形控制贯穿于薄板生产制造、总组、搭载的各个环节、对于如此大规模的薄板变形控制，国内尚无成熟经验可供借鉴。邮轮总长 300 多米、型宽约 40 米，搭好这座前后长度误差要求不得超过 20 毫米的邮轮，实属不易。以此为支点，外高桥造船人通过强化精度管理、打造智能车间、攻克焊接难关等措施，一步一步"征服"了这项巨大的系统工程。

1. 从源头上强化精度管理

设计和工艺团队在设计阶段就结合企业人力、场地、工装等资源和设施的实际情况，通过合理布局不同分段/总段的预舾装比率、总段划分和吊装有限元分析以及工艺工装策划，协同开展精度源头管控，最大限度减少薄板变形的可能性。此外，邮轮的船体建造和舾装与内装是深度融合的，因此，结构精度的把控也将决定邮轮内装的精度。

2. 打造智能车间助力薄板制造

外高桥造船集团有限公司专门打造了国内第一个邮轮专用薄板智能生产车间,引进 BEAM 流水线设备和 8 台焊接机器人,创新采用激光切割、激光复合焊等技术,应用 5G＋机器视觉,以制造执行系统为核心,搭配工业物联网技术,实现生产线智能化管控,为提高薄板分段的钢板调运、切割和加工、分段建造效率和精度管理水平赋能助力。

3. 技术攻坚解决焊接难题

对于无法进行自动焊的部分,薄板建造团队组织进行薄板拼板埋弧焊接、球扁钢焊接等关键技术攻关,联合设计、工艺、质量相关团队,从人、机、料、法、环等维度逐一开展技术攻关,不断提升埋弧焊接质量,为薄板分段的快速建造奠定了基础。

舷墙外板是大型邮轮的"面子工程",对美观的要求极高。首制大型邮轮艉部舷墙分为 5 层,由 30 多个片段组成;艏部舷墙共 10 多层,共有 70 多个片段。舷墙每层形状均有所不同,创下了我国造船行业单一船型舷墙建造数量和难度之最。为保证建造精度和质量,外高桥造船投入大量人力,开发应用多种工装进行矫正辅助,打破了舷墙建造瓶颈,先后解决切割变形、外板成型变形控制、舷墙矫正控制等问题,为邮轮实现全船贯通打下坚实基础。

外高桥造船有限公司制定了一套完整的邮轮薄板矫平系统,采用电磁矫平法代替传统火工进行整体矫平。根据每一层甲板的结构布局、施工作业、变形情况等制订专项矫平方案,大幅度地提高矫平效率,实现精准控制。在此过程中,形成一支将近 60 人的薄板专业电磁矫平队伍,以"邮轮年底起浮前一次完成矫平工作"为目标,平均每个月完成 5 000 余平方米区域的矫平工作,面积达92 万平方米以上。

(二) 高质高效建造,开展安保消防一体化管理

1. 严格有序进行分段和总段的舾装和内装设备上船封舱工作

邮轮全船贯通工作不仅包括船体建造,还包括船上分段总段的舾装和内装

设备的上船封舱工作。邮轮舾装作为全船贯通的前序步骤之一,是推进全船顺利搭载、确保船坞内区域完工的重要环节。邮轮舾装覆盖管系、电缆、设备等多个类别,其中又细分为若干子类别,施工物量巨大、安装种类繁杂、协作相关方众多,尤其是关键设备、大型设备的封舱要求决定了舾装工作必须按照工艺工序设计要求严格落实。目前,首制大型邮轮已完成全船 675 个分段以及 74 个总段的舾装工作,正式转入船坞舾装阶段。

2. 按要求完成上船前的称重工作

外高桥造船集团有限公司对首制大型邮轮整船重量、重心控制的要求细化到了极致——所有上船的材料、设备都要进行称重,船上产生的建造废料在带下船之前也要进行称重。同时,在油漆膜厚的施工工艺标准上也制定了严格的标准,每个区域都有相应的要求,一旦超出标准就必须重新喷涂。

3. 与船坞建造其他项目统筹协调,确保并行建造

首制大型邮轮从入坞搭载第一个总段到全船贯通,需要在专用船坞内进行 11 个月的连续总装搭载。在此过程中,外高桥造船还要应对同一个船坞内其他民船和海洋工程项目同时建造的挑战。如何做好人力、场地、工装等各项资源设施的统筹协调工作,确保多型产品高效并行建造,成为摆在外高桥造船人面前的另一道难题。

通过盘活资源保障总段搭载。外高桥造船集团有限公司集中设立 4 号平台、8 号平台邮轮总组场地,并通过增加总组装托架、运用动力头搬运等方式优化总体组装工艺方案,确保按时开工,实现完工节点,并不断提高总段完整性。在推进邮轮项目的同时,民船和海洋工程项目运行效率也通过扩大异地总组、采用新工艺等方式得到稳步提高,实现了企业跨地域生产、跨项目大协同。

4. 建立邮轮特色的大型项目安全管理体系

由于大型邮轮工程涉及多个工种交叉作业,具有建造周期长、工序密集、施工人员多、特种作业多等特点,安全管理难度较大。外高桥造船集团有限公司基于企业成熟的项目安全管理模式,通过借鉴国内外重点项目、产品安

全管理理念,以制度建设、安全技术、相关方管理、应急管理等为基础,初步建立具有邮轮项目特色的"大项目安全管理体系",保障项目安全运行;创新安保消防一体化管理模式,成立安保消督察队,打造管理要求标准化、业务技能精细化、组织团队协同化的区域管家式安保消防队伍,24小时为邮轮安全建造保驾护航;成立企业专职消防队,组织开展一周一次的消防灭火救援演练和月度综合应急疏散演练,不断提高应急战斗力;创新构建临时消防水系统、报警系统、逃生系统以及弱电系统等,提高项目应急保障能力,月度全船应急撤离演习进入常态化管理;协同信息团队在邮轮各个登船口设置刷卡登船信息系统,提高精细化安全管理水平;进一步完善危险作业许可审批系统,提高危险作业现场管控能力。

5. 展开全覆盖质量管控,确保过程受控质量达标

外高桥造船集团有限公司建造团队还展开了360度全覆盖式质量管控。在重量控制方面,截至2021年4月,共完成全船74批次、16 000多张钢板、30 000多款型钢、37 000多吨钢材等原材料的工厂抽样验收,整体管控结果远远超出项目设定的标准要求,在钢板焊接管理方面,围绕焊接质量、结构平整度和焊脚的高度开展日常质量监管,针对内场流水线制作阶段、外场总组装以及搭载阶段分制订相应的质量控制方案,并按阶段与工位实施动态监控;在相关方管理方面,结合项目组整体的 Turnkey 包"交钥匙"工程管理要求,采取一包一策的质量管控措施;在防火绝缘方面,围绕绝缘材料的使用、穿舱件管理、舾装件干涉等进行过程监管和控制,并持续开展内外部培训和不定期的经验学习(lesson & learn),以提升施工人员能力水平,确保过程受控、质量达标。

为满足背景工程交付以及区域完工交付的要求,项目团队按照最小的物理分隔单位,对全船各功能区域实施代码化管理,根据区域功能属性完成全船8大类、37小类、5 800多个子区域的定义。同时,结合区域类别和检验项目要求,完成区域检验地图的编制与发布,为区域内各相关方的施工与过程

交付阶段提供了协同保障,并基于检验地图实现了区域过程完工进展的动态监测。

(三) 推行全三维建模,模型下现场实现移动应用全覆盖

在首制大型邮轮建造过程中,外高桥造船集团有限公司还逐步搭建了一套以数据为核心的数字化、信息化、智能化项目管理体系,覆盖复杂工程项目管理的设计、采购、建造、内装、完工和调试的全流程,锻造了一支初心不渝、勇毅笃行的邮轮建造队伍。

在邮轮船体建造环节生产设计阶段,外高桥造船持续推动"三维一体化"设计,实现首制大型邮轮全三维建模和设计数据的贯通。依托"模型下现场",外高桥造船集团有限公司大规模推动三维模型、图纸工艺等信息以数字模式直达生产一线,实现移动应用的全面覆盖。

在邮轮船坞内总装搭载阶段,由于舾装量大、施工工序复杂,唯有有序高效地组织施工,才能确保各专业协同推进。为提高协同效率,外高桥造船集团有限公司发布了以设计数据为源头,贯穿采购、物流、建造和质量管控等造船全生命周期的新一代造船企业管理智能平台(SWS TME),在此基础上实现邮轮分段总段基线计划、后行舾装安装基线计划、管子制作滚动计划、分段总段月度滚动计划等多建造计划体系的统一和信息集成,建立邮轮建造管理系统化、数字化的过程管控和动态化的实时反馈机制。目前,首制大型邮轮生产设计和采购工作基本完成,建造进度达到45%,转入全面内装工程、机械/电气完工、系统预调试及调试阶段。中国首制大型邮轮实现全船贯通是具有里程碑意义的节点。

惊涛骇浪从容渡,越是艰险越向前。外高桥造船集团有限公司成立20多年来,披荆斩棘,目标远大、前景光明,但前行的道路依旧充满挑战。未来,外高桥造船集团有限公司将在中国船舶集团有限公司的领导下,持续加强企业风险识别管控,提升项目管理效率,以"一往无前"的精神和"一丝不苟"的干劲钻劲奋勇前进,为中国船舶工业的高质量发展贡献更大力量。

第七节　大中型邮轮预研课题

为了了解国外大型邮轮先进的设计理念、设计风格和内装艺术,熟悉大型邮轮的设计思路、功能构成与定位、船型特点、外观造型和内装设计方法以及设计建造的关键技术解决途径和措施,邮轮设计团队收集各种有关邮轮的信息,跟踪并掌握大型邮轮的设计建造关键技术,拓展我国船舶工业新领域。国防科学技术工业委员会以科工司(2005)099号文批准立项开展"大型邮轮技术跟踪研究",并将其列为"国防科技工业高技术船舶科研项目"。在中国船舶工业集团公司的统一组织领导下,成立了由中国船舶及海洋工程设计研究院牵头,广船国际股份有限公司、江南造船集团有限公司等单位参加的科研课题组。

该课题主要研究内容如下:

(1) 邮轮的设计理念及设计程序。更新设计理念,理解欧美的船舶文化、艺术及其流行时尚,建立我国邮轮的设计理念。

(2) 邮轮外观艺术设计。研究现有的邮轮外观设计的一般方法,找出规律,得到令人满意的美学船体外形设计模式。

(3) 大型邮轮舱室艺术设计。认真学习国外邮轮舱室艺术设计方法,收集资料,结合目标船2万～3万总吨级中、大型邮轮的开发,掌握舱室艺术设计的技巧,了解各种舱室形式要素:空间、色彩、灯光、家具(设备)、陈设(绿化)等的艺术设计方法。

(4) 邮轮总体性能综合技术研究。研究并设计水动力性能良好的大型邮轮优秀型线,满足稳性、舒适性、操纵性等方面的要求。

(5) 邮轮结构设计关键技术研究。了解国外中、大型邮轮船体结构骨架形式和节点处理形式,并用于船型开发的结构设计。

(6) 邮轮推进装置研究。结合目标船2万～3万总吨级中、大型邮轮的开发,了解大功率吊舱式推进装置在中、大型邮轮设计上的应用。

(7) 邮轮安全、环保研究。熟悉、了解中、大型邮轮安全、环保的特点及有关公约、规范、规则的要求,针对目标船2万~3万总吨级中、大型邮轮的环保技术与标准进行研究。

(8)邮轮减振降噪研究。了解国外设计中、大型邮轮时减振降噪的规范标准和主要采取的减振降噪措施,为目标船2万~3万总吨级中、大型邮轮的开发提供指导。

(9)邮轮空调、通风、冷藏系统研究。了解国外设计中、大型邮轮在空调通风方面的规范标准,进行邮轮空调、通风、冷藏系统研究。

(10)邮轮建造工艺研究。跟踪研究合理的建造流程和工艺,为未来中、大型邮轮的建造,做好工艺上的准备。

(11)目标船为2万~3万总吨级中、大型邮轮总体方案开发(410客位,800客位)。完成一型2万~3万总吨级、主要航行于我国沿海、东南亚、东北亚和澳大利亚的中、大型邮轮总体方案设计。

该课题主要技术创新点包括如下几个方面:

(1)总结了中、大型邮轮的设计理念和一般程序,对开发中、大型邮轮有积极的指导意义。

(2)掌握了目标船主要的电力推进装置——大功率吊舱式推进装置在邮轮上的应用技术。

(3)开发了具有优良水动力特性的船体线型。

(4)首次完成了邮轮多层空间(天井、剧场、拱廊等)和大型休闲区的空调通风设计。

(5)将冷库实测与CFD[①]模拟冷库流场分析的方法运用于目标船冷库的优化布置。

(6)首次在国内利用FDS软件对大型邮轮天井、商场、剧场等公共场所进行了火灾烟气和通风排烟的模拟,为邮轮公共场所防火排烟系统设计提供了技术支撑。

---

① 计算流体力学,Computational fluid dynamies。

(7) 开发了一艘主要航行于中国沿海、东南亚、东北亚、澳大利亚海域,可载客 800(410) 人,39 000 总吨的中、大型邮轮方案,以本项目研究的关键技术成果为基础。课题组完成了中大型邮轮的方案设计。

目标船主要技术参数如表 8-1 所示。

表 8-1　39 000 总吨的中、大型邮轮方案

主　要　参　数	800 客位邮轮	410 客位邮轮
总长 L_{oa}/米	184.5	184.5
垂线间长 B_{bp}/米	165.4	165.4
型宽 B/米	28	28
型深(至干舷甲板)/米	9.00	9.00
设计吃水/米	6.80	6.50
结构满载吃水/米	7.00	700
设计载重量/吨	>3 700	>3700
设计排水量/吨	19 500	19 500
总登记吨/总吨	39 000	38 000
航速/节	20.5	20.5
电站/台	柴油机—发电机 4×7.2 MVA	
推进功率/千瓦	1	
减摇鳍(收放式)/对	1	
艏侧推装置/台	2,每台功率约 1 000 瓦	
续航力/海里	5 000	
载客数/人	800	410
船员/人	262	200

该课题完成的研究内容有:邮轮的设计理念及设计程序、外观艺术设计、舱室艺术设计、总体性能综合技术、结构设计关键技术、安全环保、减振降噪、空调、通风、冷藏系统和建造工艺等关键技术的跟踪研究以及两型大型邮轮总体方案开发。取得了以下主要成果:

① 通过对世界邮轮建造市场和邮轮公司的调研,对当今世界邮轮船队的

组成特点和发展趋势进行了较为详细的分析,并对发展前景作了评估。

② 总结了世界邮轮的设计理念和流程,编写了邮轮的设计程序。

③ 从艺术和美学的角度,研究了邮轮外观设计的关键途径与邮轮外观美学的主要参数,并探索了内装设计的要点和内容。

④ 研究了具有良好快速性、耐波性和操纵性的大型邮轮型线设计方法,进行了大功率吊舱式推进装置在邮轮上的应用技术跟踪,了解了其水动力性能、船体型线的匹配技术,以及船上安装技术。

⑤ 通过对邮轮的结构设计特点的跟踪,了解了国外邮轮船体结构骨架形式和节点处理形式;对邮轮丰满、超高的上层建筑参与船体总纵强度的有效性评估方法进行了研究;同时研究了邮轮减振降噪技术措施;利用新技术完成了目标邮轮冷库优化布置和空调通风设计;研究了大型邮轮救生、消防和人员疏散、环保的特点和要求。

⑥ 通过对邮轮建造管理的跟踪和了解,对目标船建造工艺进行研究,探索了分段划分、精度控制、薄板焊接、特殊装置安装等方法。

⑦ 完成了具有中国元素的航行于亚、澳海域的两型中型邮轮总体设计方案的开发。

⑧ 出版了世界大型邮轮图集和世界大型邮轮文集。

通过对该项目的研究以及获得的成果,为进一步开展大型邮轮的设计、建造技术研究奠定了技术基础。

第八节　部分邮轮和游轮

一、集装箱/滚装邮轮——"Granul‑5号"

在中国造船厂进军邮轮市场的时候,山东黄海造船有限公司2015年向欧洲船东交付了全球首艘集装箱邮轮。

"Granul-5号"是一艘一半是邮轮、一半是集装箱船的独特邮轮,是全球首艘旅客/集装箱、滚装混合船舶。这艘400客位大型客/箱船,曾经被外国媒体称为"中国为国际市场建造的第一艘大型邮轮",并且入选2015年英国皇家造船工程师学会世界优秀船舶名录。营运"Granul-5号"的马库赛斯群岛航线还入选《国家地理杂志》2017年全球10大奢华邮轮旅行航线(见图8-5)。

图8-5　集装箱/滚装邮轮"Granul-5号"

"Granul-5号"的设计十分独特,实现了货物运输与海上游览的融合,代表着未来航运业的新概念。这种全新的客货两用邮轮带着旅客去的都是大型邮轮无法深入的南太平洋海岛,在为各个岛屿运送基本物资的同时,也为探险旅客提供独特的邮轮探险之旅。

该船总长126米,型宽22米,吃水5.2米,载货3 200吨,航速15节,共设9层甲板,载客量约400人,还可装载171TEU集装箱,以及杂货、散货、托盘货物、柴油货品和淡水等。该船设有多台电梯、露天酒吧、游泳池、舞厅、健身房、大型高档自助餐厅等设施,舱室装修程度达到星级酒店的级别,满足安全返港要求,挂法国旗,入级法国船级社。

"Granul-5号"设有旅客甲板,包括一层露天酒吧甲板、一层阳光甲板、一层阳台甲板、一层走廊甲板、救生艇甲板和上层甲板以及一层主甲板和两层甲板。

与其他邮轮不同的是,该船的一半甲板空间位于船首,用于运输食物、燃料和其他供应品,每月供应至马克萨斯群岛。船首甲板配有货物装卸系统。船的后半部分是旅客区域,旅客主要前往参观南太平洋偏远的马克萨斯群岛。

"Granul-5号"将由总部位于法属波利尼西亚的海事公司CPTM营运,用于运输旅客和为南太大平洋偏远岛屿供应货物(见图8-6、图8-7)。

图8-6　"Granul-5号"艉部是装备起重吊臂的货运区域

2015年11月,"Granul-5号"开始其处女航,从南太平洋的塔希提岛到马克萨斯群岛,为世界最偏远的马克萨斯运送旅客和货物。"Granul-5号"从法属波利尼西亚的首都帕皮提出发,前往只有6个人居住的马克萨斯群岛,完成为期三天的2 200海里的海上航程。在其行程中将向各个岛屿运输基本生活物资,并为帕皮提运送食物、水果以及鱼制品。因此,这艘船被誉为"驶向天堂的货船"。

图 8-7　航行中的"Granul-5 号"

二、"阁默"号极地探险邮轮

2019 年 9 月 6 日,由招商工业旗下招商局重工(江苏)有限公司为 Sunstone 公司建造的我国首艘极地探险邮轮"阁默(Greg Mortimer)"号命名交付(见图 8-8、图 8-9)。

该邮轮总长 104.4 米,型宽 18.4 米,设计吃水 5.1 米,总吨位 8 035,最高航速 16.3 节,于 2018 年 3 月 6 日开工建造。相比载客数千人的大型邮轮,该轮更加机动,可灵活地深入极地冰川和峡湾,停靠于南极所有登陆点。

"阁默"号设有 135 间舱室,载客量约 250 人,其中,豪华阳台房、家庭套房、豪华套房、海景房等共计 80 余间,可满足不同探险人士的需求。

这艘体量不大的极地探险邮轮的缆线设计、系统安装工作并不比一艘 40 万吨超大型矿砂船简单。该邮轮安装的管线长达 30 多千米,电缆长达

图8-8　"阁默"号极地探险邮轮

图8-9　在极地航行的"阁默"号

340千米,而且在签订建造合同时,船东要求邮轮必须满足安全返港等相关要求。以往该项设计只适用于大、中型邮轮。在国内也基本没有具有相关的经验的技术人才,更没有实船建造案例可供借鉴的情况下。设计团队首次面对满足规范对邮轮安全返港这一要求的挑战,通过摸索和实践,成功地解决了这一难题。

在一年半的建造周期内，设计团队解决了安全返港、薄板焊接变形、振动噪声控制、复杂协同作业等100多项技术难题。

"阁默"号是一艘具有良好的安全性，首个采用安全返港技术的新型极地探险邮轮。一旦邮轮遭遇进水或失火事故时，船员可操纵安全返港控制台，依靠邮轮冗余动力，安全返回就近港口，安全返港续航也可达到1 500海里。该船能在布满1米厚的浮冰区保持快速航行，提高了该船遇险后的生存力和返港途中安全。

船上设有直升机起降平台，可带旅客翱翔于极地高空，船上还设有防寒更衣室，换上极地户外服，可以体验海上皮划艇、潜水，站立式划桨、摄影等活动。

三、天海邮轮"天海新世纪"号

携程集团推出天海邮轮，成为我国本土大型邮轮营运的起点（见图8-10）。

图8-10　天海邮轮"天海新世纪"号

"天海新世纪"号是将原皇家加勒比旗下高端品牌"精致（Celebrity）"号邮轮，根据我国旅客的需求进行本土化改造的首艘邮轮，基本雇用了原来船上的管理及服务人员。因此，服务与餐饮水准都要高于其他本土邮轮。该轮在

2013年、2014年全球邮轮指南 Berlitz 评分中,位居中国营运的邮轮之首。旅客/船员比高达2∶1,尊贵的服务体验无处不体现在装修上,融入中国江南元素。漫步至6层望海甲板,传统江南的清丽与陶醉,如油墨画卷缓缓打开。设计风格融入五行元素,并以文房四宝点缀,细致营造江南宁静气息。餐饮方面,菜品符合中国大众的口味;娱乐方面,节目兼具东方元素;住宿方面,也更加考虑中国人的习惯。首个海上冰吧、首座海上蹦床、首家海上美容院、抗衰老中心,独有的泳池甲板、豪华帆布帐篷等,这些都是天海邮轮的一大特色。互联网技术上,充分利用我国的优势,为中国邮轮客户提供耳目一新、更具本土化特色的高端服务体验。

天海邮轮作为中国本土营运商,首次进入大型邮轮营运领域,有着一定借鉴意义。

四、"中华泰山"号邮轮

渤海邮轮"中华泰山"号(见图8-11),隶属于我国首家国际邮轮公司——渤海邮轮有限公司。

该轮长180.45米,型宽25.5米,总吨位2.45万,拥有927个客位,邮轮备

图8-11　"中华泰山"号邮轮

有多达 400 多间欧式风格的舱室。设有各色餐厅、钢琴吧、娱乐场、水吧、剧场、游泳池、健身中心和大型免税店。

2014 年 8 月 16 日,中国第一艘全资、自主经营、自主管理的大型邮轮"中华泰山"号,从烟台启航,首航韩国首尔、济州岛,从而拉开烟台邮轮产业的大幕。

五、"招商伊敦"号邮轮

2021 年 6 月 26 日上午,五星红旗在深圳蛇口国际邮轮母港冉冉升起。五星级大型邮轮"招商伊敦"号命名暨首航仪式举行。

这艘载客量为 930 人的邮轮,拥有 465 间全阳台舱室,其中包含 47 间套房,船上每一个空间细节都洋溢着北欧设计风格(见图 8-12)。

图 8-12 "招商伊敦"号邮轮

该轮配备了超过 7 个提供丰富美食的餐饮场所以及完善的休闲娱乐设施,"招商伊敦"号将以深圳为母港,2021 年以国内目的地体验为核心打造高端国内邮轮旅游,专为对大自然、历史、民俗风情以及美食文化有浓厚兴趣的高知旅客提供深度人文之旅。

六、"昭君"号豪华游轮

举世瞩目的长江三峡,每到旅游旺季,现有的航行于长江上游水道的旅游船往往不能满足大量游客的需求,豪华型旅轮"昭君"号(见图 8‑13)就是在这种形势下建造的。该轮由武汉长江船舶设计院设计,船东为湖北省宜昌地区旅游局,于 1988 年 10 月下水,1989 年 6 月试航,1990 年 4 月正式投入营运。

图 8‑13 "昭君"号豪华游轮

该轮总长 75.50 米,垂线间长 67.00 米,总宽 13.80 米,型宽 12.80 米,型深 3.40 米;吃水:满载 2.40 米(宜—奉线);排水量:满载 1 137 吨,超载 1 200 吨,设计航速 27.5 千米/时;主要航行于宜昌至奉节的三峡黄金水道,为游客提供安全舒适的观景、游乐、住宿等服务,航程亦能满足宜昌至重庆航区的需求。

"昭君"号豪华游轮是长江运营的第一艘豪华游轮。在设计中应用工程艺术、船舶美学知识对船舶总布置、外形设计、性能控制、结构设计、色彩设计、灯具布置与选型、家具选材与造型等诸多方面进行了统一协调。

(一)总布置设计

为满足各层次旅客的需要,"昭君"号豪华游轮设有不同等级的客舱。其中特等舱 2 间,一等双人舱 36 间;此外还设有一等单人舱及四人舱。总服务台设在上甲板,各层甲板均设有供旅客休息的地方。内装豪华舒适,外形新颖明快,格调情愫淡雅。设有艏舱室内观景室、艉舱室内观景园廊、全方位顶部远望观景室以及配有沙滩椅的艏、艉、顶层露天观景平台,旅客可从各个方向、各个角度观赏、摄录长江三峡绮丽壮观的大好风光需要。为增添旅客在水上旅游的情趣,船上还设有大型舞厅、音乐厅、电子游艺室、健身房、游泳池、日光浴场、保健按摩室、美容理发室、外币兑换、邮电通信等。

游轮上设有大型餐厅,可供 100 位旅客与船员同时就餐或举办宴会。此外还设有酒吧、自动饮料供应点。该船是一艘集游览观光、游艺娱乐、餐饮、购物等公共活动于一体的豪华游轮。

"昭君"号豪华游轮舱室的实用面积如表 8-2 所示。

表 8-2　"昭君"号豪华游轮舱室的实用面积　　　　(单位:平方米)

序号	舱室名称	起居面积	卫生间面积	总占面积	人均面积
1	特等双人间	25.64	4.6	30.24	15.12
2	一等单人间	9.65	2.85	12.5	12.5
3	一等双人间	12.35	2.85	5.12	7.56
4	四人间	12.35	2.85	15.12	3.78
5	舞厅酒吧	—	—	73.04	0.87
6	旅客餐厅	—	—	78.7	0.89

"昭君"号豪华游轮总布置平面图如图 8-14 所示。

(二)舒适性

"昭君"号豪华游轮为单甲板,双层钢质全电焊结构,机舱区域的舭部设防撞边舱,主甲板、外底板、内底板采用纵骨架式结构,其余各层甲板及主体舷侧为横骨架式结构。为提高旅客的舒适性,设计中采取多项减振降噪措施,旅客住舱均布置在各层甲板的舯前部分,公共活动处所则布置在各层甲板的舯后部分以及顶层甲板上。

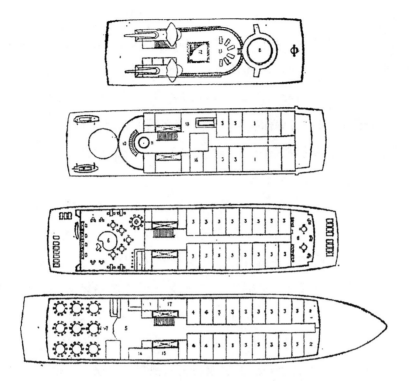

图 8-14　"昭君"号豪华游轮舱室布置平面图

1—特等间;2——等单人间;3——等双人间;4——等四人间;5—进厅;6—舞厅、酒吧厅;7—餐厅;8—顶观景室;9—前观景室;10—后观景廊;11—小花园;12—游泳池;13—日光浴场;14—游艺室;15—健身房;16—保健按摩室;17—美容间;18—商店

　　线型设计除考虑满足总布置、稳性等要求外,还与主机的选型有关。"昭君"号豪华游轮在主机功率为 2×600 千瓦时,设计航速要求达到 27.5 千米/时,这对一般常规线型是难以实现的,因此,采用了长江船舶设计院研发并经多次实船验证确认的长江优良节能双艉鳍线型。

　　(三) 动力装置

　　"昭君"号旅游船动力装置设计参照了长江大型客船和现有的豪华旅游船动力装置的设计,根据新颖豪华型旅游船的特点和要求,综合了长江航道,主要机电设备选型等诸多因素,结合双艉鳍船型的特点及使用部门的要求而设计的。

机舱的位置处于舯后部位,与布置在舯前的客舱区域隔开。这样使客舱区域受机舱的振动和噪声影响程度降低;设备齐全功能多,自动化程度较高。

全船空调负荷大,相应的空调机组功率较大,设独立的空调机舱。空调系统按功能分为五个区;客房标准高,每一层及各层的客房都带有卫生间,所以动力装置系统中尤其是供水系统、疏排水系统较为复杂。设计、施工时需要与全船布局,内部装饰工程密切配合。

充分利用双艉鳍船型快速性的特点,降低能耗,与同类型现有长江的旅游船、客船相比,在排水量增加 7.3% ,主机功率减少 16.7% 的情况下航速还增加了 2.2% ;与现有同等功率船舶相比油耗少;废热利用率高、节约能源。

为满足舒适性的要求,"昭君"号游轮采用的是双艉鳍船型,机舱位于舯后部分,受双艉鳍船型的影响大,机舱内中后部纵舯凸起,难以利用,由于两主机轴线间距较常规船型大,同时机舱两舷设置有防撞边舱,因而使主机离船舷距离较小。这样,双艉鳍船型机舱的有效利用面积实际上比常规船型的要小,给机舱布置带来一定的困难。

考虑旅游轮机舱船体结构,烟囱的位置,各层甲板开口的特点,主、辅机操纵,维修保养;主、辅机的附件等因素来确定主、辅机的位置。三台辅机组布置在机舱前部,在靠近机舱集中监视室前的变压器和集中监视室内布置的配电板,方便铺设电缆,且缩短了电缆长费,各系统设备的布置采取了分区布置,相对集中原则,缩短了管路,便于集中管理,操作,维护方便。机舱后端设置压缩空气系统,其阀件、附件布置在空气瓶前,仪表紧靠机舱后壁布置成一排,且与空气瓶对应,便于观察。机舱左侧设置生活水系统设备。机舱右侧设置燃滑、污油水系统设备。机舱中部,两主机之间设置消防、舱底,压载系统设备。机舱主甲板后部设置两台燃油辅锅炉及各个日用油柜,中间备有维修设备、车床等、机舱主甲板两侧设置机舱通风机和抽风机,应急变流机组,各个膨胀水箱等。主、辅机废气锅炉置于顶篷甲板上的烟囱内,成功地降低了机舱振动和噪声。

　　机舱内采用组合式配电箱,有一部分集中布置在机舱主要通道上,充分利用空间,也方便使用、检查和维修。

　　1. 主机机组

　　"昭君"号豪华游轮主机经过多种机型比较后,在长江上首次选用上海新中动力机厂自1980年从西德MAN公司引进专利生产的6L20/27柴油机。该机型燃油、滑油耗率低,且在85％～100％负荷时燃、滑油耗率变化不大,单位功率重量轻,外形尺寸小;气动马达启动迅速;结构简单;操纵,检修方便。此外MAN公司厂家对20/27机的主要零部件如曲轴、活塞、缸套、气缸盖、机体、增压器等曾进行过48次专题试验,确保了柴油机工作的可靠性。

　　"昭君"号豪华游轮主机与现有长江旅游船主机对比,如表8-3所示。

表8-3 "昭君"号豪华游轮主机与现有长江旅游船主机对比

船　名	主尺度/米 (长×宽×吃水)	主机型号	功率/ 马力×台数	航速/ (千米/时)
"神女" "三峡"	68.5×13.2×2.4	6L350PN	980×2	27.8
"峨眉" "巴山"	79×15.8×2.4	8NVD48A-2U	1 320×2	27
"长城""西陵" "隆中"	79×15.8×2.4	8NVD48A-2U	1 320×2	27.5
"白帝" "长江之星"	79×16×2.5	8NVD48A-2U	1 320×2	27.5"白帝" 28"长江之星"
"长江明珠"	87,2×16×2.5	6ATL25/30	1 320×2	28
"扬子江"	84.5×16.4×2.6	日本新潟	2 000×2	30.6
"昭君"	75.5×13.8×2.4	6L20/27	816×2	27.95

　　从表8-3中见"昭君"号旅游船主机选型是合适的。

　　主机机组两台,每台由主机、齿轮箱、盖斯林格弹性阻尼联轴节配套组成。齿轮箱由四川齿轮箱厂从西德罗曼·斯托尔福特公司引进专利生产的;盖斯林格弹性阻尼联轴节由四州齿轮箱厂从奥地利盖斯林格公司引进专利生产的。

2. 柴油发电机组

柴油发电机组中的柴油机选用与主机相同型号的 L20/27 四缸机。因而主、辅机就具有一定数量相同的零部件和备件,即主、辅机之间具备有一定互换性的零部件,这就给予主、辅机的操纵、维护、管理、检修排除故障等带来便利,这一点对在川江航行很有意义。柴油发电机组中的发电机是无锡电机厂从西德西门子公司引进专利生产的。柴油发电机组三台:常用一台,用电高峰时二台并机使用,备用一台。

3. 锅炉

设置燃油辅锅炉、主机废气锅炉、辅机废气锅炉各二台。

燃油辅锅炉置于机舱主甲板,由于位置和机舱开口及机舱烟囱围井限制,锅炉的排烟口位置,烟管道门、风机、附件等给布置带来一定困难,设计中作了适当的调整,得到较为合理的布置。

主、辅机废气锅炉置于烟囱内。由于烟囱是美化船体造型的一部分,造成给予轮机部门使用的有效空间不大,因此对废气锅炉的进气口,仪表板等附件位置提出了较高的要求。经分析研究,又与船体多次相互协调作了妥善的布置与处理。

4. 空调设备

设备容量设计参数如表 8-4 所示。

表 8-4   空调设备容量设计参数

参 数	夏 季	冬 季
环境温度	36 摄氏度	-5 摄氏度
环境湿度	58%	75%
室内温度	27 摄氏度	22 摄氏度
室内湿度	40%~50%	40%~50%

采用冷水集中式空调设备:武汉冷冻机厂生产的半封闭螺杆式冷水机组两台。送风管及其附件采用隔热双层螺旋风管;新风管,回风管采用矩形风管;

布风器主要采用侧壁式。

螺杆式冷水机组的特点：具有活塞式压缩机和离心式压缩机两者优点的容积式压缩机；可靠性高，易损件少、排气温度低；对液击不敏感：压缩机体积小，重量轻，运转平稳，由电动机—压缩机；油分离器；油冷却器；油泵；冷凝器，干式蒸发器等组成的机组置于一公共底座上。结构紧凑；制冷量从 15％～100％无级调节，使用方便，容易实现自动化。

5. 冷藏装置

旅游船冷藏装置是生活部门的重要设备。"昭君"号豪华游轮采用两台上海冷气机厂生产的船用小型冷藏装置，常用一台，备用一台。冷藏装置为直接蒸发式制冷设备，通过活塞式氟利昂制冷压缩机的运转，借助于温度继电器、电磁阀、压力继电器、回气压力调节阀等的动作，维持鱼肉库及果品蔬菜乳品库这两个库房在恒定的温度范围内，冷库空气的冷却采用冷风机。

（四）动力装置系统

1. 燃油系统

该轮设有燃油分油机以保证燃油质量。为简化设置和方便使用，设有备用燃油加压泵，该泵不仅连接两台主机，也同时连接三台柴油发电机组，应急时用。

2. 滑油系统

该轮设有滑油分油机以保证滑油质量。滑油预供泵接至主机和柴油发电机组的柴油机。管路布置时要注意外接管应接在主、辅机自成系统的滑油滤器之前，这样无论是运行或检修时，外接管内即使是有污物也不至于直接进入机内造成故障。

3. 压缩空气系统

此轮设压缩空气系统，即① 设空压机组三台。② 空压机组冷却水系统有两套：江水冷却和澄清水冷却。考虑川江水质，系统的管径可适当加大。③ 由于主、辅机的启动都是采用压缩空气，为防止万一气源断绝，增设一台直流电机备用,必要时用应急直流电源驱动空压机充气。④ 空压机组有自动停机、启动和卸载的功能。

4. 供水系统及疏排水系统

该船的管路设计较一般客船要求高,尤其是客房卫生间管路系统设计方面。为此设计重点关注:① 卫生间本身要求具有足够的强度。结构上还要考虑管路及附件的安装部位。组合后要成为一个牢固的整体。② 为了与卫生间内精致的装修相协调、管路尽量隐蔽。盥洗盆排水管在卫生间地板部分利用沿壁根与玻璃钢卫生间做成一体的暗道通到总排污井中。③ 卫生间管路外部通道仅是由两个卫生间所夹的一个不大的三角区域形成的管井。要合理安排布置排污总管,粪便总管,冷、热水总管,抽风总管等,坐便器排出管、总排污井的排出管用软管分别连接到各自的排出总管上,且有一定坡度。④ 排出总管管径可考虑在设计管径基础上加大一挡,管路尽可能直,弯头处设盲板。弯头尽可能处在便于通堵的地方。设几个排出舷外口。⑤ 卫生间安装时要调整高度位置,使地板总排污井处于最低位置。

全轮供水系统有:澄清水(包括冷、热水)、江水和自来水等系统。载客量一般较客船要少,但对冷、热水需要量却较大。一般常用标准热水柜加热面积嫌小,多设几个热水柜不经济且难以布置。这样就采用了同体积但加热面积加大到 10 平方米的热水柜。

5. 舱底水系统

"昭君"号豪华游轮舱底水除常规布置外,从实船上看,机舱、空调机舱、双层底等处的舱底水是很难清除干净的,总有些部位的舱底水不能被固定设置的吸入口吸到而排除,用人工清除费时费力很困难。通常舱底水排出阀箱的一个端面要留有用封板封住的接口。"昭君"号豪华游轮轮机长利用此接口装上一只截止阀连接松枝接头,接头套上一根夹布橡胶软管就成为一个活动的吸入口。软管头部套上一只金属网笼,牵到没有被吸干净的舱底水处,可以方便灵活的抽吸舱底水,实船使用效果好。

6. 消防水系统

旅游船客舱区域布置消防管路及消防栓较为困难,因为既要隐蔽,又要求使用方便。为此在客区的公共区域的贮物间等处,占用一点空间围出一个角落放置消防栓,围壁上开有活动的小盖板。平常关上,与围壁形成一体,不影响美观。使用时打开盖板,即可将消防水带接上装在里面的消防栓进行水灭火消防。

7. 清洁卫生水系统

因"昭君"号豪华游轮客舱区域采用大面积的茶色玻璃,清洁卫生工作量大,且不能用通常的江水冲洗方法,因此改用清洁卫生水系统。在各层客舱区域,舷边工作走道,在艏部、舯部、艉部均设有澄清水水龙头。以后如有可能还可考虑采用清洁卫生水系统,除澄清水外再加设热水管路,这样给清洁工作带来更大的方便。

8. 空调系统

在空调机舱内设置两台螺杆式冷水机组,其中一台备用。必要时可同时使用。空调系统分五区,每区一台中央空调器。驾驶甲板、特等双人间、高级船员舱室及游步甲板标准客房、前观景室为一区;舞厅、观景廊及顶篷远望观景室为一区;餐厅、美容间、健身房等为一区;上甲板的标准客房间为一区;主甲板船员舱室、集中监视室为一区。

空调风管采用螺旋绝热风管,管径150毫米和100毫米等。为便于管路安排,必须与其他系统管路错开。螺旋风管布置在客舱卫生间上方的空档,卫生间抽风管则避开它而安排在卫生间侧面。回风管设在走廊天花板内。最终使各个管系布局紧凑、走向更合理。

9. 机舱自动化程度设计

为改善轮机人员在高温、高噪声环境下的工作条件和减轻劳动强度,按"规范"机舱设监视室的自动化要求设计。

主机控制采用驾机合一的气动遥控系统,可在驾驶室控制,必要时也可以在机旁控制。气动遥控装置管路简单,操作简便。

机舱内设"集中监控室",室内设有主配电板和集中监视台。通过仪表可对主、辅机及主要设备的主要参数进行显示、指示、报警。

主机和辅机同一型号,其显示点、指示点和报警点大致相同。传感元件在机上相应部位已装好,引线集中在柴油机自由端一侧的接线排,外接线从这里引出很方便。

柴油发电机组设"自动电站"装置。可以在集中监控室里进行遥控、自启动、自停机、加减机、程序控制的卸载,电站检测保护等操控。

空压机组自动启动和冷却,自动停机和卸载。锅炉、废气锅炉的给水自动控制。凝水柜的补充冷凝水的自动控制。净水器的工作水泵自动控制。机舱供水,热水柜温度自动控制等。

10. 节能

与同类型现有长江旅游船、客船相比其主机功率节省;且与相近马力其他主机相比较耗油少,这样的节能效果是很显著的。

为充分利用主、辅机排气中的废热,设置单头螺纹管的改进型废气锅炉,可提供生活用蒸汽。

"昭君"号豪华游轮供水系统中热水需要量大,所以当不需要蒸汽或主、辅机低负荷时可以利用废气锅炉产生的热水进入供水系统中供全船使用。这样就更充分地利用了废气锅炉,既可供蒸汽也可以供热水。为利用辅机淡水冷却系统中的废热,采用三台辅机相互暖缸的管路,既节约了能量又可确保冬季备用发电机组的自启动和并机。

卫生水系统中,卫生水泵负荷大,而主机海水泵的能量有余,实船上在主机海水冷却系统中分一支路接到卫生水分配器上。通过合理的调配,减轻了卫生水泵的负荷,也就不必增大卫生水泵的功率和数量。

11. 动力装置的减振和降噪

主要振源:主、辅机,螺旋桨,轴系,辅助机械等。

主要噪声源：主、辅机，各种辅助机械，螺旋桨推进系统，通风和空调系统等。经过分析、计算、估算、校核，在动力装置中采取减振降噪措施。

主机机组采用盖斯林格联轴节，与五叶螺旋桨匹配，避免了主机和螺旋桨两种干扰力阶数和相位重叠。主机自由端装有阻尼减振器。

柴油发电机组中的柴油机为四缸机，振动较大，机组的公共底座与船体基座之间采用斜置式减振器隔振，外接管路采用特制橡胶软管连接。主、辅机排气管路中采用波纹管膨胀接头，排气管的支撑与船体的支撑座之间采用减振器或垫以厚橡胶垫块。

空压机组的公共底座与船体基座之间采用减振器。空压机管路的长度的选取要避开计算的共振管长度。

舵系统中管路在穿过客舱区域拐弯之处采用高压橡胶软管。安装管夹吊架用的橡胶垫木垫等。供水系统中设置水锤吸振器，适当部位加装盲管。

通风系统和空调系统中采用微穿孔板消声器，采用低噪声的风机和布风器。采用新型宽温域的阻尼材料，作为机舱舱壁和隔舱舱壁吸声层的敷设材料。螺旋桨上方船底板内涂沥青减振膏，机舱内集中监控室为全浮式。

"昭君"号豪华游轮的主机选用 20/27 机型。为充分合理地发挥其能力，取主机发出的功率为其最大持续功率的 95％。实船试航和重载试航情况表明机一桨配合较好，航速超过设计航速时，主机的各项技术性能指标均在正常范围内，排烟情况良好，轴系工作正常。"昭君"号豪华游轮的主机与齿轮箱的连接采用盖斯林格联轴节。与其他联轴节相比，盖斯林格联轴节有许多特点：阻尼大，其阻尼效果比一般的橡胶联轴器高 5～10 倍；挠性好，安全可靠，允许主动轴和从动轴之间有相当大的平行误差和角度误差；磨损小、耐久性好。但缺点是重量较大，所以要考虑到对主机曲轴拐挡差的影响。一般解决的方法多是采取加支承托住盖斯林格联轴节。由于种种原因，诸如安装位置限制等，"昭君"号豪华游轮未采用这种方法，因此，在轴系安装时就应特别注意。考虑到主机飞轮和盖斯林格联轴节的自重下垂量和齿轮箱轴承的负荷承载能力,采用了预留下垂量,预升飞轮,垫高齿轮箱的工艺。营运后,未发现因安装而引起的轴系发热、振动等异常现象。轴系的尾套筒温度在50摄氏度以下,各中间轴承温度在35摄氏度左右。主机曲轴拐挡差没有超差,运行正常。

"昭君"号豪华游轮是设计、建造、用船部门各方面通力合作的结晶。经过多年的营运,主要机电设备运行正常,动力装置的设计和选型是成功的,得到了中、外游客的好评。

该轮是以中国古代四大美女之一王昭君的名字为船名,它犹如一座流动的水上宾馆,外形美观新颖,设施齐全,装饰豪华,环境舒适,安全可靠,操作灵活,是一座典型的水上乐园,深受中外游客的好评。

七、"长江探索"号游轮

"长江探索"号游轮(见图 8-15)由武昌造船厂建造,于 2008 年交付使用。

图 8-15 "长江探索"号游轮

　　"长江探索"号是长江上载客量适中,房间宽敞,人员平均占有活动空间较大,装修舒适的豪华游轮,堪可与世界上先进豪华的内河游船媲美,是专门为VIP客人度身设计的。"长江探索"号内装由英国著名设计师安德鲁苏本高设计,安德鲁深谙中西文化,香港地区不少豪华酒店均出自他手。全船画品饰物由专为国际奢华酒店设计装饰品的专业公司精心设计制作。因此全船无处不见中西文化元素完美结合的匠心独运。

　　该船船长 91.5 米,型宽 16.4 米,共 5 层甲板,高 17.6 米,吃水 2.8 米,总吨位 6733,载客 124 位,船员人数 121 人。

　　服务舱室布置如下:

　　一楼(甲板下层):船员房间、健身房、桑拿室、美容室、按摩室、医务室。

　　二楼(主层甲板):客房、大堂、总台、餐厅、商务中心、游船纪念品专柜。

　　三楼(游步甲板):客房、网吧、购物中心。

　　四楼(驾驶甲板):客房、购物中心。

　　五楼(观景甲板):客房、多功能厅、酒吧、咖啡厅、棋牌室等。

　　"长江探索"号游轮拥有全长江最宽敞和最豪华的豪华客房和套房,让旅客亲身体验享受现代五星级酒店的舒适细致与周到。游轮船舱的温暖色调与天然材质营造出隽永的古典风格。客房内外厅台有柔软意大利皮革,法国面料,华贵木料与异域石材,映衬着超大私人露台,窗外徐徐掠过的峡江美景。"长江探索"号游轮拥有客房 62 间,最大载客量仅 124 人(长江上其他五星级游船载客 300 人左右)。标准客房每间面积高达 27 平方米,均带 3.5 平方米的观景阳台,是其他五星级游船的 1.8~2 倍。

　　"长江探索"号游轮设施功能齐备:三个风味餐厅、顶层全景空调酒吧、观光电梯。该船上为宾客精心准备的美食令人充满期待,它们是由最富经验的奥地利行政厨师带领专业厨师们选用最优良的食材精心烹制而成。正餐免费提供葡萄酒、啤酒和软饮料。该游轮提供新鲜地道的西式餐点与亚洲美食,搭配世界各地精选的葡萄酒,香槟,烈酒和软饮料。

该游轮拥有面积达600多平方米的水疗中心,由国际著名专业公司进行管理。游轮上"唐朝"剧院每日有电影和员工艺术团演出,还外聘一些专业剧团献艺。

"长江探索"号游轮是运行于长江三峡旅游航线中比较豪华的涉外游轮之一的超五星豪华三峡游轮。是国家旅游局评定的长江三峡五星级涉外游轮。

"长江探索"号游轮投入营运当时被国际权威高端旅游杂志 Conde Nast Traveller 列入金奖榜,为长江上唯一获此殊荣的豪华游轮,此后纽约时报和华尔街日报等知名媒体均有高度评价。"长江探索"号豪华游轮,为我国和国际友人的交往旅游和经济发展作出了贡献。

八、新世纪系列游轮

重庆冠达新世纪游轮股份有限公司拥有多艘系列豪华游轮,主要开通了重庆至宜昌、重庆至武汉、重庆至南京、重庆至上海航线,已覆盖长江中、下游。

1."世纪之星"号游轮

"世纪之星"号游轮(见图8-16)是重庆东风船舶有限公司建造的五星级豪华涉外游轮,于2003年9月12日首航。该轮总长87米,型宽16米,6层甲板,拥有2间总统套房,7间豪华套房,84间豪华标准间,共计93间客房,总载客量186人。该轮按照国际五星级酒店标准设计,设施设备齐全,客房均带独立私密阳台。装饰全部采用法国进口樱桃木,德国维卡塑钢窗,美国科勒洁具。该船配置中央空调,立体广播音响系统。同时该船还采用高科技导航系统,遥控装置来确保航行安全。室外活动空间宽敞,适合观景、休闲及日光浴,独创半封闭阳光甲板观景厅,装饰别致,美观大方,具有强烈的现代感。

2."世纪天子"号游轮

"世纪天子"号游轮(见图8-17)是由重庆新世纪游轮股份有限公司出资建造,是中国内河游轮的旗舰,也是重庆新世纪游轮股份有限公司推出的超五

图 8-16 "世纪之星"号游轮

图 8-17 "世纪天子"号游轮

星级三峡豪华游轮,是长江中当时最大、最新、最豪华游轮之一。船上设施、设备、装修设计均完全一流,已成为长江新一代独领风骚的游轮巨无霸。

"世纪天子"号游轮总吨位 8 359,甲板层数 6 层,舱房数量 153 间,航速 14 节,总长 126.8 米,型宽 17.2 米,满载客数 306 人,船员 128 人,于 2005 年首航。

3. "世纪辉煌"号游轮

"世纪辉煌"号游轮(如图 8—18 所示)是"世纪天子"号游轮的姊妹船,于 2003 年首航。2010 年 1 月全新装修。全船装饰别致,风格典雅,美观大方。拥有气势恢宏,雍容华贵的五层高的旋转大厅,所有客房均为方便、舒适的欧式整体浴室和全落地式独立观景阳台,极富"亲水性"的设计,使山与水、人与自然得到和谐统一,营造一个水上温馨家园。

图8-18 "世纪辉煌"号游轮

4."世纪钻石"号游轮

"世纪钻石"号游轮(见图8-19)总长110米,型宽17米,客房132间(豪华标准间126间+行政套房4间+总统套房2间),总载客量264人,游轮按高品质标准设计,拥有超大型江景阳台客房,行政楼层,2楼豪华餐厅,6楼A-LA-LATE餐厅和雪茄吧,5层高空旋转大厅,2部观光电梯,设施齐全的多功能大厅,"世纪钻石"号游轮总吨位7 142,甲板层数6层,航速14节,船员人数138人,首航时间为2008年。

"世纪钻石"号游轮由欧洲游轮专家、装饰专家参与设计,是重庆新世纪股份有限公司继"世纪天子"号、"世纪之星"号之后的又一力作。

5."世纪神话"号游轮

"世纪神话"号游轮(见图8-20)是新世纪股份有限公司投资的豪华游轮。首次采用"舵—桨合一,电力推进"的世界顶尖科技,搭载七大科技创新与五大长江奢华首创,全新嵌入北欧"环保、节能、低碳和人性化"的价值理念,

图 8-19 "世纪钻石"号游轮

图 8-20 "世纪神话"号游轮

引领内河游轮建造的革命性突破,用心为你缔造一个静逸宁馨,绿色环保的水上乐园。

"世纪神话"号游轮总吨位 12 156,甲板层数 7 层,客房数量 196 间,航速 13 节,总长 141.8 米,型宽 15.8 米,满载客量 408 人,船员 150 人。该船首航时间为 2013 年 3 月。

6."世纪传奇"号游轮

"世纪传奇"号游轮(见图 8-21)是"世纪神话"号游轮的姊妹船,隶属于世纪游轮舰队。该船采用舵桨合一,电力推进的世界顶尖科技。该项技术的最大好处是振动噪声小、操纵灵活。该船具备世界内河功能最完善客房,长江航线上首创全玻璃开放阳台,睡眠和娱乐场所分隔,独家配以柔软温暖的 SLEEP-IN 床垫和床上用品。所有客房配备浴缸、干湿分区,配备有全净化直饮水系统、自动空调系统、直拨电话、液晶卫星电视。

图 8-21 "世纪传奇"号游轮

九、美维系列游轮

1."美维凯琳"号游轮

"美维凯琳"号游轮(见图 8-22)1995 年由江州造船厂建造。2011 年该船进行了大修,新增一层甲板作为西餐厅和贵宾休息室,提升了游船公共区域的

图 8-22　"美维凯琳"号游轮

舒适度和娱乐空间;增加了两部全景观光电梯,旧船变新貌。

　　该轮总长 89.4 米,型宽 16.4 米,5 层甲板,吃水 2.7 米,总吨位 4 587,载客量 216 人。

　　2."美维凯莎"号游轮

　　"美维凯莎"号游轮(见图 8-23)是"美维凯琳"号游轮的姐妹船,1994 年由江州造船厂建造。

图 8-23　"美维凯莎"号游轮

"美维凯莎"号游轮于1994年首航,2010整体重新装修,是维多利亚公司超五星级豪华游船旗舰游船,船上的娱乐活动多样化,有太极拳教学、篆刻书法观摩、中国剧表演、民俗文化演出,附设娱乐室提供麻将、中国象棋、围棋、健身房、专业按摩、卫星通信、电视、电影系统,各式美食佳肴等应有尽有。

3."美维凯蕾"号游轮

该轮建于1996年,2002年和2011年更新改名,新增了甲板层数,拓展了休息娱乐区,升为五星级豪华游轮(见图8-24)。

图8-24 "美维凯蕾"号游轮

该轮总长85.5米,船宽14.4米,5层甲板,总吨位3 868,载客量198人。

4."美维凯娅"号游轮

"美维凯娅"号游轮(见图8-25)于1995年首航,2004年和2011年重新整体装修。总长89.40米,型宽16.40米,吃水2.65米,航速28千米/时,总吨位4 587,拥有93间普通标准间,6间特等标准间,2间豪华套房,2间香格里拉套房,载客量208人,是一艘往返于重庆到上海之间的五星级豪华游轮。

图 8 - 25　"美维凯娅"号游轮

　　该轮经全面重新装修后,是在长江三峡上是航程最长,经过的游览景点最多的游轮,其行程为重庆—上海(6 晚 7 天),上海—重庆(8 晚 9 天),可以参观的景点为小三峡、三峡大坝、武汉湖北博物馆、黄山、南京中山陵和夫子庙。从 2011 年起,游船可在武汉上下船,即增加了上海—武汉,武汉—重庆,重庆—武汉,武汉—上海的短线,游客可根据自身的需求任意选择航线。

　　5."美维凯珍"号游轮

　　"美维凯珍"号游轮(见图 8 - 26)是重庆东江实业有限公司投资,委托重庆东风船舶公司悉心打造的一艘超豪华游轮,这是重庆市政府"太阳"工程计划打造 20 艘豪华游轮中的首制船。秉承建造长江乃至世界上最好游轮的开拓设计理念,无论是船体结构、功能布局,还是船上的装饰,"美维凯珍"号游轮均采用超五星级标准,引入六星级概念,讲究自然山与人,船与水,人与景的充分互动,和谐统一。"她"是当时长江中独一无二的移动水上庄园,同时也是内河最大,最新最豪华的涉外型游轮。

图 8 - 26 "美维凯珍"号游轮

该轮外观气度非凡,精致华丽的五层高透空旋转大厅,身临江水,别致的欧式露台每间客房均可独享,视野开阔自由的顶层阳光休闲甲板,四部从主甲板直上各楼层的豪华观光电梯,配置高档,集商务,休闲一体的网吧(24 小时无限上网),设备先进,视听一体的会议室,娴雅宁静。内容丰富的阅览室,设备先进服务周到的美容 SPA,洗脚按摩室,装潢精致的扬子酒吧及多功能厅,设施新颖,环境轻松的健身中心,设计大气辉煌的皇朝餐厅,拥有精美纯西式点菜服务的 VIP 餐厅,24 小时提供高质量医疗服务的医务室,日用商品种类齐全,旅游商品特色鲜明的小卖部。

该轮总长 133.8 米,型宽 18.8 米,总吨位 10 668,载客量 400 人,于 2009 年 9 月首航。全船设 2 套总统房,3 套豪华套房,35 套行政套房和 160 间标准房;设四部观光电梯,还有设备先进,视听一体的会议室,并第一次在长江游轮上安装五星级饭店管理软件系统。

6. "美维凯悦"游轮

"美维凯悦"号游轮(见图 8 - 27)是由中船集团与有关船舶研究和设计公司合作设计和建造的一艘豪华游轮。是长江上第一艘采用"直流组网"电力推进系统的游轮。静噪声静振动,按照最高标准进行建造,以实现节能、环保和最平稳的驾驶体验,为乘客提供最大的舒适度,提供完全不同的长江游轮体验。被国家工信部认定为"国家高技术船舶科研计划项目"节能环保示范船舶。

图8-27 "美维凯悦"号游轮

"美维凯悦"号游轮总吨位17 000,载客量690人,客房总数286间,游轮楼层7层,游轮总长150米,型宽21.8米,航速12.9节,是一艘节能环保高科技示范游轮,采用直流组网电力推系统的游轮。是长江上首次采用"直流组网"绿色新技术的工业和信息化部环保示范船,拥有4部观光电梯。该船于2019年10月下水,2020年9月开始试航,10月1日首航。

十、"朝天皓月"号游轮

"朝天皓月"号游轮(如图8-28所示)是一艘由重庆长江轮船有限公司投资,重庆长航东风船舶设计院设计,重庆长航东风船舶工业有限公司建造的内河游轮,2018年7月27日签订建造合同,于2019年1月8日交付。

该轮采用双体船型,具有甲板面积宽阔、外观新颖、运行平稳的特点。该轮

图 8-28 "朝天皓月"号游轮

共设置 4 层上层建筑,上层建筑大量采用玻璃幕墙,剔除观景障碍,船舱内大厅均采用无支柱结构设计并采用有限元对全船结构进行评估。室内大厅观景效果通透,空间开阔,适合举办宴会、企业年会、产品发布会等活动。

该轮配置了生活污水收集舱、大气减排设施、电灶及岸电使用等系统,全面满足船舶污水"零排放"标准和节能要求;采用先进减振降噪措施,船舶在航行中安静低噪声;首创 5G 科技智能化实船应用,推动智慧旅游的升级。

该轮总长 68.88 米,垂线间长 59.95 米,型宽 18 米,型深至主甲板 4 米,至上甲板 7.8 米,至其他甲板 11.3 米。结构吃水 2.22 米,设计吃水 2.65 米。轻载排水量 1 065.386 吨。结构载重量 1 587.吨,设计载重量 3 635 吨。服务航速 20 节,续航力 60 海里。总吨位 3 635,净吨位 2 181。主机 WTHM6160MC66 柴油机 2 台,每台主机的功率 485 千瓦。柴油机驱动的交流发电机 2 台,螺旋桨 2 个。

十一、"世纪荣耀"号豪华游轮

2018 年 11 月 20 日,重庆中江船业有限公司为世纪游轮有限公司建造的"世纪荣耀"号豪华游轮(见图 8-29)在长江涪陵段成功下水。

图 8-29　"世纪荣耀"号豪华游轮

　　"世纪荣耀"号豪华游轮总长 149.98 米,型宽 21 米,型深 4.6 米,共设有 8 层甲板,最大吃水 3.1 米,设计航速 26 千米/小时,载客量 650 人,于 2019 年 7 月正式投入营运。

　　"世纪荣耀"号是由中国长江船舶设计院承担全船总体设计,内部装饰工作聘请国外游轮设计公司担任设计指导,荷兰 Studio L 公司承担内装设计。中船重工第七〇四研究所负责电力推进系统集成,并提供全船减振降噪解决方案。该船是中国内河游轮包括世纪游轮系列"世纪神话"号和"世纪传奇"号在内的电力推进船舶之一,代表民用船舶工业智能化、绿色化的发展方向。

　　此外,由于先进核心技术的采用,大幅度减少大气排放,降低大功率运行状况下的振动与噪声,"世纪荣耀"号客用区域接近静音状态,稳态如履平地。

　　与普通游轮采用柴油机作为主要推进动力不同,"世纪荣耀"号采用了世界游轮产业一流的核心技术——电力推进系统,推动长江内河游轮推进方式的升级,推进装置增设至 3 台,打破船尾 2 台推进装置的常规,最大化发挥动力功效,有效提高航速,全面优化了游轮的减振降噪,有效地解决长江游轮"振动"

"噪声""新风"三大问题。该船在安全、智能、舒适、经济、娱乐等方面进行变革求新，全面提升游客吃、住、行、玩等方面的条件。

1. 绿色和智能

"世纪荣耀"号继承了长江高端豪华游轮"世纪神话"号和"世纪传奇"号电力推进动力系统，智能化特征更加突出。"世纪荣耀"号装设长江首艘电力推进集成"智能能效系统"，满足绿色与高效双重标准，成为首艘获得中国船级社绿色船舶认证与智能能效证书的内河游轮。

该轮对执行《内河绿色船舶规范(2018)》和标准起到了引领作用。

2. 环保

"世纪荣耀"号是长江首艘装设垃圾粉碎脱干机与撇油气；首艘设置厨房油污水及洗衣用水储存舱的游轮，能将厨房生活垃圾经粉碎脱干后，干湿分离，利用撇油器将生活食用油水有效分离，从源头上实现垃圾分类。另外，它还能将其所含的污水到港回收处理，设有能同时满足 800 人生活污水达标处理装置，守护美丽的万里长江。

在内饰、内装游客生活娱乐环境方面，"世纪荣耀"号率先执行了长江游轮上迄今为止最严格的环保标准，实现零油漆、零污染，体现"以人为本"的人文情怀。

3. 舒适

该船采用电力推进及其智能化系统，主机基座减振装置，新型消音技术设备，使该游轮在航行中能实现静音，公共处所噪声控制在 45 分贝。

"世纪荣耀"号将客房区设置在前部，公共处所设置在后部，将游轮发动机和螺旋桨产生的振动噪声远离客房区域，实现客房最大程度隔离振动和噪声的困扰，接近全静音状态。

4. 首创长江"掌上智慧游轮"

随着互联网、大数据、人工智能等技术的发展，船舶从"数控一代"向"智能一代"迈进。"世纪荣耀"号首次在长江游轮使用智能"一卡通"，囊括了房卡、登离船卡、实名制安检卡、消费卡、智能化电视 VOD^① 系统、手机端游轮服务系统,公共处所的智能发布系统覆盖于游轮各个处所,只需手指一点,对游轮的各项信息便能了如指掌,并能快速便利地享受各种服务,在保障客人游程安全的同时,实现一卡轻松畅玩之旅。

5. 高度关切游客美满幸福体验

"世纪荣耀"号首创长江游轮拥有总面积超 1 000 平方米的餐厅。改变了长江传统的圆桌模式,首次在自助餐餐厅全部采用卡座餐桌,使就餐环境更为宽敞、就餐组合形式更加自主灵活。首创长江游轮多元美食餐厅并首推长江游轮"明厨亮灶"。

实施"明厨亮灶",可以通过液晶显示屏将后厨的"一举一动"实时一览无余,以保证食品接触材料安全。

该轮提供了长江游轮中最多的房型:8 种房型,每一间面积都超过 20 平方米,首设亲子家庭房,设卡通造型格调的儿童床,营造了欢乐的温情陪伴氛围。昼停:岸上游,夜行,江中走。这是长江游轮的航程特点。入夜之眠,则是旅行劳乏之余的最好治愈。波澜不惊的自然水面,"世纪荣耀"号的全电力推进系统更增加船舶环境稳定,让你如履平地。最为温馨的是,"世纪荣耀"号首创酒店睡眠系统使游客在船上睡得好,休息好。

值得一提的是,"世纪荣耀"号游轮与有超过 120 年历史,在全球拥有 50 多个生产基地的百年品牌 KINGKOH 和金可儿联合研发了"世纪之梦"健康睡眠系列床具,开辟了游轮第一家酒店睡眠系统运用市场。目前,所推出适宜航程行进中的深度睡眠,符合人体力学健康。宁静而轻奢的"世纪之梦",加上中央空调及每间客房安装独立的新风系统,共同为你打造了一个完整的健康睡眠系统。来自美国棉花品类 100% 的天然纤维,体现出天然布草亲肤、透气、贴心、温暖的特性,更是绿色环保高品质消费升级的象征。

---

① 视频服务系统。

该轮首创 2 000 多平方米的顶层观景休闲甲板,使旅客获更多游乐空间。

"世纪荣耀"号豪华游轮最大极限利用顶层面积超过 2 000 平方米的阳光甲板,打造了世界内河游轮中最大的、宽敞、自由、休闲、娱乐空间。

以科技为驱动,以匠心为琢磨,船舶工业及服务的发展,走过了一条由节能到节能环保,到绿色再到当前绿色与智能并举的道路,而未来船舶发展必然是绿色与智能的融合,"世纪荣耀"号则是这一趋势的实践。

"世纪荣耀"号豪华游轮在世纪游轮系列基础上的迭代创新推出,表明科技以造福人类为目的,对提高人民幸福感具有重要意义。同时,科技的力量使企业履行环保等社会责任的方式更为科学与不断完善。

2019 年 9 月 9 日,冠达世纪游轮派遣"世纪荣耀"号豪华游轮沿江而下,探索华东地区内河游轮产业发展,并实现全年常态化营运,填补了我国长江下游无定期游轮航线和华东地区旅游无游轮产业的空白。

十二、"长江叁号"游轮

游轮"长江叁号"游轮(如图 8 - 30 所示)是一艘由重庆长江轮船有限公司投资,重庆长航船舶设计研究院有限公司设计,招商局邮轮制造有限公司建造,入级 CCS 的游轮。该船于 2021 年 12 月交付。2022 年 12 月,"长江叁号"游轮在武汉港举行首航仪式。

该轮是长江上超五星级游轮,其总体布局科学合理,室内布置有高 10 米,长度约 40 米的商业及艺术步行街。该轮将水面以上限高和船长限制利用到极致,人均总吨位为内河邮轮之最。船体线型采用 CFD 技术进行优化。充分体现了"绿色、舒适、智能"的设计理念。推进系统采用交流组网的全电力推进,推进器采用国外进口的全回转舵桨。电力推进方式及一体化的减振降噪设计理念。该轮设计时对振动、噪声进行仿真计算,使其舒适性全面提升,取得 CCS "COMF(VIB3)"和"COMF(NOISE3)"入级符号。该轮设置智能效管理系统,船岸一体化信息管理系统,航行风险缓介及辅助决策系统、全景影像、视频防撞

图 8-30 "长江叁号"游轮

系统、船员行为监测系统、酒店管理系统等,代表了长江游轮船舶智能化最高水平。

"长江叁号"游轮设置总统套房、情侣套房、景观房、行政客房、家庭套房、大床房、标准间、无障碍房等各类客房 250 套;设置百米健身跑道、大型露天观景区、天空酒吧、水上乐园、各类会议室、娱乐中心、美乐影剧院等不同功能区,满足游客多种需求。

该轮总长 149.99 米,垂线间长 140.00 米,型宽 23.0 米,型深至主甲板 4.7 米,至上甲板 7.0 米。最大结构吃水 3.2 米,设计吃水 3.0 米。总吨位 15 315,净吨位 9 189。

载客能力:客房数量 250 间。载客量 600 人。续航力 2 800 千米。

主机:电动机 3 台,最大连续功率 1 000 千瓦。柴油机驱动的交流发电机 4 台。在最大结构吃水时,考虑 15% 的海况裕度;在 CSR 转速时,服务航速 13.5 节。

定员：高级船员 7 人，普通船员 158 人。设置 7 个单人间、11 个双人间、31 个四人间和 2 个六人间。

该轮设置燃油废气组合锅炉 2 台、全回转舵桨（3 套）、艏侧推装置。

十三、300 客位纯电动旅游游轮

300 客位纯电动旅游游轮（见图 8-31）是一艘由宜昌交运长江游轮有限公司投资，武汉长江船舶设计院有限公司设计，宜昌鑫汇船舶修造有限公司建造，入级 CCS 的内河游轮。该船于 2020 年 11 月 2 日签订建造合同，首制船于 2022 年 3 月 29 日交船。

图 8-31　300 客位纯电动旅游客船

该轮主要用于两坝一峡、宜昌长江夜游、过升船机等旅游航线，为旅客提供休闲娱乐、旅游观光服务，同时具备会议、接待、婚宴、表演等活动功能。航行于 B、C 级航区及 J2 航段三峡库区。该轮采用全钢质焊接结构，单体、单甲板、双底、双舷侧、倾斜首柱、纵流尾型。1 级防疫安全，电力推进系统。在满载排水

量状态,船体光滑无污底,试航区为静深水、开阔水域,风力不大于蒲氏 3 级,电机功率 3×350 千瓦时,该轮试航航速≥22.00 千米/时。最大载客量 300 人。

该轮总长 100 米,垂线间长 97.7 米,型宽 15.8 米,型深(至主甲板)4.0 米。设计吃水 2.3 米。续航力 110 千米。总吨位 5 035,净吨位 3 021。

主机:电动机 2 台,最大连续功率 350 千瓦。在最大结构吃水时,考虑 15%的海况裕度,在 CSR 转速时,服务航速 22 千米/时。还配备定螺距螺旋桨 3 个,艏侧推装置 1 台和 FR-8065X 波段雷达。

十四、600 客位游轮"江汉朝宗"号

600 客位游轮"江汉朝宗"号是一艘由武汉两江游览轮船旅游有限公司投资,武汉长江船舶设计院有限公司设计,武昌船舶重工集团有限公司建造的一艘内河游轮,入级 CCS。首制船于 2022 年底交船。

武汉长江船舶设计院有限公司设计的两型新型游轮外形设计新颖,载客量 600~800 人,主要用于武汉长江、汉江水域游览观光,功能分别以游览参观和婚宴为主,同时兼顾商务、会议服务,具有良好的观光和服务功能。该轮具有足够的视觉冲击力及形象辨识度。该轮按 B 级航区游览船要求设计建造,采用全钢质焊接结构,双体船型。该轮柴油机动力,双机、双桨驱动。

该轮总长 60 米,垂线间长 54.95 米,型宽 22 米,型深至主甲板 4.0 米,至其他甲板 3.6 米。最大结构吃水 2.4 米,设计吃水 2.4 米。载客量 750 人。总吨位 2 588,净吨位 1 553。

主机柴油机 2 台,最大连续功率 522 千瓦,柴油机驱动的交流发电机 3 台,配置定螺距螺旋桨 2 个和 FR-8065X 波段雷达。

另一艘姐妹船特点如下:

总长 61 米,垂线间长 55.4 米,型宽 22 米,型深至主甲板 4.0 米,至上甲板 3.2 米,至其他甲板 3.6 米;最大结构吃水 2.5 米,设计吃水 2.4 米。

主机:柴油机 2 台,最大连续功率 522 千瓦。柴油机驱动的交流发电机

3台,每台功率284千瓦。

该轮在最大结构吃水时,考虑15%的海况裕度,在CSR转速时,服务航速11.88节;配置定螺距螺旋桨2个和ARPA雷达。

十五、160客位内河游览船

160客位内河游览船(见图8-32)是一艘由武昌造船厂设计所设计,武昌造船厂建造的入级中国船舶检验局,取得入级符号ZC"A""J"级航区,挂中国旗的内河游览船。

图8-32 160客位内河游览船

该船为双柴油机推进,采用小球鼻艏不对称双艉鳍新船型,是一艘能常年航行于长江三峡的大型豪华旅游龙舟。

该船总长93.00米,垂线间长80.00米,型宽14.40米,型深3.50米;设计吃水枯水期2.4米,洪水期2.6米;设计吃水时载重量枯水期163吨,洪水期336吨;服务航速16.25节;续航力2 586海里;船员120人;载客量160人。

该船主机型号为 MANB&W12V20/27，2 台，最大连续功率（每台）1 200 千瓦（1 632 马力），连续服务功率（每合）1 020 千瓦（1 387 马力）；柴油发电机 2 台，每台功率 556 千瓦。

十六、158 客位内河游览船

158 客位内河游览船是一艘由长江船舶设计院设计，中华造船厂建造的，入级中国船级社，挂中国旗的内河游览船。

该船是一艘双机、双桨、航行于川江的一艘豪华旅游船，设有总统套间 2 套，双人标准间 78 套，载客量 158 人，全船有六层甲板，其中一层作船员居住，三层用于载客，一层用作娱乐甲板，一层为露天甲板，船上设施符合五星级宾馆标准。

该船总长 91.50 米，垂线间长 84.00 米，型宽 16.40 米，型深 3.70 米，设计吃水 2.65 米。服务航速 17.0 节。续航力 800 海里。船员 134 人。

主机型号 8R22/26，2 台，最大连续功率（每台）1 300 千瓦。连续服务功率（每台）1 105 千瓦。柴油发电机 3 台每台功率 424 千瓦。

第九章
客船的发展趋势

第一节　船型多样化

随着科学技术的发展,新技术、新材料、新工艺的面世,客船的设计建造将与其他船型一样,吸收当代工业技术革命的先进理念,船型趋于多样化,向着更加安全、舒适、智能的方向发展,以满足更多各类旅客旅游需求。

（一）大型化

以装载运输为目的的船舶,在航道、码头等允许的情况下,船舶的吨位越大,经济性能越好,货船是这样,客船也不例外。吨位大了,甲板面积、甲板层数都会增加,将更加有利于布置更多的舱室和更多的休闲活动场所和设施,从而提高竞争力和经济性。

对于大型邮轮来讲,1970 年单船总吨位是 18 400,而到 2009 年,大型邮轮的单船总吨位发展到 220 000,前后增加了 10 倍,40 年来,大型邮轮的船长也增加了近 10 倍。

（二）双体型

双体船型因两个片体瘦长、兴波阻力小,两个螺旋桨之间的距离远,相互干扰少,推进效率高,回转时产生较大的回转力矩,所以操纵性能好,现在已有不少中、小型客船和渡船采用双体船型。双体船还有一最大优点,与同样吨位的单体船相比，双体船具有更大的甲板面积。对于客船来说，甲板面积越大，布置的舱室越多。为了载运更多的旅客，取得更大的经济效率，未来的大型客船和邮轮也会采用双体型，以容纳更多的旅客，又能提供更加宽敞的休闲活动场所，让旅客能够更多地领略大海的风光和美景。

（三）潜水型

现代客船在布置上已陆地化，已把陆上现有的设施，如内部装饰材料、工艺设备等运用到船上，现代客船的华丽程度可以与陆上大型星级酒店媲美。船上大厅的电梯，大型通道式楼梯，各类商业街及各国特色餐厅、酒吧等均来自陆上。陆上所有的娱乐方式和场所，客船上几乎应有尽有，如剧场、游乐场、赌场、歌舞厅、美容院、游泳池、儿童乐园、小型教堂等。旅客既然来到大海，还要重复看陆上的世界，为什么不直接和大海接触，感受一下大海异特的影像和大海深处的奇景呢？未来客船将会从各方面满足旅客的需求，让旅客潜入海面下数十米处，观看鱼类和海洋生物的活动，欣赏水下五颜六色的变化。未来客船将会在船底舯部建造一个类似现代科学考察船上的月池系统或者升降鳍板的设施，借助工业技术革命的巨浪，新材料、新工艺可将这一设施建造得足够大，并且利用非石化燃料动力将旅客送到海面下一定的深度处，以满足各种旅客的不同需求。未来客船也可以建造成全潜式，比现在的潜艇更先进，能在水下通过玻璃窗直接欣赏海洋深处、大陆上欣赏不到的美景。

第二节　排放环保

对于大型客船来讲，环保至少包括两方面，一是硫氧化物和氮氧化物的排放，二是餐厨废弃物的处理。客船一直以来和其他船舶一样，以燃用石化燃油来推动船舶前进，现在已有 LNG 动力客船、双燃料动力客船、全电力推进渡船、"零排放"的电动渡船等，虽然这些客船的排放量比过去有所减少，并且有些船的有害气体的排放已满足当前规范要求,但这些船舶的动力还是以石化燃料为主,离真正的零排放还有很大的距离。随着科学技术的不断发展,非石化燃料将会成为主要动力,如太阳能、风能,氢能甚至海水运动产生的波浪能,这将是能源的一次大革命。

旅客上船后,除旅游外,吃住都在船上。每天厨房要解决数千人的吃喝,虽然提倡光盘行动,但由于各方面的原因,每天吃喝总要留下来几十吨或者上百吨的餐厨废弃物。早期客船的餐厨废弃物是收集后倾倒入海,现在已不允许直接倒入大海。因为每艘客船的航程不同,有些在海上要航行多天,不能停靠码头,所以餐厨废弃物无法处理,放在船上又因体积大,并且要腐烂发臭,所以现在客船上均安装餐厨垃圾处理装置,厨房工作人员将餐厨废弃物收集、分类,放入餐厨垃圾处理装置内粉碎、脱水、烘干、打包,存放至专用仓库,待到城市码头或者回到本土后由专门部门处理。餐厨废弃物的处理和存放给客船带有很大的不便,并增加了不少成本。未来,随着现代科学的发展,尤其是化学工业的发展、在餐厨废弃物中加入一种化学药物,使餐厨废弃物在短时间内变成液体,再经过化学处理,此液体变成无味、无毒、无害液体,这样,既可留下船用,达标后也可随船排入大海。

第三节　服务智能化

现在客船上除旅客外,还有大量的船员和服务人员,有些客船上在服务方面开展了管家式服务,使服务人员数倍地增加。未来船舶将向智能化、无人船舶方向发展,客船也会进入无服务人员时代。当你刚进入船上,通过脸部识别系统就可知道你是几等舱几号房间客人,礼仪小姐机器人指定几号机器人为你找到房间,并带你熟悉周围环境和告知有关注意事项。全船所有场所都有机器人或机械手 24 小时为你服务。当你进入餐厅时,待应小姐机器人随即上前请你入座,并摆好经过消毒的餐具,之后拿出菜单请你点菜,你点好菜后,机器人马上将菜单传到后厨,后厨的炒菜机器人开始配菜、炒菜,并配主食,送饭机器人将饭菜给你送到桌边,还有专门送酒、饮料的机器人会把你点的酒和饮料送来。等你用餐结束,你可以将"一卡通"交给待应小姐机器人进行结账,并且带回发票。当你在欣赏大海风光时,机器人可能还会给你讲解大海的故事。

第四节　建 造 模 块 化

现代客船越来越注重舒适性,尤其是大型邮轮。所以,为了提高舒适性和华丽美观度,客船船体下水后还要进行几年的内部装饰才能交船,费工费时,客船内部装饰的工作量比客船船体的建造工作量要大得多。如何缩短客船的建造周期是造船工作者梦想追求的。客船用于运送旅客,船上备有大量的客舱,少者几十间,多者数千间,虽然客舱有分类,如总统套间、标准客房等,但客舱的分类不多,最多也就十几种,并且大部分是双人标准客舱。我们为什么不能将这些标准客舱预先制造好,或者和客船船体的建造周期同步建造呢? 当船体完工或者建造到一定阶段时,数十间、数千间模块化式的客舱已在码头客船船体旁等待安装。造船工人将像搭积木一样,将这些模块化的客舱吊运到规定肋位,这样在较短时间就可以安装好,省工省时,保质保量,建造周期将会大大缩短。

第五节　大型邮轮未来发展趋势

1. 智能化

目前,人工智能技术得到飞速发展,已在各行各业得到广泛应用。在邮轮上采用人工智能监控系统也将是一个很好的创新,不仅能提升巨无霸邮轮的可操控性,也能提高整艘邮轮的智能化水平。

2. 以核动力驱动

采用柴油—液化天然气作为动力的混合动力邮轮已经在建造中,未来核动力邮轮也有可能成为现实,这些动力技术都能为邮轮提供更强劲、更清洁的推动力,从而提高航速、延长航程。

3. 内装新颖化

大型邮轮设计的难点在于内部装饰的设计,其内装设计上追求标新立异、豪华、有气派,即使姊妹船的内装也不相雷同,给人们以新鲜感。特别是公共处所追求原创独创,冲击人们的眼球。

4. 布局陆上化

人们乘船欣赏海上风光,蔚蓝广阔的大海,气势磅礴的日出,扑朔迷离的云彩,瑰丽多彩的晚霞,深邃浩瀚的星群令人流连忘返。

但是,人们饱览海上风光后,陆上情节依旧,观海景的私人阳台,高大宽敞繁荣的商业街,华丽富贵的五星级餐厅,小巧玲珑的酒吧等陆上风格的建筑物仍然受到乘客的喜爱和追捧。

5. 娱乐多样化

各种类型的剧场、游乐场、赌场、歌舞厅应有尽有。船上的娱乐设施丰富多彩,客船满足各类旅客的需求;适合年轻人的电子游戏机、游艺厅、模拟器、棋牌室;适合儿童娱乐的儿童乐园、航海模拟室;适合各年龄层次的水上乐园、游泳池、美容院、按摩院一应俱全。例如,可容纳上千人的剧场,将为旅客提供不同风格的、不同种类的精彩炫目的表演。

参考文献

［1］陈伟国,楼天福,张培信.现代小型客货船研究［J］.船舶设计通讯,2002
(1)：23-24.

［2］徐亦琳.我国滚装船运输发展概述［J］.中国水运,2003(12)：26-27.

［3］崔燕.世界邮轮技术发展路径［J］.中国船舶,2011(9)：44-49.

［4］李源.客滚船经典船型探秘［J］.船舶与配套,2012(4)：60-66.

［5］邵天俊.客滚船：集高速、便捷、舒适、环保于一体［J］.航海,2008(3)：4-5.

［6］周伟."生生2"号客滚船总体设计［J］.船海工程,2014(5)：5-6.

［7］朱文堆,杨筱梅.国内汽车渡运现状及船型发展设想［J］.江苏船舶,1996
(6)：31-33.

［8］张敏捷.客滚船开发与设计研究［J］.船舶与海洋工程,2012(2)：21-26.

［9］孙家鹏,张敏健,杜拥军.豪华邮轮规范现状及发展趋势概述［J］.船舶与海
洋工程,2016(10)：67-71.

［10］迟宝璋.中国最大航程的跨海铁路渡船——烟大铁路轮渡［J］.船舶设计通
讯,2007(3)：23-34.

［11］岳扬.以轮连南北,天堑变坦途——记我国第一艘跨海火车渡船"粤海铁
号"［J］.现代舰船,2003(4)：38-40.

［12］赵德成,葛兴东.长江船舶船型发展的回顾［J］.船海工程,1993(1)：
27-33.

[13] 恽良,邬成杰.面向 21 世纪的高性能船舶[J].武汉造船,1997(3)：1-10.

[14] 孙佳鹏,张敏健,杜拥军.豪华邮轮规范现状及发展趋势概述[J].船舶与海洋工程,2016(10)：67-71.

[15] 李响.军民融合领域的一次成功实践——"渤海翠珠"号滚装船提升我军海上战略投送能力纪实[J].国防科技工业,2012(10)：52-53.

索　引

后 记

新中国成立初期，1950 年我国年造船量共 1 万多吨。当时江海航行的万吨船，没有一艘是中国自己设计和建造的。70 年来，广大科技人员和造船工人在党的领导下，至 2018 年，中国年造船产量已达 6 000 多万吨，我们不仅能设计和建造一般船舶，而且能设计和建造被誉为造船工业"皇冠上明珠"的高科技、高附加值船舶，成为世界第一造船大国。

2021 年是中国共产党成立 100 周年，为展现新中国船舶工业的发展历程和取得的辉煌成就，中国船舶及海洋工程设计研究院、上海市船舶与海洋工程学会、江南造船(集团)有限公司、沪东中华造船(集团)有限公司、上海外高桥造船有限公司、上海船舶研究设计院、上海交通大学出版社，携手编撰出版"中国船舶研发史"丛书，向建党 100 周年献礼。本套丛书共 10 本：《中国油船研发史》《中国集装箱船研发史》《中国科考船研发史》《中国挖泥船研发史》《中国液化气船研发史》《中国工程船研发史》《中国散货船研发史》《中国客船研发史》《中国气垫船研发史》《中国海洋油气开发装备研发史》。

本套丛书的编写得到中国工程院院士曾恒一及新、老船舶研发设计专家、科技人员的热情支持和积极参与，为本套丛书顺利编写出版奠定了基础。

本套丛书取材翔实、资料数据真实可信、极具原创性，这是本套丛书一大特点。70 多位从事船舶及海洋工程研究、设计、建造的专家和科技工作者参与本套丛书的编写，他们是新中国船舶事业发展和取得辉煌成绩的见证者和奉献者，他们将自己研发的产品写出来，从领受编撰任务起，就酝酿推敲，不辞辛劳，不舍昼夜，把对船舶科学的追求，对祖国的热爱练成书香墨宝。每一分册从提纲到初稿、定稿，均经众人讨论、反复修改。集体创作是本套丛书的另一大特点。

此外，本套丛书所写典型产品，既是时代成果，也是我国船舶研发珍贵的历史资料和经验总结，对从事船舶研发设计的青年人具有启发和借鉴作用。

本套丛书编写过程中得到许多单位及领导的关心和支持，在此表示感谢。特别要感谢各位编者辛勤的付出和认真卓越的工作。本套丛书编写中参考了一些书籍和报刊，引用了一些资料和图片，在此表示谢意。由于编者水平有限，特别是历史跨度大和资料收集难，有的典型产品可能未能收录。书中涉及船名、人名、地名等，尽量用中文名，有的因为行业内默认英文名则选用英文名。本套丛书存在的不当之处，恳请专家、读者予以批评指正。

张　毅